Das

Recht der Handlungsgehülfen

und

Handlungslehrlinge

vom 1. Januar 1898 ab,

insbesondere auf Grund des Handelsgesetzbuches,
der Reichs-Gewerbeordnung, der Reichs-Versicherungsgesetze
und des bürgerlichen Rechts

dargestellt

für

Juristen und Kaufleute

von

Hugo Horrwitz,
Rechtsanwalt in Berlin.

Berlin 1897.
J. J. Heines Verlag.

Vorwort.

Das gesamte öffentliche wie private Recht der Handlungsgehülfen und Handlungslehrlinge, wie es sich vom 1. Januar 1898 ab gestaltet, für Juristen und Kaufleute möglichst erschöpfend zur Darstellung zu bringen, ist die Aufgabe des vorliegenden Buches. Möge sein Studium darthun, daß diese Aufgabe einigermaßen erfüllt ist. An dieser Stelle sei es mir noch gestattet, den Aeltesten der Berliner Kaufmannschaft meinen herzlichsten Dank dafür auszusprechen, daß sie mir ihre Akten zur Verfügung gestellt und es mir dadurch ermöglicht haben, die zahlreichen interessanten Gutachten dieser bedeutsamen Köperschaft, insbesondere über die einschlägigen Handelsgebräuche, zu verwerten.

Berlin, den 25. Oktober 1897.

Der Verfasser.

Inhaltsverzeichnis.

Berichtigung.

S. 56 ist in Zeile 5 des letzten Absatzes hinter die Worte „anderweit erwirbt oder" einzuschieben „soweit preußisches Recht zur Anwendung kommt".

Verzeichnis der Abkürzungen.

A. G. = Amtsgericht.
A. L. R. = Preußisches Allgemeines Landrecht.
Aeltst. = Gutachten der Aeltesten der Berliner Kaufmannschaft.
Ansch. u. Völd. = Anschütz und Völderndorff, Kommentar zum Allgemeinen Deutschen H. G. B.
B. G. B. = Bürgerliches Gesetzbuch.
Busch = Busch, Archiv für Theorie und Praxis des Allgem. Deutschen Handels- und Wechselrechts.
C. P. O. = Civilprozeßordnung für das Deutsche Reich.
Crome = Handbuch des französ. Civilrechts von Zachariä v. Lingenthal, bearbeitet von Crome, 8. Aufl. 1894.
Denkschr. = Denkschrift zum Entwurf des neuen Handelsgesetzbuches und des Einführungsgesetzes dazu.
D. J. Z. = Deutsche Juristenzeitung, herausgegeben von Laband, Stenglein und Staub.
E. = Entscheidungen des Reichsgerichts in Civilsachen, herausgegeben von den Mitgliedern des Reichsgerichts.
Gew. O. = Reichsgewerbeordnung.
G. Z. = Goldschmidt's Zeitschrift für das gesamte Handelsrecht.
H. G. B. = Handelsgesetzbuch. Das alte wird nach Artikeln, das neue nach Paragraphen citiert.
J. W. = Juristische Wochenschrift. Organ des Deutschen Anwaltsvereins.
K. G. = Kammergericht Berlin.
Kom. = Protokolle der Reichstagskommission zur Beratung des neuen H. G. B.
L. G. = Landgericht.
Perl und Wreschner = Blätter für Rechtspflege im Bezirk des Kammergerichts, herausgegeben von Perl und Wreschner.
R. = Entscheidungen des Reichsoberhandelsgerichts, herausgegeben von Mitgliedern des Gerichtshofs.
St. G. B. = Strafgesetzbuch für das Deutsche Reich.
St. P. O. = Strafprozeßordnung für das Deutsche Reich.
V. O. = Vormundschaftsordnung für das Königreich Preußen.
Die allbekannten Lehrbücher und Kommentare sind mit den bloßen Namen ihrer Verfasser citiert.

§ 1.

Einleitung.

Mit dem 1. Januar 1898 beginnt eine neue Epoche in dem Rechtsleben der Handlungsgehülfen und Handlungslehrlinge. Denn an diesem Tage tritt, mit Ausnahme eines Paragraphen, der sechste Abschnitt des neuen Handelsgesetzbuches in Kraft. Derselbe eilt damit den übrigen Teilen dieses Gesetzes voraus, welche erst mit dem neuen Jahrhundert zur Geltung kommen. Grund dieser Eile war der Wunsch, die mannigfachen, insbesondere sozialpolitischen, Vorteile des neuen Gesetzes dem Stande der Handlungsgehülfen und Handlungslehrlinge möglichst zeitig zuteil werden zu lassen.

Freilich wird für ihre unter der Herrschaft des alten Handelsgesetzbuches bereits entstandenen Rechtsverhältnisse das letztere in vielen Beziehungen weiter maßgebend bleiben. Denn neue Gesetze sorgen im wesentlichen nur für die unvermittelte Zukunft. An einer anderen Stelle soll hierüber ausführlich gesprochen werden. Abgesehen hiervon aber wird vom Neujahrstage 1898 ab der sechste Abschnitt des neuen Handelsgesetzbuches die vornehmste Quelle für das Recht der Handlungsgehülfen und Handlungslehrlinge bilden.

Die vornehmste, aber nicht die ausschließliche. Denn das Handelsgesetzbuch behandelt nur die Rechtsbeziehungen der Gehülfen und Lehrlinge zu ihrem Prinzipal, und auch diese nicht erschöpfend. So enthält z. B. das Reichsgesetz zur Bekämpfung des unlauteren Wettbewerbes Sonderbestimmungen über die Verpflichtung der Angestellten zur Geheimhaltung von Geschäftsgeheimnissen. So trifft das Reichs-Krankenversicherungsgesetz Anordnungen über Streitigkeiten zwischen Prinzipal und Angestellten hinsichtlich der Anrechnung und Berechnung der Versicherungsbeiträge, und für den Fall des Konkurses des Prinzipals die Konkursordnung Normen über den Antritt, die Fortsetzung und die Beendigung des Dienstverhältnisses. Vor allem aber bilden die Bestimmungen des bürgerlichen Rechts über den Dienstmiete-Vertrag, und soweit sie sonst das Recht der Handlungsgehülfen und Handlungslehrlinge betreffen, z. B. hinsichtlich der Verjährung des Gehaltsanspruches, eine wichtige Ergänzung des Handelsgesetzbuches.

Auch außerhalb ihres Rechtsverhältnisses zum Prinzipal ist ihnen die Fürsorge der Gesetzgebung in weitem Maße zuteil geworden. Vor allem der sozialpolitischen. Schon das sog. Lohnbeschlagnahme-Gesetz hat ihr Gehalt so gut wie unpfändbar gemacht, und durch die deutsche Civilprozeßordnung ist dieser Schutz noch erhöht worden. Andererseits hat die Konkursordnung ihrem Gehaltsanspruch gegenüber anderen Konkursgläubigern des Prinzipals ein wirkungsvolles Vorrecht gewährt. Die Reichsgesetze, betreffend die Krankenversicherung und die Alters- und Invaliditäts-Versicherung sind auf sie anwendbar, und die Reichs-Gewerbeordnung, welche ihnen mit der einen Hand mannigfache Lasten polizeilicher Kontrole aufladet, spendet ihnen mit der anderen die bedeutsamen Wohlthaten der Sonntagsruhe und der Fortbildungsschulen.

Das Handelsgesetzbuch enthält also zwar ein ausschließlich für Handlungsgehülfen und Handlungslehrlinge geltendes Sonderrecht, aber nicht d a s ausschließliche Recht derselben. Jedoch als ihr Standesbrief begleitet es ihre Rechtsbeziehungen auch über seine Grenzen hinaus. Denn alle jene Gesetze, aus denen sich das gesamte Recht der Handlungsgehülfen und Handlungslehrlinge mosaikartig zusammensetzt, haben das Gemeinsame, daß sie unter Handlungsgehülfen und Handlungslehrlingen diejenigen Personen verstehen, welche das Handelsgesetzbuch darunter versteht.

Erster Teil.

Das private und gewerbliche Recht der Handlungsgehülfen und Handlungslehrlinge.

Erstes Buch.

Die Rechtsquellen und ihre zeitliche Anwendbarkeit.

§ 2. Rechtsquellen. Altes und neues Recht.

Das **Gewerberecht** der Handlungsgehülfen und Handlungslehrlinge wird durch die Reichsgewerbeordnung bestimmt.

Ihr **privates Recht** regelt sich in erster Linie nach dem Handelsgesetzbuch. Wie bereits in der Einleitung hervorgehoben, tritt am 1. Januar 1898 nicht das ganze neue Handelsgesetzbuch in Kraft, sondern lediglich sein sechster Abschnitt, und auch dieser nur mit Ausnahme des § 65, welcher sich über die Provisions-Ansprüche der Handlungsgehülfen verhält. Die frühere Geltung des sechsten Abschnittes war nicht von vornherein beabsichtigt, ist vielmehr erst von der Reichstagskommission beschlossen und dann in Abs. 2 des Art. 1 des Einführungsgesetzes zum Handelsgesetzbuche gesetzlich sanktioniert worden.

Danach ergiebt sich betreffs der Zeit vom 1. Januar 1898 bis zum 1. Januar 1900, an welchem Tage die übrigen Teile des neuen HGB.[1]) ins Leben treten, für die Handlungsgehülfen und Handlungslehrlinge folgender Rechtszustand:

I. Die Artikel 57—64 des alten HGB. sind aufgehoben, ebenso der in Art. 59 in Bezug genommenen Art. 56 (s. S. 48/49). — Anstelle derselben gelten die §§ 59—64 und 66—82 des neuen HGB.[2]), ferner für den Thatbestand des § 62 Abs. 3

---

[1]) S. Verzeichniß der Abkürzungen.

[2]) Aufgehoben ist auch Art. 65 des alten HGB. durch § 83 des neuen. Beide Normen kommen jedoch für uns nicht in Betracht, da sie diejenigen Angestellten im Handelsgewerbe betreffen, welche nicht Handlungsgehülfen oder Handlungslehrlinge sind.

des letzteren die §§ 842—846 BGB. nebst den in diesen in Bezug genommenen Paragraphen des BGB. (s. § 21 sub II, 3), und endlich beim Vorliegen des Thatbestandes des § 75 Abs. 2 des neuen HGB. der § 343 Abs. 1 BGB. (s. § 30 sub D I, 3).

II. Im übrigen gilt das alte HGB. So z. B. hinsichtlich des Begriffes des Handelsgewerbes und des Kaufmannes, welcher Begriff wieder für den der Handlungsgehülfen und Handlungslehrlinge als Angestellter im Handelsgewerbe bestimmend ist. Danach wird beispielsweise der Buchhalter eines Lagerhalters (§ 1 Nr. 6 des neuen HGB.) oder eines bedeutenden und alsdann im Firmenregister eingetragenen Grundstücksmaklers (§ 2 des neuen HGB.) vom 1. Januar 1900 ab Handlungsgehülfe sein, bis dahin jedoch diese Rechts-Eigenschaft entbehren.

III. Besonders wichtig ist die Weitergeltung des Art. 1 des alten HGB. bis zum 1. Januar 1900. Demgemäß sind bis dahin als ergänzendes Recht des alten HGB., sowie des sechsten Abschnittes des neuen anzuwenden:

1. Die Handelsgebräuche im Sinne des Art. 1 HGB., d. i. das Handelsgewohnheitsrecht. Mit dem 1. Januar 1900 verlieren dieselben zwar ihre gesetzliche Kraft (Denkschr. S. 3/4); sie werden jedoch auch dann noch wirksam bleiben, soweit sie zugleich Ortsgebräuche sind und das neue HGB. solche berücksichtigt.

   Von den Handelsgebräuchen in dem gedachten Sinne sind die Usancen, Handelssitten, zu unterscheiden, die kein objektiv geltendes Recht sind, sondern nur als zu vermutender Parteiwille in Betracht kommen, also nicht zu beachten sind, falls die Umstände des Einzelfalles eine derartige Vermutung ausschließen. Diese Usancen sind sowohl nach dem alten (Art. 279) als nach dem neuen (§ 346) HGB. zu berücksichtigen, behalten also auch für das nächste Jahrhundert ein praktisches Interesse.

2. Das allgemeine bürgerliche Recht, soweit weder das HGB. noch das Handelsgewohnheitsrecht Bestimmungen treffen. Als bürgerliches Recht wird vom 1. Januar 1900 ab in der Hauptsache das Bürgerliche Gesetzbuch in Betracht kommen, bis dahin gelten diesbezüglich die deutschen Partikularrechte.

Im wesentlichen sind dies folgende:

a) Das preußische Allgemeine Landrecht, gültig in den Preußischen Provinzen Brandenburg, Sachsen, Ostpreußen, Westpreußen, Schlesien und Pommern (mit Ausnahme von

Neu-Vorpommern und Rügen, wo gemeines Recht gilt), ferner in Westfalen, in den niederrheinischen Kreisen Essen, Rees und Duisburg, in Ostfriesland, Ansbach und Baireuth sowie in einigen Teilen von Hannover und Sachsen-Weimar;

b) Das französische Recht, gültig als code civil in der preußischen Rheinprovinz, in den sonstigen linksrheinischen Gebieten und in Elsaß-Lothringen, als Badisches Landrecht in Baden;

c) Das bürgerliche Gesetzbuch für Sachsen, gültig im Königreiche Sachsen;

d) Das sog. „gemeine Recht", d. i. das in Deutschland eingeführte römische Recht, wie und so weit es jetzt gilt, maßgebend in den übrigen Teilen Deutschlands, u. a. in Baiern, Würtemberg, den Hansastädten, Frankfurt a/M., den thüringischen Staaten, Schleswig-Holstein, Oldenburg, Neu-Vorpommern und Rügen.

§ 3. **Einfluß des neuen Handelsgesetzbuches auf die zur Zeit seines Inkrafttretens bereits bestehenden Dienstverhältnisse der Handlungsgehülfen und Handlungslehrlinge.**

Gesetzliche Bestimmungen über das wichtige Thema der Ueberschrift fehlen. Es kommen also die allgemeinen Rechtssätze über die sog. zeitliche Wirkung der Gesetze zur Anwendung.

A. Oberster Grundsatz ist, daß rechtsgültig erworbene Ansprüche durch neue Gesetze nicht berührt werden. Die zur Zeit des Inkrafttretens des neuen HGB., also am 1. Januar 1898 bereits entstandenen Rechte bleiben daher bestehen, selbst wenn sie nach den Bestimmungen des neuen Gesetzes nicht entstanden wären. Folgende Beispiele mögen zur Verdeutlichung dienen:

Der Handlungsgehülfe eines Holzhändlers macht im Jahre 1897 Spekulationsgeschäfte an der Fonds-Börse. Der Prinzipal erfährt davon erst im Jahre 1898. Der Prinzipal kann sich das Geschäft aneignen und den Gehülfen entlassen, während er nach dem neuen HGB. zu beidem nicht befugt wäre. [1])

Ein Lehrvertrag ist mündlich geschlossen worden. Der Lehrling nimmt noch die Weihnachtsgratifikation mit und tritt am 28. Dezember 1897 unbefugt aus der Lehre; der Prinzipal wird die im Jahre 1898 zu verhandelnde Klage mit Erfolg auf Schadenersatz anstrengen, obwohl das neue HGB. den Klageanspruch

---

[1]) Art. 59, 56, 64 No. 2 des alten, §§ 60 Abs. 1, 72 No. 1 des neuen HGB.

mangels der schriftlichen Form des Lehrvertrages nicht zulassen würde. (§ 79 H. G. B.)

B. Schwieriger gestaltet sich das vorliegende Thema, wenn es sich um Rechte handelt, die nach dem 1. Januar 1898, also erst unter der Herrschaft des neuen Gesetzes zur Entstehung kommen.

Wer einen Vertrag schließt, weiß, daß das Vertragsverhältnis durch die zur Zeit des Abschlusses bestehenden Gesetze ergänzt wird. Dem Inhalt dieser Gesetze unterwerfen sich die Parteien, ihn, aber nur ihn können sie in Berechnung ziehen. Sich zukünftigen Aenderungen der Gesetzgebung von vornherein in blanco zu überliefern, liegt nicht in der Absicht der Kontrahenten. Daher ist es ein Gebot der Rechtssicherheit, daß Rechtsverhältnisse in ihren Wirkungen nach denjenigen Gesetzen bestimmt werden, welche zur Zeit der Begründung des Rechtsverhältnisses, d. h. des Vertragsschlusses, nicht zur Zeit des Inkrafttretens der einzelnen Wirkung gelten. Diese Ansicht ist mit Recht die herrschende.

Auch aus der bloßen Fortsetzung des Rechtsverhältnisses unter der Herrschaft der neuen Gesetzgebung läßt sich nicht folgern, daß die Parteien sich derselben unterwerfen wollten.[1]) Nach unserer Ansicht freilich gilt dies nur in dem Falle, wo eine feste Vertragsdauer, die über die Lebenszeit des alten Gesetzes hinausgeht, vereinbart worden ist, z. B. ein Dienstvertrag vom 1. Januar 1896 auf 5 Jahre. Dagegen gilt jener Satz alsdann nicht, wenn der Vertrag ohne feste Dauer geschlossen ist, vielmehr einer Kündigung unterliegt. Denn kündigen die Parteien in solchem Falle nicht, so muß angenommen werden, daß sie lieber die ihnen ungünstigen Aenderungen des neuen Gesetzes ertragen als das Vertragsverhältnis lösen wollen. Einer diesbezüglich ausdrücklichen Willenserklärung bedarf es nicht.[2])

I. Die oben aufgestellte Ansicht, daß die zur Zeit der Begründung der Rechtsverhältnisse geltenden Gesetze deren Wirkungen rechtlich bestimmen, gilt sowohl von den Rechtswirkungen, die 1) aus Handlungen der Beteiligten, als auch 2) von denen, die

---

[1]) O. Tr. v. 9. 2. 64 in Str. A. 53 S. 122 und v. 29 Nov. 64 in Str. A. 55 S. 323, auch abgedr. bei Busch 5 S. 249 und S. 27; anders O. Tr. v. 30. Juni 68 bei Busch 14 S. 403—405 und Stadtger. Berlin v. 29 Nov. 63 bei Busch 3 S. 83/4.

[2]) Anders O. Tr. in Strieth. Arch. 53 S. 122 und offenbar auch in 55 S. 323, s. vorige Anm., dagegen ebenso Staub Suppl. Anm. 3 zu Art. 1 Abs. 2 E. G. zum neuen HGB., vergl. Art. 171 E. G. zum BGB.

ohne solche Handlung infolge des bloßen Fortbestandes des Rechtsverhältnisses entstehen. Beispiele sind[1])

ad 1: Der Buchhalter eines Hotels kauft und verkauft im Jahre 1898 zu mehreren Malen gelegentlich Briefmarken-Sammlungen, um sich einen Nebenverdienst zu verschaffen, ohne jedoch gewerbsmäßiger Briefmarken-Händler zu sein. Den Verkaufspreis der letzten Sammlung hat er noch nicht eingezogen. Der Hotelier kann den Buchhalter entlassen, sein letztes Verkaufsgeschäft sich aneignen (Art. 59, 56, 64 Nr. 2 des alten HGB.), jedoch die Herausgabe der bereits bezahlten Verkaufspreise der früheren Sammlungen nicht verlangen (s. unten S. 47 sub b).

Ein Handlungsgehülfe hat im Jahre 1894 eine rechtsgültige Konkurrenzklausel auf zehn Jahre vereinbart. Das Dienstverhältnis hat am 1. Juli 1897 geendet. Nach § 74 Abs. 2 des neuen HGB. kann eine Konkurrenzklausel nicht auf länger als 3 Jahre vereinbart werden. Trotzdem hat der Gehülfe die vereinbarte Klausel bis zum 1. Juli 1907 zu beachten, nicht etwa nur bis zum 1. Juli 1900, oder bis zum 1. Januar 1901, indem man die dreijährige Maximalfrist des neuen Gesetzes von dessen erstem Lebenstage an laufen läßt. — Angenommen, die Klausel wird verletzt, der Prinzipal fordert die für diesen Fall versprochene Konventionalstrafe und daneben Ersatz eines letztere übersteigenden Schadens, indem er sich auf eine ausdrückliche diesbezügliche Abmachung stützt. Der Gehülfe würde zu Unrecht unter Berufung auf § 75 Abs. 2 und 3 HGB. einwenden, daß eine derartige Abmachung nichtig sei, und daß die Konventionalstrafe als unverhältnismäßig hoch herabgesetzt werden müsse.

Ein mündlich engagierter Lehrling, der nach erhaltener Neujahrsgratifikation am 5. Januar 1898 unbefugt austritt, ist ebenso zu behandeln wie sein Kollege, der ihm am 28. Dezember 1897 mit der Weihnachtsgratifikation vorangegangen ist (s. oben unter A.).

ad 2. Es sind zwei juristisch gleich zu behandelnde Gruppen zu unterscheiden

a) solche Wirkungen, die erst unter der Herrschaft des neuen Gesetzes entstehen oder beginnen, z. B.: der mit vierteljährlicher Gehaltszahlung engagierte Gehülfe kann vom 1. Januar 1898 ab nicht monatliche Gehaltszahlung verlangen (§ 64 HGB.), und der mit vierzehntägiger Kündigungsfrist Angestellte muß sich eine Kündigung am 15. Januar zum 31. Januar 1898 gefallen lassen. An-

[1]) Es wird dabei immer vorausgesetzt, daß der Dienstvertrag vor dem 1. Januar 1898 abgeschlossen ist.

genommen, daß nach dem bisherigen Ortsgebrauche des Geschäftsdomizils der Prinzipal nur verpflichtet ist, ein Zeugnis über Art und Dauer der Beschäftigung, nicht auch über Führung und Leistungen auszustellen, so braucht er über letztere auch dem nach dem 1. Januar 1898 ausscheidenden Gehülfen nicht zu attestieren. Der Gehülfe erkrankt unverschuldet im Jahre 1898 und muß vier Wochen zu Haus bleiben. Der Prinzipal zahlt ihm zwar das Gehalt für diese Zeit, aber unter Abzug der Beträge, die der Gehülfe aus einer Krankenversicherung erhalten hat. Die Nachforderungsklage würde trotz § 64 Abs. 2 HGB. abzuweisen sein, wenn der Richter von der Ansicht ausgeht, daß nach dem bisherigen Recht ein derartiger Abzug nicht gerechtfertigt ist.

b) Solche Wirkungen, die zur Zeit des alten Gesetzes bereits begonnen haben, sich aber zur Zeit des neuen erst vollenden.

In dem Falle zu a erkrankt der Gehülfe beispielsweise anstatt im Jahre 1898 bereits am 20. Dezember 1897 und kann erst im Januar 1898 wieder ins Geschäft kommen. Juristisch liegt der Fall nicht verschieden von dem obigen zu a. Insbesondere ist keinesfalls so zu entscheiden, daß die für die Zeit bis zum 31. Dezember 1897 einschließlich bezogenen Versicherungssummen abgezogen werden dürfen, die für die weitere Zeit bezogenen nicht.

II. Zwei Ausnahmen sind von dem oben aufgestellten Prinzip zu machen:

1. Die öffentlich rechtlichen, d. h. polizeilichen Vorschriften des neuen HGB. finden vom 1. Januar 1898 ab auch auf die alsdann schon begründeten Dienstverhältnisse Anwendung. Es sind dies lediglich die Vorschriften der §§ 62, 76 Abs. 2—4 und Abs. 1, insoweit letzterer auf § 62 Bezug nimmt, ferner der §§ 81 und 82 des neuen HGB., d. h. diejenigen Vorschriften, welche zum Schutze der Gesundheit, Sittlichkeit, Religion und Fortbildung der Angestellten erlassen sind (s. unten § 21), welche ferner Personen, die nicht im Besitze der bürgerlichen Ehrenrechte sind, das Halten und Anleiten von Lehrlingen untersagen (s. unten § 31 sub C II), und welche endlich die Verletzung dieser Bestimmungen unter Strafe stellen.

Es muß also z. B. ein nicht im Besitze der bürgerlichen Ehrenrechte befindlicher Kaufmann am 1. Januar 1898 seine Lehrlinge entlassen.

Nicht zu verwechseln mit den öffentlich rechtlichen sind die sogen. zwingenden Gesetzesnormen, d. h. nicht polizeiliche, sondern rein privatrechtliche Bestimmungen, die aber durch Vereinbarung nicht abgeändert werden können, z. B. die Vorschrift, daß die Zahlung des Gehalts nicht später als am Schlusse des Monats erfolgen dürfe (§ 64 HGB.).

Denn diese sog. zwingenden Vorschriften regeln die beteiligten Interessen nur soweit sie privater, nicht dagegen soweit sie öffentlicher Natur, also eigentliche Staats-Interessen sind. Eine Expropriation von Rechten im Privatinteresse ist aber ausgeschlossen, sofern sie das Gesetz nicht ausdrücklich ausspricht, und das ist bei dem neuen HGB. nicht der Fall. Deshalb findet eine Anwendung der zwingenden Vorschriften des neuen HGB. auf die am 1. Januar 1898 bereits bestehenden Rechtsverhältnisse nicht statt[1]). Z. B. Im Jahre 1893 ist eine fünfjährige Konkurrenzklausel stipuliert worden. Das Dienstverhältnis endet am 1. April 1897, so daß die Klausel von da ab zu wirken anfängt. Sie wird im Februar 1902 durch Eröffnung eines Konkurrenzgeschäftes verletzt und infolge dessen eine Vertragsstrafe verwirkt. Der Prinzipal klagt, gestützt auf den solches ausdrücklich gestattenden Anstellungsvertrag, auf Zahlung der Strafe und Schließung des Geschäftes. Der Gehülfe wendet ein: Die Klausel habe nur für 3 Jahre gesetzliche Gültigkeit (§ 74 Abs. 2 HGB.), Schließung des Geschäfts insbesondere neben der Strafe könne nach § 75 Abs. 2, 3 HGB. nicht gefordert werden. Beide Einwendungen sind zu verwerfen.

2. Die zweite Ausnahme betrifft das Institut der Verjährung.

Der Beginn der Verjährung ist eine Thatsache, welche einen Rechtsvorteil, nämlich die Befreiung von einer Verpflichtung, zu schaffen geeignet ist. Aber eben nur geeignet ist. Ob sie ihn auch wirklich schafft, hängt von dem ungewissen Umstande ab, ob der Berechtigte nicht noch vor Ablauf der Verjährungsfrist sein Recht verfolgen wird. Die ungestörte Fortsetzung der Verjährung ist daher eine bloße Erwartung, eine Hoffnung. Solche zu sichern, hat das Recht keine Veranlassung. Aus diesen Gesichtspunkten ergiebt sich folgendes:

Ist die Verjährungsfrist nach dem neuen HGB. kürzer als nach dem bisherigen Recht, so wird die kürzere Frist von dem Inkrafttreten des neuen HGB. an gerechnet. Läuft jedoch die in den bisherigen Gesetzen bestimmte längere Frist früher als die im neuen

---

[1]) Entgegengesetzter Ansicht, Staub Suppl. Nr. 3 a. E. zu Art. 1 Abs. 2 EG. zum neuen HGB.

HGB. bestimmte kürzere Frist ab, so ist die Verjährung mit dem Ablauf der längeren Frist vollendet.[1])

Ein Gehülfe z. B. macht im August 1897 rechtswidrig Geschäfte für eigene Rechnung während des Dienstverhältnisses. Die Ansprüche des Prinzipals hieraus verjähren nach bisherigem Gesetz im Gebiet des Preußischen Rechts in 30 Jahren, nach § 61 Abs. 2 des neuen HGB. in 3 Monaten von erlangter Kenntnis an, und ohne Rücksicht auf letztere in 5 Jahren vom Abschlusse des Geschäfts an. Der Prinzipal erfährt von jener Uebertretung z. B. am 1. November 1897. Die Verjährung ist am 1. April 1898 vollendet. — Gesetzt, die Uebertretung sei im August 1880 erfolgt. Der Prinzipal erfährt erst im Jahre 1904 davon und macht sofort seine Ansprüche geltend. Letztere würden bereits am 1. Januar 1903 verjährt, die Klage daher abzuweisen sein. Ist die Uebertretung im Januar 1868 erfolgt, und erfährt der Prinzipial davon im Februar 1898, so würde vollendete Verjährung vorliegen, da zwar nicht die dreimonatliche Verjährung des § 61 Abs. 2 HGB., wohl aber die 30jährige des Preußischen Rechts abgelaufen sein würde.

Zweites Buch.

Das Recht der Handlungsgehülfen.

Kapitel 1.

Wer ist Handlungsgehülfe? Wer kann und wer darf es sein? Wer kann und wer darf Handlungsgehülfen halten?

Abschnitt 1: Wer ist Handlungsgehülfe?

§ 4. Der allgemeine Begriff und Kreis der Handlungsgehülfen.

Auf die Frage „Wer ist Handlungsgehülfe?" giebt das alte HGB. keine gesetzliche Erklärung. Dagegen erteilt der § 59 des neuen HGB. hierauf die zutreffende, von der heutigen Wissenschaft und Rechtsprechung übereinstimmend ausgebildete Antwort: „Wer in einem Handelsgewerbe zur Leistung kaufmännischer Dienste gegen Entgelt angestellt ist."

Die Auflösung dieser Erklärung in ihre einzelnen Bestandteile wird eine richtige Vorstellung von dem Begriffe und dem Kreise der Handlungsgehülfen geben, namentlich auch von der Abgrenzung

---

[1]) Diese Sätze sind der entsprechend wörtliche Inhalt des Art. 169 des E. G. zum B. G. B.

gegen andersartige, insbesondere gewerbliche Gehülfen des Kaufmanns (s. unten S. 22/23). Vorweg sei bemerkt, daß die Bezeichnung „Handlungsdiener“, welche der Art. 57 des alten HGB. mit den „Handlungslehrlingen“ zusammen als die beiden Arten der „Handlungsgehülfen“ bezeichnet, fortgefallen ist. In der Praxis hatte sie sich nie eingebürgert und das neue Gesetz kennt mit Recht nur „Handlungsgehülfen“ und „Handlungslehrlinge“. Nicht jeder, der mit seinen Diensten einem anderen hilft, ist deswegen dessen Diener. Gegen die Anschauung der Zeit sind gesetzliche Etiquettes ohnmächtig.

§§ 5—7 Spezialisierung des Begriffes und Kreises der Handlungsgehülfen.

§ 5. Erfordernis der Thätigkeit in einem Handelsgewerbe.

Handlungsgehülfe ist nur, wer in einem Handelsgewerbe angestellt ist.

A. In einem **Gewerbe.** Letzteres ist eine private Erwerbsthätigkeit, welche auf dem Gebiete des Handels, der Industrie oder eines vom Gesetz ausdrücklich als Gewerbe bezeichneten Berufes im eigenen Namen und für eigene Rechnung mit der Absicht der Gewinnerzielung und der dauernden Fortsetzung ausgeübt wird.

Nicht Handlungsgehülfen sind daher die kaufmännischen Gehülfen der staatlichen Beamten, z. B. die Büreauvorsteher der Notare und Gerichtsvollzieher, die Buchhalter und Gehülfen der amtlichen Handelsmäkler (vgl. jedoch unten § 8 S. 23). Ebenso sind nicht Handlungsgehülfen die nicht als Beamte, sondern durch Vertrag verpflichteten kaufmännischen Angestellten der staatlichen Behörden, z. B. Buchhalter und Korrespondenten derselben. Denn der Staat übt zwar vielfach eine Thätigkeit gewerblicher Art aus — man denke z. B. an die Staatseisenbahnen, die Königlichen Porzellanmanufakturen —, aber nicht im privaten, sondern im öffentlichen Interesse. Allerdings ist die Frage, ob der Staat Gewerbetreibender, insbesondere Handelsgewerbetreibender sein kann, außerordentlich bestritten.[1]) Nicht Handlungsgehülfen sind auch die kaufmännischen Angestellten, z. B. Buchhalter, Stenographen, der Landwirthe, Rechtsanwälte, Künstler und Gelehrten, da die Erwerbsthätigkeit dieser Personen weder auf dem Gebiete der Industrie noch des Handels liegt, noch vom Gesetz als Gewerbe ausdrücklich gekennzeichnet wird. Nicht Handlungsgehülfen sind ferner solche

[1]) s. Gareis-Fuchsberger S. 595 Note 2.

Personen, welche von Handlungsgehülfen zu deren Unterstützung für deren eigene Rechnung *engagiert* sind (S. Z. 37 S. 533), z. B. die von dem nicht selbständigen Generalagenten einer gewöhnlichen Versicherungsgesellschaft auf eigene Kosten angestellten Buchhalter, denn die Thätigkeit der Handlungsgehülfen selber ist kein Gewerbe, weil sie nicht im eigenen Namen ausgeübt wird. Nicht Handlungsgehülfen sind auch die kaufmännischen Angestellten einer *Versicherungsgesellschaft auf Gegenseitigkeit*, da deren Zweck nicht ist, ihren Mitgliedern Gewinn zuzuführen, sondern lediglich einen etwaigen Schaden zu ersetzen. Nicht Handlungsgehülfen sind weiter die kaufmännischen Angestellten, z. B. Buchhalter, Kassierer der Wohlthätigkeitsbazare, eines kurzen Ausstellungsunternehmens, und anderer nur als *vorübergehend geplanter Veranstaltungen*; denn hier fehlt von vornherein die Absicht der dauernden Fortsetzung des Betriebes. Vorausgesetzt ist dabei natürlich, daß derartige Veranstaltungen nicht von einem Kaufmann zu einem kaufmännischen Zwecke unternommen werden (Art. 274 Abs. 1, 273 Abs. 1 HGB.), wie z. B. kurze Ausverkäufe und Auktionen.

B. Der Gehülfe muß in einem **Handelsgewerbe** angestellt sein, d. h. in einem Gewerbe, dessen Inhaber Kaufmann ist und dessen Gegenstand Handelsgeschäfte sind. Beides ist nicht immer identisch. Zwar kann nur derjenige Kaufmann sein, der gewerbsmäßig Handelsgeschäfte betreibt. Aber nicht jeder, der letzteres thut, ist deswegen Kaufmann. Eine Ehefrau z. B., welche ohne Einwilligung ihres Ehemannes gewerbsmäßig absolute Handelsgeschäfte betreibt, ist nicht Handelsfrau (Art. 7 des alten HGB.); ihre kaufmännischen Angestellten sind nicht Handlungsgehülfen, stehen vielmehr in einem gewöhnlichen Dienstvertragsverhältnis. Das gleiche gilt von den Angestellten eines Minderjährigen, der ohne Genehmigung des Vormundes ein Handelsgewerbe betreibt.

Was sind nun Handelsgeschäfte?

Art. 271—273 des alten HGB. beantworten diese Frage wie folgt:

Handelsgeschäfte sind (Art. 271):

1. Der Kauf oder die anderweite Anschaffung von Waren oder anderen beweglichen Sachen, von Staatspapieren, Aktien oder anderen für den Handelsverkehr bestimmten Wertpapieren, um dieselben weiter zu veräußern; es macht keinen Unterschied, ob die Waren oder anderen beweglichen Sachen in Natur, oder nach einer Bearbeitung oder Verarbeitung weiter veräußert werden sollen;

2. die Uebernahme einer Lieferung von Gegenständen der unter Ziffer 1 bezeichneten Art, welche der Uebernehmer zu diesem Zweck anschafft;
3. die Uebernahme einer Versicherung gegen Prämie;
4. die Uebernahme der Beförderung von Gütern oder Reisenden zur See und das Darleihen gegen Verbodmung.

Handelsgeschäfte sind ferner die folgenden Geschäfte, wenn sie gewerbemäßig betrieben werden (Art. 272):

1. Die Uebernahme der Bearbeitung oder Verarbeitung beweglicher Sachen für andere, wenn der Gewerbebetrieb des Uebernehmers über den Umfang des Handwerks hinausgeht;
2. die Bankier- oder Geldwechslergeschäfte;
3. die Geschäfte des Kommissionärs, des Spediteurs und des Frachtführers, sowie die Geschäfte der für den Transport von Personen bestimmten Anstalten;
4. die Vermittlung oder Abschließung von Handelsgeschäften für andere Personen; die amtlichen Geschäfte der Handelsmäkler sind jedoch hierin nicht inbegriffen;
5. die Verlagsgeschäfte, sowie die sonstigen Geschäfte des Buch- oder Kunsthandels; ferner die Geschäfte der Druckereien, sofern nicht ihr Betrieb nur ein handwerksmäßiger ist.

Nach Art. 273 Abs. 3 HGB. sind jedoch die Weiterveräußerungen, welche von Handwerkern vorgenommen werden, insoweit dieselben nur in Ausübung ihres Handwerksbetriebes geschehen, als Handelsgeschäfte nicht zu betrachten.

Geschäfte, deren Gegenstand unbewegliche Sachen sind, sind keine Handelsgeschäfte (Art. 275 HGB.).

Ein Handelsgewerbe betreiben auch die sog. Minderkaufleute, d. s. Höker, Trödler, Hausierer und dergleichen Handelsleute von geringem Gewerbebetriebe, ferner Wirte, gewöhnliche Fuhrleute, gewöhnliche Schiffer und Personen, deren Handelsgewerbe nicht über den Umfang des Handwerksbetriebes hinausgeht (Art. 10 des alten HGB.). Nur können Minderkaufleute keine Prokuristen bestellen (Art. 10 cit.).

Nach alledem ist Handelsgewerbe[1]), abgesehen von dem Gewerbe der allgemein bekannten Kaufmannskategorien, u. a. das Gewerbe der Agenten, Annoncenbureau-Besitzer, Apotheker, Bäcker, Dampfwaschanstalten, Fabrikanten (soweit sie nicht selbstproduzierte Stoffe verarbeiten), Fleischer, Friseure (wenn sie Haar-

[1]) Dieser und der nachfolgenden Aufstellung sind die entsprechenden Aufstellungen bei Staub, §§ 26, 27 zu Art. 272 HGB. und bei Gareis-Fuchsberger S. 18—20 zu Grunde gelegt.

artikel, Oel, Seifen und anderes verkaufen), Fuhrwerks-Unternehmer, Gastwirte, Handelsgärtner (sofern sie ihre Ware nicht selber produzieren, sondern von anderen einkaufen), Handwerker (wenn sie nicht nur fremdes Material bearbeiten, sondern auch eigenes hierzu angeschafftes Material nach Verarbeitung verkaufen), Hausierer, Höker, Hoteliers (welche nicht nur Zimmer vermieten, sondern auch Genußgegenstände verkaufen), Hypothekenmakler [1]), Kommissionäre, Konditoren (anderes Gutacht. d. Berl. Aeltest. an den Vorstand der Berliner Pfefferküchler- und Konditoren-Innung vom 15. Mai 1896), Lotterie-Kollekteure, Privatmakler, Patentanwälte (nicht als Verfasser von Patentschriften, aber als Vermittler von Patentveräußerungsgeschäften), Photographen, Reinigungs-Anstalten, Schneider, Versicherungsgesellschaften gegen Prämie (nicht auf Gegenseitigkeit), Zeitungsverleger.

Nicht Handelsgewerbe dagegen ist u. a. das Gewerbe der Ärzte und ärztlichen Heilanstalten, Auktionskommissare (außer wenn sie ihre Thätigkeit vorzugsweise für Kaufleute ausüben), Auskunftsbureaus, Badeanstalten, Bautischler, Bauunternehmer, Bergwerksbesitzer, Einziehungsbureaus, Gesindevermietungsbureaus, Grundstücksmakler, Grundstücksspekulanten, Güterparzellierer, Kunst- und Handelsgärtner (sofern sie nur eigene Produkte verkaufen), Handwerker (wenn sie lediglich fremdes Material verarbeiten), Hoteliers, (welche nur Zimmer vermieten, aber keine Speisen oder Getränke verkaufen), Leihbibliotheken, Maurermeister, Privatleihanstalten, Theateragenten, Theaterunternehmer, Versicherungsgesellschaften auf Gegenseitigkeit (nicht gegen Prämie), Ziegeleibesitzer, Zimmervermieter.

Nach Art. 274 Abs. 1 des alten HGB. gelten die von einem Kaufmann geschlossenen Verträge im Zweifel als zum Betriebe seines Handelsgewerbes gehörig. Daher wird z. B. das Auktionsgeschäft eines Privatmaklers oder eines Lotteriekollekteurs solange als Handelsgewerbe gelten, als nicht klar und zweifellos erhellt, daß es nur in ganz geringem Maße für Kaufleute, vorzugsweise aber für Nichtkaufleute ausgeübt wird, und solange werden auch die kaufmännischen Angestellten eines solchen Auktionsgeschäftes als Handlungsgehülfen anzusehen sein. Dagegen hat das Reichsoberhandelsgericht in R. Bd. 14 S. 50/51 mit Recht die Eigenschaft eines Handlungsgehülfen demjenigen abgesprochen, welcher zur Verwaltung eines Bureaus engagiert war, das ein Kaufmann zur Ausführung des Baues einer Eisenbahnstrecke errichtet hatte;

[1]) Nicht unbestritten, vgl. Staub, § 17 zu Art. 272 HGB.

denn hier war das Gewerbe, weil eine unbewegliche Sache betreffend, zweifellos nicht Handelsgeschäft.

Ein Handelsgewerbe ist auch dasjenige, welches sein Inhaber gegen ein Verbotsgesetz ausübt. Es können also auch die Angestellten eines solchen verbotenen Handelsgewerbes Handlungsgehülfen sein, so z. B. die Buchhalter einer konzessionspflichtigen aber nicht konzessionierten Fabrik oder Gastwirtschaft (vgl. §§ 16, 33 Gew. O). Nur kann in einem solchen Falle der Prinzipal sowohl als der Handlungsgehülfe ohne Kündigung vom Vertrage zurücktreten, falls der Mangel nicht binnen angemessener Frist behoben wird.

Eine gesetzliche Bestimmung, daß in gewissen Handelsgewerben oder von bestimmten Personen Handlungsgehülfen nicht engagiert werden dürfen, besteht nicht. Anders bei Handlungs-Lehrlingen (s. unten § 31 sub C II)

§ 6. Erfordernis der Anstellung und des Entgelts.

A. Die **Anstellung** characterisiert sich dadurch, daß sie den Angestellten zum unselbstständigen Glied des Geschäftsorganismus und zum Untergebenen des Geschäftsherrn macht.

1. Demgemäß ist Handlungsgehülfe z. B. der in diesem Sinne angestellte Reisende, auch Stadtreisende, dagegen nicht der Agent (s. R. 16, S. 38), auch nicht der sog. Provisionsreisende (vgl. z. B. R. 1 S. 151; 15 S. 406); denn beide sind nicht Untergebene, sondern lediglich Vertragskontrahenten ihres Hauses.

Nicht Handlungsgehülfen sind ferner die Vorstandsmitglieder einer Aktiengesellschaft,[1]) der Geschäftsführer einer Gesellschaft mit beschränkter Haftung, der Liquidator einer Handelsgesellschaft (Reichsgericht v. 23 Dez. 95 i. D. J. Z. 96 S. 57 r.). Denn alle diese Personen sind zwar angestellt, aber nicht als Untergebene, sondern als gesetzlich erforderliches Vertretungs-Organ des Inhabers des Handelsgewerbes. Folge davon ist z. B., daß zum Geschäftsführer einer Gesellschaft mit beschränkter Haftung auch einer der Gesellschafter bestellt werden kann, während es begrifflich unmöglich ist, daß der Mitinhaber eines Handelsgewerbes zugleich Handlungsgehülfe in demselben ist (vgl. Art. 114 des alten HGB.) Der Vorsteher einer Filiale, Wechselstube u. dgl. ist dagegen Handlungsgehülfe, denn eine solche Vertretung des Prinzipals beruht auf dessen freiem Willen, nicht auf gesetzlichem Zwang.

---

[1]) R. 13 S. 181 ff.; 19 S. 59 und 62; 21 S. 375.

Nicht Handlungsgehülfe ist sodann der Ehemann, der im Geschäfte seiner Frau nur „mithilft“, ohne angestellt zu sein; die Anstellung ist in solchem Falle nicht ohne weiteres zu vermuten (anders R. 11 S. 142). Wer sich nur zu einzelnen Dienstleistungen im Geschäft verpflichtet hat, ist weder Glied des Geschäftsorganismus, noch Untergebener des Geschäftsherrn, daher nicht Handlungsgehülfe (ebenso Behrend § 44 S. 311), ebenso wenig derjenige, der in einem Geschäft nur thätig ist, um dasselbe kennen zu lernen, z. B. zwecks eventuellen Eintritts als Sozius (G. Z. 34 S. 569/70). Ein solcher kann natürlich auch Handlungsgehülfe sein, wenn nämlich die zu erwerbende Kenntnis nicht Gegenstand, sondern nur Motiv der seiner Thätigkeit zu Grunde liegenden Vereinbarung ist.

2. Lediglich als **Indizien**, die mit Vorsicht je nach Lage der Sache zu verwerten sind, kommen alle jene Umstände in Betracht, welche entweder auf eine Selbständigkeit oder Unselbständigkeit der Stellung hindeuten, jedoch sowohl mit dieser wie mit jener vereinbar sind. Es sind dies insbesondere folgende:

a) Die Art der Vergütung. Der sog. Provisionsreisende hat seine Bezeichnung allerdings infolge des Umstandes, daß er ohne festes Gehalt nur gegen Provision reist. Aber nicht deswegen steht er außerhalb des Kreises der Handlungsgehülfen, sondern lediglich wegen der Selbständigkeit seiner Stellung. Denn ebenso, wie es zulässig ist, daß ein als Handlungsgehülfe angestellter Reisender kein festes Gehalt, sondern nur Provision oder nur Tantieme bezieht, ebenso wird der selbständige Reisende nicht dadurch zum Handlungsgehülfen, daß er neben der Provision festes Gehalt oder sogar nur letzteres allein bezieht.

Nur wird der Bezug festen Gehalts die Vermutung der Unselbständigkeit begründen, bei dem Reisenden sowohl als bei anderen Gehülfen, z. B. bei den sog. Generalagenten der Versicherungsgesellschaften.

Dagegen wird im Zweifel darüber, ob bei einer geschäftlichen Thätigkeit, welche lediglich gegen Tantieme erfolgt, der Tantieme-Berechtigte als Angestellter oder als stiller Sozius, der als Einlagekapital seine Dienste einwirft, anzusehen sei, ein Anstellungsverhältnis angenommen werden müssen. Denn eine Sozietät ohne Kapitalbeteiligung eines der Sozien ist immerhin Ausnahme.[1]) Andererseits ist eine stille Gesellschaft dadurch nicht unmöglich gemacht, daß der stille Gesellschafter für die Einlage seiner Dienste außer der Tantieme noch festes Gehalt bezieht; nur wird hier

---

[1]) Ebenso Staub § 4 Abs. 2 zu Art. 250 HGB., vgl. Bolze 10 Nr. 534.

natürlich in noch stärkerem Grade die Vermutung für einen Anstellungsvertrag sprechen[1]).

b) Ein Indicium für die Selbständigkeit der Stellung, keineswegs für letztere entscheidend ist die Uebernahme von Delcredere (s. R. 14 S. 214), Reisespesen und ähnlichen Unkosten durch den Handlungsgehülfen.

c) Ferneres Indicium ist die Art der Thätigkeit. So z. B. wird die Thatsache, daß bei einem Reisenden Beginn, Ende und Art der Reise der Weisung des Geschäftsherrn unterliegen, und daß der Reisende in der reiselosen Zeit im Geschäft täglich sich melden, ja, womöglich dort thätig sein muß, wichtige Anhaltspunkte für die Annahme einer Anstellung abgeben, aber der bestimmte Nachweis ihnen gegenüber, daß in concreto kein Anstellungsvertrag, sondern nur ein gewöhnlicher Dienstvertrag vereinbart worden, muß auf alle Fälle offen bleiben.

d) Ebenso wenig sind Ort und Zeit der Thätigkeit entscheidend. So ist es zwar Regel, aber nicht Erfordernis, daß der Handlungsgehülfe in den Geschäftsräumen des Prinzipals arbeitet (R. 7. S. 301) und daß er während der ganzen üblichen Geschäftszeit für den Prinzipal thätig ist. Es kann deshalb auch der „sog. Stundenbuchhalter, d. h. derjenige, der einige Stunden des Tages oder der Woche im Geschäft thätig ist, um die Bücher in Ordnung zu halten“ (Staub § 1 zu Art. 57 HGB.), Handlungsgehülfe sein. Es ist dies jedoch nicht zu vermuten, sondern nachzuweisen. (Anders Staub, a. a. O.)

e) Eine Anstellung wird dadurch nicht ausgeschlossen, daß ihr von vornherein der Charakter der Dauer genommen ist, z. B. wenn sie zur Aushilfe erfolgt (vgl. § 69 HGB.). Doch wird bei einem derartigen Engagement auf ganz kurze Zeit, z. B. auf einen Tag, anzunehmen sein, daß die Parteien nicht einen Anstellungsvertrag, sondern einen gewöhnlichen Dienstvertrag haben abschließen wollen.

f) Zeichen der Anstellung als einer Einfügung in den Organismus des Geschäftes ist regelmäßig, daß der Angestellte keinem anderen als dem Geschäftsherrn gleichartige Dienste leisten darf (vgl. § 60 HGB. und unten § 13).

Doch ist das Gegenteil mit dem Begriffe des Handlungsgehülfen vereinbar. So bleibt der angestellte Reisende Handlungsgehülfe, auch wenn ihm erlaubt ist, für ein anderes Haus mit zu reisen, und der Agent sowie der Provisionsreisende werden nicht

[1]) Vgl. Oberstes Landesgericht München in der D. J. Z. 97 S. 228.

dadurch zu Handlungsgehülfen, daß sie vertraglich nur ein einziges Haus vertreten dürfen.

B. Nur der gegen **Entgelt** Angestellte ist Handlungsgehülfe. Grund ist, daß die Unentgeltlichkeit der Dienstleistung mit der Stellung des Leistenden als eines Untergebenen nicht recht vereinbar ist. Nicht Handlungsgehülfe ist also der Volontär. Staub (Suppl. Anm. 2a zu § 59 HGB.) will die Vorschriften über Handlungsgehülfen auf den Volontär analog anwenden, bis auf diejenigen, welche von der Vergütung handeln, und zwar deswegen, weil der Volontär freiwillig die Pflichten des Handlungsgehülfen übernehme. Letzteres aber gerade erscheint bedenklich. Einerseits tritt der Volontär in ein Geschäft ein, um sich darin umzusehen oder zu lernen, ohne Lehrling zu sein, und zwar in einer Art zu lernen, die mehr seinen Wünschen und Zwecken als denen des Prinzipals entspricht. Andererseits will der letztere durch Annahme des Volontärs eine Gefälligkeit erweisen, aber keine Verpflichtung eingehen. Die Einhaltung der für Handlungsgehülfen gegebenen gesetzlichen Kündigungsfristen z. B. würde daher dem Wesen des Volontär-Verhältnisses widersprechen. Letzteres untersteht vielmehr den Regeln des allgemeinen Dienstvertrages.

§ 7. Erfordernis der Leistung kaufmännischer Dienste.

A. Die Anstellung muß zur Leistung von Diensten erfolgt sein.

Nicht Handlungsgehülfe ist daher der Lehrling, weil dessen Anstellung in erster Linie nicht die Leistung von Diensten, sondern die Erlernung des Geschäfts zum Gegenstand hat.

B. Die zu leistenden Dienste müssen kaufmännische sein.

Damit hat das Gesetz eine alte Streitfrage zwischen der herrschenden und u. E. richtigen Meinung einerseits und Thöl und Wendt andererseits, welche letzteren alle, auch die nichtkaufmännischen, Gehülfen eines Kaufmanns als Handlungsgehülfen betrachtet sehen wollten, zu Gunsten der ersteren entschieden.

I. Kaufmännische Dienste sind diejenigen, welche, wenn auch nicht nach dem gesetzlichen Kaufmannsbegriff des Art. 4 des alten HGB.[1]), so doch gemäß der Anschauung des Kaufmannsstandes, insbesondere der betreffenden Branche, sich als kaufmännische characterisieren, welche nach einem glücklichen Ausdruck des Reichsoberhandelsgerichts (R. 17 S. 309) die „kaufmännische Signatur“

---

[1]) Danach ist Kaufmann, wer gewerbemäßig Handelsgeschäfte betreibt.

tragen. Die Frage, ob eine solche vorhanden ist, wird nur nach Lage des einzelnen Falles zu beantworten sein; sie ist aber deswegen nicht, wie das Reichsoberhandelsgericht in einzelnen Entscheidungen [1]) irrtümlich ausführt, eine der Revision entzogene Thatfrage, vielmehr eine revisionsfähige Rechtsfrage[2]). Denn ein in den gesetzlichen Thatbestand aufgenommener Begriff ist Rechtsbegriff, Teil der Rechtsnorm. Es liegt hier dieselbe Erscheinung vor, wie z. B. bei dem Thatbestande der strafrechtlichen Beleidigung, welche eine Verletzung der persönlichen und gesellschaftlichen Signatur des einzelnen darstellt, oder wie bei der Frage, was ein wichtiger Grund zur Entlassung ist (s. unten § 27 sub I). In allen derartigen Fällen, in denen der Rechtsbegriff sich nicht ohne weiteres aus den thatsächlichen Umständen logisch folgern läßt, sondern sich erst aus einer thatsächlichen Abschätzung derselben ergiebt, ist die Vornahme einer solchen Abschätzung als Rechtsprüfung anzusehen. Es hat denn auch das Reichsoberhandelsgericht entgegen seiner Theorie in einer — bis auf die citierten Fälle — ständigen Rechtsprechung die Frage, ob kaufmännische Dienste vorliegen, in der Revisionsinstanz nachgeprüft und auf sein diesbezügliches Ergebnis das Revisionsurteil gegründet. Dieselbe Praxis befolgt das Reichsgericht.

II. Die kaufmännische Eigenschaft eines Dienstes ist nicht schon deswegen zu vermuten, weil derselbe im Betriebe eines Handelsgewerbes geleistet worden ist; vielmehr hat derjenige, welcher eine solche Eigenschaft behauptet, dafür die Beweislast (E. 1. S. 268/269).

Wenn der Gehülfe eines Kaufmanns gemischte, d. h. teils kaufmännische teils andere, z. B. gewerbliche, Dienste leistet, so wird er dann Handlungsgehülfe sein, wenn die kaufmännischen überwiegen [3]) oder doch in erheblichem Umfange, nicht nur nebensächlich oder gelegentlich geleistet werden.

Die kaufmännische Signatur können nicht nur diejenigen Dienste tragen, welche den Abschluß von Rechtsgeschäften betreffen, — die der Procuristen und Handlungsbevollmächtigten, — sondern auch die innergeschäftlichen Dienste, wie z. B. die des Buchhalters und Korrespondenten (R. 14 S. 115). Nur tragen die Dienste ersterer Art stets die kaufmännische Signatur. Der Hand-

---

[1]) R. 10 S. 186; 17 S. 312; 21 S. 254; ebenso allerdings auch Behrend § 46 Anm. 11.

[2]) In der Revisionsinstanz, jetzt beim Reichsgericht, wird nur über Rechtsfragen entschieden. Wegen unrichtiger Beurteilung von Thatfragen ist Revision nicht zulässig.

[3]) Ebenso Behrend § 44 A. 10 und Cosack § 18 S. 65.

lungsbevollmächtigte braucht übrigens nicht zugleich Handlungsgehülfe zu sein. [1])

III. **Gehülfen, welche kaufmännische Dienste leisten,** sind u. a.

1. der Buchhalter,
2. der Bureauchef eines Zeitungsverlegers, weil seine Thätigkeit sich auf die Verwertung, d. h. Expedition und Verbreitung der Zeitung bezieht. (Kammergericht vom 17. Juni 1891, bei Perl und Wreschner 91 S. 85/86.)
3. die Directrice, wenn sie, wenigstens ab und zu, Kunden bedient oder Stoffe zur Ausführung von Aufträgen einkauft (Ebenso Aeltst. v. 27. März 1895 i. S. 56 C. 39. 95. des A. G. Berlin I.);
4. der Disponent (Bolze 10 Nr. 428; vgl. das. 13 Nr. 390);
5. der Einkäufer;
6. der Expedient (vgl. Perl und Wreschner 91 S. 63/64 und 85/86), welcher dem Geschäfts- bezw. Fabrikpersonal die Bestellungen aufzugeben und für die Ausführung derselben bis zur Absendung der Ware zu sorgen hat;
7. der Fabrikinspector, wenn er nicht nur den technischen Betrieb inspiciert, sondern auch die Arbeiter engagiert und entläßt oder die Kontrole über Buchhaltung und Kasse führt oder dem Prinzipal in diesen Angelegenheiten oder bei dem Ein- und Verkauf assistiert (s. IV Nr. 7);
8. der Fabrikleiter oder Fabrikdirector (R. 18 S. 25) vgl. IV Nr. 8;
9. der General-Agent einer Versicherungs-Gesellschaft (s. sub. 10);
10. der generelle Handlungsbevollmächtigte;
11. der Hotel-Leiter (Bolze 16 Nr. 238; 14 Nr. 391);
12. der Kalkulator (L. G. Berlin I v. 17. 3. 96 bei Perl und Wreschner 96 S. 48, 49);
13. der Kassierer;
14. der Konfektionär;
15. die Konfektioneuse (Aeltst. v. 14. Febr. 93 i. S. Schulz/Lichtwitz und Milchner A. G. I Berlin 34 C 1931, 92);
16. der Kontroleur einer Pferdebahn (ebenso Puchelt Anm. 2 zu Art. 57 HGB. und die dort citierte Entsch. des R. vom 12. Febr. 1878);
17. der Korrespondent;
18. das Ladenmädchen, auch wenn es nicht Verkäuferin ist, sondern nur etiquettiert, verpackt, zum Versand fertig stellt,

---

[1]) Ebenso Staub § 2 zu Art. 47 HGB. Anders R. 1 S. 151; 5 S. 105; 15 S. 406.

die erledigten Aufträge im Lagerbuch bucht u. dergl., (L. G. Berlin I vom 24. 4. 91 bei Perl und Wreschner 91 S. 63, 64 und in G. Z. 42 S. 513);

19. der Lagerist, welcher die Aufsicht über das Lager führt, meist auch die Ware zu empfangen, zu verpacken und zu expedieren hat, (s. auch Expedient);

20. der Leiter eines Handelsgewerbes oder eines Teiles oder Zweiges desselben (s. unter 8, 9, 11, 25, 26, 28, 29 und IV Nr. 4, 7, 8, 12);

21. der Prokurist;

22. der Provisor einer Apotheke, da seine Verkaufsthätigkeit nicht eine ganz geringfügige im Verhältnis zu seiner sonstigen Thätigkeit (im Laboratorium) ist. (Ebenso H. A. G. Nürnberg bei Busch 21 S. 351 und O. Tr. vom 12. 10. 65 in Strieth. Arch. 61 S. 95, 96. Anders Staub § 3 zu Art. 57 HGB.; Cosack S. 66 und Dernburg Pr. Priv. R. II § 93 A. 3);

23. der Reisende, auch der Stadtreisende;

24. der Restaurations-Geschäftsführer (Bolze 16 Nr. 375);

25. der Speichermeister, dem auch die Ablieferung des lagernden Getreides und die Buchführung darüber anvertraut ist. (R. 18 S. 232);

26. der Subdirector einer Versicherungsgesellschaft (vgl. Bolze 14 Nr. 395.)

27. der Verkäufer;

28. der Verwalter eines Handelsgewerbes oder eines Teiles desselben (vgl. oben Nr. 20).

Die Auszahlung der Löhne macht noch nicht zum kaufmännischen Verwalter, wohl aber das Engagement von Arbeitern, jedoch nicht schlechthin (so scheinbar Staub § 3 Abs. 3 zu Art. 57 HGB.), sondern nur, wenn sich die Engagements-Befugnis auf alle Arbeiter oder einen erheblichen, nach Fachzweigen nicht begrenzten Teil derselben erstreckt. Sonst würden die zahlreichen kleinen Werkmeister, welche in großen Fabriken für den ihnen unterstehenden technischen Spezialzweig die Arbeiter selbständig engagieren und oft auch entlassen, sämtlich Handlungsgehülfen sein (vgl. IV Nr. 8).

29. der Vorsteher einer Filiale, Wechselstube.

Alle vorstehend aufgeführten Personen sind Handlungsgehülfen, falls die sonstigen Merkmale dieses Begriffs vorhanden sind.

IV. **Die Gehülfen des Handelsgewerbes, welche nicht kaufmännische Dienste leisten** und welche man gewöhnlich in gewerbliche (z. B. Ingenieure, Zeichner, Köche,) gesindeartige (z. B. Comptoirdiener, Hausknechte) und sonstige nicht-kaufmännische Gehülfen (z. B. Syndici, Redacteure) einteilt, sind u. a.:

1. Der gewöhnliche **Arbeiter**;
2. der **Berichterstatter** einer Zeitung (R. 14 S. 23, 24; E. 1 S. 268);
3. der **Bierfahrer**. Anders das Reichsgericht v. 25. Juni 1890 (J. W. 1890 S. 295[3]), falls der Bierfahrer das Bier verkauft oder auch nur das Kaufgeld für das verkaufte Bier einkassiert oder auch nur das sog. Spundgeld erhebt, selbst wenn letzteres vom Prinzipal ihm überlassen wird. Aber diese zweifellos kaufmännischen Functionen sind secundär neben der nicht kaufmännischen Kutscher- und Botenthätigkeit des Bierfahrers;
4. der **Braumeister**. (R. 9 S. 306 ff.; vgl. jedoch Ueberschrift zu E. 36 S. 50);
5. die **Büffet-Mamsell**;
6. der **Chemiker**, selbst wenn er technische Werkzeuge und Geräte bestellt, Arbeiter anstellt und lohnt und korrespondiert (Bolze 17 Nr. 410);
7. der **Fabrikinspector**, falls ihm lediglich die Inspection über den technischen Betrieb obliegt (s. oben III Nr. 7);
8. der **Fabrikmeister** oder **Werkmeister**, der für einen begrenzten Zweig der Fabrik Arbeiter engagiert und entläßt, die Arbeit verteilt, Lohnlisten, Material- und Inventar-Verzeichnisse, Wochenzettel und sonstige auf den Gewerbebetrieb bezüglichen Bücher führt, jedoch keine Rohstoffe einkauft. (Ebenso L. G. I Berlin v. 17. März 96 bei Perl und Wreschner 96 S. 48/49; R. 11 S. 387, vgl. III unter 8 u. 28.)
9. der **Fahrradlehrer** in einem Fahrradgeschäft;
10. der **Geselle**;
11. der **Hausknecht** (vgl. L. G. Berlin I v. 5. 12. 89 bei Perl u. Wreschner 90 S. 14).
12. der **Hüttenmeister** (vgl. Mühlenmeister, Obermüller, Polier).
13. der **Ingenieur** (vgl. jedoch G. Z. 14 S. 529 530);
14. der **Kassenbote**;
15. der **Kellner** (R. 24. S. 271; s. auch Oberkellner);
16. der **Koch** (R. 10. S. 299 300);
17. der **Komptoirdiener**;
18. der **Kutscher**;
19. der **Laufbursche**;
20. der **Mühlenmeister** (Bolze 9 Nr. 228), (s. Obermüller);
21. der **Oberkellner** (R. 24. S. 271. G. Z. 37 S. 534), (s. auch Kellner);
22. der **Obermüller**, welcher nicht das Getreide einkauft und verkauft wie der Mühlenmeister, sondern nur Arbeiter ist oder

Arbeiter beaufsichtigt (H. A. G. Nürnberg v. 29. 10. 66 in G. Z. 14 S. 528/29);

23. der Omnibusschaffner (L. G. Berlin I v. 6. 12. 90 bei Perl und Wreschner 91 S. 28/29);
24. der Pferdebahnschaffner;
25. der Polier;
26. die Probiermamsell;
27. der Schiffsführer eines Stromschiffes. Derselbe ist, weil seine Dienste wesentlich in der technischen Leitung des Schiffstransportes bestehen, Gewerbegehülfe (ebenso Behrend § 44 Anm. 10; anders O. Tr. v. 3. 3. 68 bei Busch 17 S. 194 und in Strieth. Arch. 70 S. 131);
28. der Syndicus;
29. der Techniker (s. Ingenieur, Zeichner);
30. der Werkmeister (s. oben Fabrikmeister);
31. der Zeichner (anders O. A. G. Rostock v. 30. 1. 68 in G. Z. 14 S. 529/530);
32. der Zeitungsredacteur (A. G. Zwickau bei Busch 22 S. 254; anders die ebenfalls sächsische Entsch. bei Busch 18 S. 393 ff.)
33. der Zuschneider (R. 21 S. 18).

§ 8. Künstliche Handlungsgehülfen.

So benennen wir diejenigen Personen, welche nicht der Natur ihrer Stellung nach (s. §§ 4—7) unter den gesetzlichen Begriff der Handlungsgehülfen fallen, aber nach Vertrag oder Handelsbrauch rechtlich als Handlungsgehülfen gelten. Beides kommt in der Praxis vor. Dieselbe kennt z. B. Verträge, welche besagen, daß für das Verhältnis zwischen dem Prinzipal und dem engagierten Techniker die Rechtssätze maßgebend sein sollen, welche das Handelsgesetzbuch über das Verhältnis zwischen Prinzipal und Handlungsgehülfen aufstellt. Andererseits wurden z. B. nach Berliner Ortsgebrauch die Gehülfen der vereideten Makler als Handlungsgehülfen angesehen[1]); jetzt, nachdem das Institut der vereideten Börsenmakler durch das Reichsbörsengesetz abgeschafft worden ist, hat dieser Ortsgebrauch allerdings nur noch ein historisches und exemplificatorisches Interesse.

Selbstverständlich ist eine analoge Ausdehnung der Gesetze öffentlichen Rechtes über die Handlungsgehülfen auf Nicht-Handlungsgehülfen ausgeschlossen. So z. B. unterliegt ein künst-

[1]) Altst. v. 1. Januar 91 i. S. Simon/Webel, S. 139. 90. L. G. II Berlin und v. 8. Mai 94 i. S. Dirksen/Landt 37 C. 508. 94. A. G. I Berlin.

licher Handlungsgehülfe nicht den die Handlungsgehülfen betreffenden Vorschriften der Reichsversicherungsgesetze.

Abschnitt 2.

§ 9. **Wer kann und wer darf Handlungsgehülfe sein? Wer kann und darf Handlungsgehülfen haben?**

A. Abschnitt 1 hat die Frage erörtert, unter welchen Voraussetzungen Jemand Handlungsgehülfe ist. In diesem Abschnitt sollen zunächst zwei weitere Fragen beantwortet werden, nämlich:

1. wer kann Handlungsgehilfe werden, d. h. wer hat die privatrechtliche Fähigkeit dazu? und
2. wer darf es werden, d. h. wer hat die öffentlich rechtliche Erlaubnis dazu?

Die Antwort lautet:

ad 1: **Jeder kann es werden,** auch Ehefrauen, Minderjährige und solche, die der väterlichen Gewalt unterworfen sind;

ad 2: **Jeder darf es werden, bis auf** folgende Ausnahmen:

a) die vereideten Handelsmäkler dürfen nicht zugleich Handlungsgehülfen sein (Art. 69 Nr. 2 HGB.);

b) als Einkäufer oder Reisender eines Handelsgewerbes darf außerhalb des Gemeindebezirks, in welchem die Niederlassung desselben sich befindet, nur derjenige fungieren, welchem in Gemäßheit des § 44a der Gew. O. eine Legitimationskarte von der zuständigen Verwaltungsbehörde erteilt worden ist. Ebenso darf als Einkäufer oder Reisender eines Handelsgewerbe-Betriebes im Umherziehen nur derjenige fungieren, welchem ein Wandergewerbeschein von der zuständigen Verwaltungsbehörde erteilt worden ist. (§ 55 Gew. O.) Eine Legitimationskarte genügt auch hier, falls der Handlungsgehülfe nur Warenbestellungen aufsuchen oder Waren bei anderen Personen als bei Kaufleuten oder an anderen Orten als in offenen Verkaufsstellen zum Wiederverkauf einkaufen will. (§ 55 cit.). [1]) Legitimationskarte und Wandergewerbeschein können unter bestimmten Voraussetzungen zurückgenommen werden. (§§ 44a Abs. 4, 58 Gew. O.)

c) Wer die Befugnisse zu einem stehenden Handelsgewerbe-Betriebe als Stellvertreter, z. B. als Vorsteher einer Bierhaus-Filiale, ausübt, muß den für das in Rede stehende Gewerbe ins-

---

[1]) Die Legitimationskarte muß den in § 57 Gew. O. aufgeführten Personen versagt und kann denjenigen versagt werden, welche blind, taub oder stumm sind oder an Geistesschwäche leiden. (§ 44a Abs. 3; § 57a Abs. 2 Gew. O.) Dasselbe gilt vom Wandergewerbeschein. Nur kann derselbe auch unter den Voraussetzungen der §§ 37a Nr. 1 und 57b Gew. O. versagt werden.

besondere vorgeschriebenen Erfordernissen genügen (§ 45 Gew. O.).

d) Ein Ausländer, d. h. Nicht-Deutscher, darf als Handlungsgehülfe eines Handelsgewerbebetriebes im Umherziehen nur mit besonderer behördlicher Genehmigung thätig sein. (§ 56d Gew. O.)

Die Absolvierung einer Lehrzeit ist für den Handlungs-Gehülfen nicht erforderlich; ein diesbezüglicher Antrag ist in der Reichstagskommission abgelehnt worden (Kom. S. 19, 21). Ebenso wenig ist ein bestimmtes Alter erforderlich. Nur dürfen — mit hier nicht interessierenden Ausnahmen — Kinder unter 14 Jahren an öffentlichen Orten oder ohne vorgängige Bestellung von Haus zu Haus Gegenstände nicht feilbieten (§ 42b Abs. 5 Gew. O.). Ferner sei noch hervorgehoben, daß der Wandergewerbeschein Personen unter 25 Jahren in der Regel zu versagen ist. (§ 57a Nr. 1 Gew. O.)

Wird Jemand Handlungsgehülfe, der es nicht werden darf, so ist die öffentlich rechtliche Folge davon, daß er im Wege des Strafverfahrens (vergl. Nr. 5, 7, 7d des § 148 Gew. O.) bestraft werden kann, und die privatrechtliche Folge, daß sowohl er als der Prinzipal vom Dienstvertrage ohne Kündigung zurücktreten darf, falls die behördliche Erlaubnis nicht binnen angemessener Zeit nachgeholt wird. Solange jedoch der Rücktritt nicht erklärt ist, besteht der Dienstvertrag in rechtsgültiger Art, kann der Handlungsgehülfe also z. B. sein Gehalt beanspruchen.

B. **Handlungsgehülfen haben kann** jeder Kaufmann. Nur können Minderkaufleute keine Prokuristen bestellen (Art. 10 HGB.) und Erwerbs- und Wirtschafts-Genossenschaften weder Prokuristen noch Handlungsbevollmächtigte (§ 40 Abs. 2 Reichsges. v. 1. Mai 1889).

Handlungsgehülfen haben darf jeder überhaupt, auch ein solcher, der keine Handlungslehrlinge haben darf (s. unten § 31 C II).

Kapitel 2.

Das Rechtsverhältnis zwischen Prinzipal und Handlungsgehülfen.

Abschnitt 1.

Der Anstellungsvertrag und seine Kontrahenten.

§ 10. Der Anstellungsvertrag.

I. Das Rechtsverhältnis zwischen einem Kaufmann und seinem Handlungsgehülfen ist Handelssache im Sinne des Art. 1 des alten HGB. (vgl. Preuß. E. G. Art. 2 Nr. 5, und Bayr. E. G.

Art. 63 Nr. 4 zum alten HGB). Der dieses Verhältnis begründende Vertrag ist Handelsgeschäft[1]). Es ergiebt sich dies ohne weiteres aus dem Umstande, daß die Anstellung von Betriebsgehülfen in eminentem Maße zum Betriebe selber gehört, und nach Art. 273 Abs. 1 des alten HGB. alle einzelnen Geschäfte eines Kaufmannes, welche zum Betriebe seines Handelsgewerbes gehören, als Handelsgeschäfte anzusehen sind.

II. Der Anstellungsvertrag bedarf daher zu seiner Gültigkeit keiner besonderen Form, insbesondere nicht der schriftlichen (Art. 317 HGB.[2]) Genügt mithin das mündliche Wort, ja sogar jede Art des Verhaltens, welche den Willen der Kontrahenten deutlich zum Ausdruck bringt (sog. konkludente Umstände), so muß letzteres sich doch in einer unzweideutigen Weise zeigen. Es ist nicht erforderlich, daß Ausdrücke gebraucht werden wie „Ich engagiere Sie hiermit" oder „Also abgemacht" oder „Sie können gleich morgen antreten", sondern es würde auch zum Engagement genügen, wenn z. B. nach gepflogenen Verhandlungen der Prinzipal den Stellensuchenden zu einer Schlußbesprechung einladet, in derselben Meinungsverschiedenheiten über die beiderseitigen Ansprüche sich nicht mehr ergeben oder ausgeglichen werden, und am Ende der Besprechung der Prinzipal zu dem Bewerber unter Handschlag etwa äußert: „Nun, hoffentlich werden wir es beide nicht bereuen." Natürlich wird es sich praktisch in solchen Fällen für den Gehülfen empfehlen, sich nicht auf juristische Deutungen zn verlassen, sondern eine direkte Aeußerung darüber herbeizuführen, ob er sich als engagiert betrachten solle.

Was von der Frage gilt, ob ein Anstellungsvertrag überhaupt zustande gekommen, gilt auch von den Vereinbarungen, die seinen Inhalt und seine Fortsetzung betreffen. Die bloße Zusage künftiger Gehaltserhöhung z. B. „sobald sich der Anzustellende nach dem Wunsche des Prinzipals eingerichtet haben werde," ist keine verbindliche Verpflichtung, die nach billigem Ermessen fällig wird, sondern ein unverbindliches Inaussichtstellen (R. 18 S. 258/59). Wenn dagegen der Prinzipal dem Gehülfen vorschlägt, gegen ein bestimmtes in den nächsten drei Jahren steigendes Gehalt im Geschäft weiter zu bleiben, der Gehülfe antwortet, er werde es sich überlegen, und dann ohne weitere Erklärung thatsächlich weiter bleibt,

---

[1]) vgl. R. 11 S. 57; Anders O. Tr. v. 14. 1. 64 in G. Z. 13 S. 636.

[2]) Zwei merkwürdigen Irrtümern begegnet der Praktiker häufig sowohl bei Handlungsgehülfen als bei Prinzipalen, nämlich einmal der Meinung, daß der nicht gestempelte Anstellungsvertrag rechtsungültig sei, und zweitens der Ansicht, daß jeder Teil binnen 24 Stunden seit rechtsgültigem Abschluß des Engagementsvertrages von letzterem mit Recht zurücktreten dürfe.

so ist anzunehmen, daß das Dienstverhältnis auf drei Jahre, und zwar mit den neuen Bedingungen, verlängert worden ist (Bolze 12 Nr. 207; vgl. R. 19 S. 121—123).

Wird von beiden Seiten das Vertragsverhältnis nach seinem Ablauf stillschweigend fortgesetzt, so ist nach Treu und Glauben anzunehmen, daß es mit dem bisherigen Inhalte fortgesetzt wird, z. B. mit den alten Stipulationen von Concurrenzklauseln und Conventionalstrafen[1]).

III. Außer der Zulässigkeit der Formlosigkeit hat die handelsgeschäftliche Natur des Engagements-Vertrages u. a. noch die nachstehenden Folgen.

Wer von den Kontrahenten Schadensersatz zu fordern hat, kann die Erstattung des wirklichen Schadens und des entgangenen Gewinns verlangen (Art. 283 HGB.). Bei Verzug, z. B. in der Gehaltszahlung, sind seit dem Tage des Verzuges 6 % Zinsen zu zahlen (Art. 287 HGB.). Eine vereinbarte Conventionalstrafe unterliegt keiner Beschränkung in Ansehung des Betrages; ihre Herabminderung durch das Gericht im Falle der Uebermäßigkeit ist unzulässig, und im Zweifel darf neben ihr ein sie übersteigender Schadensersatz gefordert werden; auch ist der Schuldner im Zweifel nicht berechtigt, sich durch Erlegung der Conventionalstrafe von der Erfüllung zu befreien (Art. 284 HGB.). Eine Ausnahme bilden die zum Schutze von Concurrenzklauseln stipulierten Conventionalstrafen (s. unten § 30 D I, 4). Bei der Uebernahme von Delcredere durch den Handlungsreisenden, welche sich als handelsgeschäftliche Bürgschaft darstellt (R. 14 S. 212 ff), kann, falls der Kunde nicht bezahlt, der Reisende, ohne daß der Kunde erst verklagt zu werden braucht, sofort vom Prinzipal in Höhe des Delcredere-Betrages in Anspruch genommen werden (Art. 281 HGB.) und es bleibt dann dem Reisenden überlassen, die insoweit auf ihn übergehende Forderung des Prinzipals an den Kunden selber gegen letzteren zu verfolgen.

IV. Der Engagementsvertrag ist im Zweifel zu Gunsten des Handlungsgehülfen zu interpretieren, namentlich bei Bedingungen, die im Interesse des Prinzipals getroffen worden sind. Denn von letzterem als dem wirtschaftlich Stärkeren gehen die Engagements-Bedingungen in der Regel aus (R. 17 S. 19, 20). Seine Sache ist es, das ihm Vorteilhafte mit zweifellosen Worten zu formulieren.

V. Das Dienstverhältnis ist nach dem Recht des Erfüllungsortes zu beurteilen. Letzterer ist in der Regel der Ort

---

[1]) A. M. Staub, § 1 Abs. 1 zu Art. 61 HGB.

des Geschäftssitzes (vgl. Bolze 15 Nr 6). Z. B. ein Reisender wird in Hamburg für ein Berliner Exportgeschäft zu Reisen in Mexiko engagiert. Dann ist nicht das Hamburger oder mexikanische, sondern das Berliner Recht maßgebend. Wird dagegen der Handlungsgehülfe seitens einer Zweigniederlassung direkt für letztere engagiert, ohne daß er mit dem Hauptgeschäft etwas zu thun bekommt, so ist nicht der Geschäftssitz des letzteren, sondern derjenige der Filiale als Erfüllungsort anzusehen.

§ 11. Die Kontrahenten des Anstellungsvertrages.

A. **Der Anstellende** ist entweder der Prinzipal selber oder sein rechtsgültiger Stellvertreter. Als solcher hat insbesondere das Recht, Handlungsgehülfen zu engagieren: Der Prokurist, der generelle Handlungsbevollmächtigte, der zum Engagement von Handlungsgehülfen speziell Bevollmächtigte, der Liquidator, der Konkursverwalter, und die gesetzlichen Vertretungsorgane der Handelsgesellschaften, wie der Vorstand einer Aktiengesellschaft und der Geschäftsführer einer Gesellschaft m. b. H. — Nicht dagegen hat ein solches Recht die Ehefrau des Prinzipals, auch nicht während dessen Krankheit oder Abwesenheit.

B. **Der Anzustellende.** Einer Erörterung bedürfen die Fälle, in denen ein Minderjähriger, ein Hauskind oder eine Ehefrau sich als Handlungsgehülfe engagieren läßt. Die diesbezüglichen Verhältnisse richten sich nach bürgerlichem Recht.

I. **Minderjährige.** Vorweg sei hervorgehoben, daß nach moderner Rechtsanschauung dem Vater oder Vormund nicht das Recht zusteht, ohne Einwilligung des minderjährigen Kindes oder Mündels dessen Dienste zu einer Handlungsgehülfen-Thätigkeit zu vermieten; denn eine solche fällt nicht in den Kreis der Erziehung, mit Rücksicht auf welche allein Vater oder Vormund ein Recht über die Person des Kindes oder Mündels haben. Betreffs der Lehrlinge s. unten § 31 D a. f.

1. Nach dem für den ganzen Umfang der preußischen Monarchie geltenden Gesetz, betreffend die Geschäftsfähigkeit Minderjähriger, vom 12. Juli 1875, ist folgendes Rechtens:

Der Vertrag, durch welchen ein Minderjähriger als Handlungsgehülfe engagiert wird, ist nur rechtsgültig bei Genehmigung des Vaters oder Vormundes. Die Genehmigung kann formlos erteilt werden, auch durch ein Verhalten, welches billigerweise als Genehmigung aufgefaßt werden muß (R. 17 S. 395/6). Sie kann schlechthin erteilt werden oder für einen speciellen Vertrag; in ersterem Falle macht sie den Minderjährigen befugt zur Eingehung und Auflösung auch von weiteren Engagements-Verträgen der genehmigten Art. — Der Vater oder Vormund darf die einmal erteilte Genehmigung nur insoweit zurückziehen oder einschränken, als dadurch Rechte Dritter nicht beeinträchtigt werden, also niemals hinsichtlich eines bereits abgeschlossenen Engagements-Vertrages. Ein Recht des Minderjährigen auf Erteilung der Genehmigung besteht nicht. Wird ihm jedoch letztere gegen Neigung und Vorteil versagt, so kann er sich in schwerwiegenden Fällen sowohl gegen seinen Vormund als gegen seinen Vater (§§ 110 ff. A. L. R. II, 2) an das Vormundschaftsgericht um Hülfe wenden.

Auch bei mangelnder Genehmigung ist der Prinzipal seinerseits an den Anstellungs-Vertrag gebunden. Er wird jedoch frei, wenn der Vater oder Vormund oder der Minderjährige nach erlangter Selbständigkeit die Genehmigung verweigert oder nicht binnen 2 Wochen nach Aufforderung erteilt.

Ein ohne Genehmigung geschlossener Anstellungsvertrag ist nicht nichtig, sondern nur seitens des Minderjährigen, dessen Vaters oder Vormundes anfechtbar. Er besteht daher, so lange eine Anfechtung nicht erfolgt und er wird rechtsgültig, wenn der Minderjährige nach erlangter Volljährigkeit den Vertrag anerkennt. Ein solches Anerkenntnis braucht nicht ausdrücklich zu erfolgen. Es liegt u. a. schon in der bloßen thatsächlichen Fortsetzung des Dienstverhältnisses.

Wird der Vertrag angefochten, so ist der Minderjährige dem Prinzipal schadensersatzpflichtig, falls er beim Engagement sich für geschäftsfähig ausgegeben hat und seiner Persönlichkeit nach dafür gelten konnte.

Ist die Genehmigung erteilt, so bedarf der Minderjährige der Genehmigung des Vormundschaftsgerichtes auch weiterhin in solchen Fällen, in denen der Vormund derselben bedürfen würde[1]). Dieser Rechtssatz führt allerdings zu merkwürdigen Konsequenzen. Ein Minderjähriger z. B. ist danach berechtigt, zwar ohne Genehmigung des Vormundschaftsgerichtes einen Vertrag zu schließen und aufzuheben, durch welchen er gegen mehrere tausend Mark Jahresgehalt als Handlungsgehülfe engagiert wird, und in dem er sich zu Konventionalstrafen von vielen Tausenden von Mark verpflichtet. Er kann dagegen betreffs eines Schadensersatzanspruches oder Gehaltsanspruches mit seinem Prinzipal keinen über 300 Mark gehenden Vergleich rechtsgültig abschließen, wenn das Vormundschaftsgericht den Abschluß nicht genehmigt. (§ 42 Nr. 8 V. O.)

2. Nach gemeinem Recht können Minderjährige ohne vormundschaftliche Genehmigung sich als Handlungsgehülfen nicht rechts-

[1]) ex arg. § 5 Abs. 2 cit. Ges. — Dernburg, Pr. Priv. R. I, § 52 Anm. 7.

gültig anstellen lassen; ein trotzdem geschlossener Anstellungsvertrag ist nichtig, wird jedoch rechtsgültig, wenn der Minderjährige nach erreichter Volljährigkeit ihn ausdrücklich anerkennt.

Gegen die mit vormundschaftlicher bezw. väterlicher Genehmigung oder vom Vormund bezw. Vater direct geschlossenen Anstellungsverträge hat der Minderjährigen nach erreichter Volljährigkeit das Recht auf die sog. Wiedereinsetzung in den vorigen Stand, falls die Anstellung für ihn als schädlich anzusehen ist.

3. Nach sächsischem Recht ist ein ohne vormundschaftliche Genehmigung geschlossener Vertrag des Minderjährigen nichtig. (§ 1911 des Bürgerl. Gesetzb. für Sachsen).

Durch nachträgliche Genehmigung des Vormundes oder des Minderjährigen nach erreichter Volljährigkeit wird der Vertrag rechtsgültig, und zwar von Anfang an (§ 787 das.).

4. Nach französischem Recht kann der Minderjährige selbstständig Anstellungsverträge abschließen; Verpflichtungen jedoch, die für ihn übermäßig ungünstig sind, können entsprechend herabgesetzt werden (code civil Art. 484, Crome II § 315).

II. **Hauskinder.** Minderjährige wie Großjährige jeden Alters stehen, wenn ihr Vater noch lebt, unter väterlicher Gewalt, im Gebiete des französischen Rechts, falls nur ein Elternteil noch lebt, unter elterlicher Gewalt und heißen dann Hauskinder.

Für minderjährige Hauskinder gilt überall dasselbe, wie für minderjährige Bevormundete, nur daß an Stelle des Vormundes der Vater tritt.

Betreffs der großjährigen Hauskinder ist folgendes hervorzuheben.

1. Nach dem Preußischen Allgemeinen Landrecht kann das großjährige Hauskind ohne Genehmigung des Vaters nur dann einen Anstellungsvertrag rechtsgültig abschließen, wenn vertraglich wegen aller Verpflichtungen aus demselben lediglich das freie, d. h. das der Verwaltung und Nutznießung des Vaters nicht unterworfene, Vermögen des Hauskindes haften soll (§§ 125, 131, 165 A. L. R. II 2). Eine Vollstreckung in das freie Vermögen ist nur wegen solcher Verbindlichkeiten zulässig, für die es besonders verpfändet worden ist (§ 166 das.).

Der ungültige Dienstvertrag wird durch Anerkenntnis des Gehülfen nach Beendigung der väterlichen Gewalt rechtsgültig. Ein Anerkenntnis liegt schon in der bloßen Fortsetzung des Dienstverhältnisses.

Die väterliche Gewalt über den Haussohn (nicht über die Haustochter) endet, sobald der Sohn, ob mit oder ohne väterliche Genehmigung, eine „abgesonderte Wirtschaft errichtet“ (§ 210 A. L. R. II. 2.), worunter man die Begründung einer selbständigen

Existenz versteht. Die Anstellung eines Haussohnes als Handlungsgehülfen wird daher meist die väterliche Gewalt beendigen. (s. R. 11 S. 56).

Die Vergütung, welche Hauskinder für ihre Dienste als Handlungsgehülfen erhalten, wird ihr freies Vermögen (§ 148 A. L. R. II, 2.).

2. Nach gemeinem Recht kann das großjährige Hauskind sich nicht nur selbständig als Handlungsgehülfe anstellen lassen, sondern auch nach jeder Richtung selbständig verpflichten. Es haftet jedoch nur sein freies Vermögen.

Die Dienstvergütung, welche das Hauskind erhält, wird sein Eigentum, unterliegt aber der Verwaltung und dem Nießbrauch des Vaters. Die väterliche Gewalt endet, und zwar auch für die Haustochter, mit der Gründung eines gesonderten, selbständigen Haushalts des Kindes.

3. Nach § 1821 des Bürgerl. Gesetzb. für Sachsen ist das volljährige Hauskind selbständig verpflichtungsfähig. Für seine Verpflichtungen haftet sein Vermögen, jedoch nur vorbehaltlich des Verwaltungs- und Nießbrauchs-Rechtes des Vaters (§ 1821 das.). Was es erwirbt, ist sein Eigentum (§ 1810 das.). Durch Begründung einer besonderen Haushaltung erlischt die väterliche Gewalt (§ 1832 das.), auch für die Haustochter.

4. Nach französischem Recht giebt es keine volljährigen Hauskinder. Vielmehr endet die elterliche Gewalt mit der Emancipation oder spätestens mit der Volljährigkeit (Code civil Art. 372; Crome III §§ 513 u. 523).

III. **Ehefrauen.**

1. Nach preußischem Recht (§ 195 A. L. R. II, 1) kann eine Ehefrau nur mit Genehmigung ihres Ehemannes rechtsgültig einen Anstellungs-Vertrag schließen. Die Genehmigung kann formlos erteilt werden. Wissentliches Geschehenlassen ist Genehmigung. Sie kann jederzeit zurück gezogen werden.[1]) Der ohne Genehmigung geschlossene oder nach zurückgezogener Genehmigung fortgesetzte Vertrag ist seitens der Ehefrau anfechtbar. Der Prinzipal ist gebunden, jedoch nur, wie billigerweise anzunehmen ist, bis zum Ablauf einer angemessenen Frist, welche er dem Ehemann zur Erklärung setzen kann. Die Vergütung, welche die Frau als Handlungsgehülfin erwirbt, wird Eigentum des Mannes. (§ 211 A. L. R. II, 1). Läßt derselbe ihr die Vergütung, so wird, falls sie das davon Ersparte als Kapital auf ihren Namen schreiben läßt,

---

[1]) ex arg. § 195 A. L. R. II, 1. Ebenso Dernburg, Pr. Privatr. III, § 23 Anm. 12. Vgl. jedoch Behrend § 45 Anm. 8.

dasselbe zwar ihr Eigentum, hat aber die Natur des Eingebrachten, d. h. unterliegt der Nutznießung und Verwaltung des Mannes (§§ 219, 220 das.).

2. Nach gemeinem Recht, welches diesbezüglich auch in der Mark Brandenburg gilt, kann die Frau auch ohne die Genehmigung ihres Ehemannes rechtsgültig Anstellungsverträge schließen. Nur kann der Prinzipal wegen seiner Forderungen aus dem Anstellungsvertrage, z. B. auf Zahlung einer Konventionalstrafe, während bestehender Ehe sich an das Eingebrachte der verheirateten Handlungsgehülfin nicht halten. Die Vergütung, welche letztere erhält, wird ihr Eigentum.

3. Nach sächsischem Recht (§ 1638 des Bürgerl. Gesetzb. f. Sachs.) bedarf die Ehefrau zum Abschluß eines rechtsgültigen Anstellungsvertrages der Genehmigung ihres Mannes; ohne letztere ist der Vertrag nichtig (§ 1641 das.).

4. Nach französischem Recht kann ein ohne Genehmigung des Ehemannes geschlossener Anstellungsvertrag von dem Ehemann und der Ehefrau, aber nur von diesen, angefochten werden (Code civil Art. 217; Crome III § 442 S. 93).

Abschnitt 2.

Die Pflichten des Handlungsgehülfen.

§ 12. Die Pflicht zur Dienstleistung.

A. Die vornehmste Pflicht des Handlungsgehülfen ist, im Handelsgewerbe des Prinzipals die vereinbarten kaufmännischen Dienste zu leisten. Soweit nicht besondere Vereinbarungen über die Art und den Umfang der Dienstleistungen getroffen sind, entscheidet der Ortsgebrauch und in Ermangelung eines solchen gelten die den Umständen nach angemessenen Leistungen als vereinbart. — § 59 HGB. — Unter Ortsgebrauch versteht man (vgl. Laband in G. Z. 17 S. 505) sowohl das thatsächlich am Orte Gebräuchliche (Orts-Usance) als auch das von den betreffenden Interessentenkreisen als ungeschriebenes Recht seit langer Zeit Gehandhabte (örtliches Handels-Gewohnheitsrecht).

B. Unter Berücksichtigung dieser Punkte ergiebt sich folgendes:

I. **Betreffs der Art und des Gegenstandes der Dienste.**

1. Der Handlungsgehülfe muß seine Dienste persönlich leisten; weder Stellvertreter[1]) noch Gehülfen darf er annehmen. Es folgt dies aus der persönlichen Natur des Dienstvertrages.

---

[1]) Was z. B. das österreichische Recht gestattet. v. Canstein S. 321.

2. Der Handlungsgehülfe hat ferner nur kaufmännische Dienste zu leisten (s. oben S. 18 ff.). So braucht z. B. die Verkäuferin in einer Conditorei nicht für letztere zu backen oder zu kochen, der Buchhalter eines Patentanwaltes nicht Zeichnungen anzufertigen, die Direktrice nicht als Probiermamsell zu fungieren. So ist die Verkäuferin in einem Konfektionsgeschäft selbst während der Saison nicht verpflichtet, ein auch nur mäßig großes Packet nach Schluß der Geschäftszeit zu einem Kunden zu tragen, und zwar selbst nicht unter Benutzung der Pferde- oder Eisenbahn[1]), so ist der Kommis in einem Wäschegeschäft nicht verpflichtet, Bettfedern umzuschütten[2]), der Leiter der Getreide-Abteilung eines Handlungshauses nicht verpflichtet, selbst von einem Waggon an der Bahn eine Getreideprobe zu holen[3]). So ist z. B. zwar das Wiederverpacken und Wegräumen der zum Zwecke des Verkaufs ausgepackten und vorgelegten Waren in der Regel Sache des Verkäufers. Denn die ordnungsmäßige Aufbewahrung der Ware gehört zur kaufmännischen Thätigkeit und insbesondere zu derjenigen des Verkäufers, weil demselben ein specielles Verkaufslager unterstellt und auch die stete Uebersicht über letzteres für ihn notwendig ist. Schwieriger aber gestaltet sich die Frage, ob und inwieweit der Verkäufer auch verpflichtet ist, die mit dem Vorlegen verbundenen Verschlechterungen des Aussehens der Ware wieder zu beseitigen, insbesondere das Ansehen ihrer Neuheit wieder herzustellen. In der Regel wird er zu einer solchen Mühwaltung verpflichtet sein, wenn dieselbe als eine unbedeutende und nebensächliche erscheint und eine besondere technische Fertigkeit nicht erfordert. So wird z. B. die Handschuh-Verkäuferin in der Regel verpflichtet sein, die aufprobierten und nicht verkauften Handschuhe vor ihrem Wegräumen wieder zu glätten, während man dem Verkäufer in einem Glaswarengeschäft nicht wird zumuten können, komplicierte Glaswaren vor dem Verpacken zu überputzen, um etwaige Folgen des Anfassens und Anstäubens zu beseitigen.

Natürlich kann der Ortsgebrauch auch nebenbei zu nichtkaufmännischen Diensten, selbst gesindeartigen (anders Staub § 6 zu Art. 57 HGB.), verpflichten. Ein entgegengesetzter Antrag ist in der Reichstagskommission abgelehnt worden (Kom. S. 19—21). Nach Berliner Ortsgebrauch ist z. B. ein in einem kleineren Geschäfte der Colonialwaren-Branche thätiger Handlungsgehülfe ver-

---

[1]) Aeltst. v. 18. Sept. 95 i. S. Frohwein/Kunst, 37 C. 156. 95 A. G. Berlin I.

[2]) Aeltst v. 5. Juli 92 i. S. Hamburger/Samulon 49 C. 481. 92 A. G. Berlin I.

[3]) Aeltst. v. 16. Nov. 93 i. S. Müller/Landw. Hauptgenossensch. 58 C. 366. 93 A. G. Berlin I.

pflichtet, Arbeiten, wie die Herbeischaffung einer Kiste Soda von etwa 50—55 Pfd. aus dem Keller in den Laden, zu verrichten[1]).

Dieser Ortsgebrauch entspricht auch der Angemessenheit.

3. Der Handlungsgehülfe ist nur verpflichtet, diejenigen kaufmännischen Dienste zu leisten, welche zu dem Spezialfach gehören, für welches er engagiert worden ist. Es braucht deshalb z. B. der Korrespondent nicht den Ladenverkäufer, der Reisende nicht den Buchhalter zu spielen. Ja, der Reisende, welcher für den Vertrieb von Shawls und Tüchern engagiert worden, braucht nicht als Reisender für den Verkauf von Shlipsen oder Schirmen zu fungieren, die sein Prinzipal noch außerdem führt. Derjenige, welcher als Handlungsgehülfe schlechthin engagiert worden ist, muß jede Art der Handlungsgehülfen-Thätigkeit übernehmen. Derjenige, welcher sich verpflichtet hat, aus seinem Spezialfach in ein anderes auf Wunsch des Chefs überzutreten, hat Anspruch auf eine gleichwertige Stellung in letzterem; z. B. dem Leiter einer Fabrik, der ins Comptoir übertritt, muß dort eine entsprechende überragende Vertrauensstellung geboten werden (Bolze, 14 Nr. 396), und der Prokurist, dem die Prokura entzogen wird, hat Anspruch auf eine der bisherigen Prokuristen-Thätigkeit gleichwertige Thätigkeit und kann insbesondere die Leistung gewöhnlicher Comptoir-Arbeiten ablehnen. (H. A. G. Nürnberg bei Busch 21 S. 345.)

Besonders wichtig für die Praxis ist die Frage nach den **Obliegenheiten der Reisenden außerhalb der Reisezeit.** Nach unserer Ansicht haben Handlungs-Reisende diesbezüglich nicht die Verpflichtung, andere Dienste zu leisten als solche, die mit der Reisethätigkeit zusammenhängen oder deren Vorbereitung betreffen. Zu den Diensten ersterer Art gehört insbesondere die Korrespondenz mit der Reise-Kundschaft, zu den Diensten letzterer Art die Zusammenstellung der Mustercollection. In der Reichstags-Kommission (Kom. S. 21/22) ist ein die gleiche Ansicht zum Ausdruck bringender Antrag abgelehnt, ein entgegengesetzter zurückgezogen worden, indem die Kommission von der Auffassung ausging, daß diese Frage der Rechtsprechung überlassen werden müsse. Eine diesbezügliche allgemein gültige Stellung der letzteren haben wir nicht ermitteln können. Eine Entscheidung des Handelsappellationsgerichts Nürnberg vom 10. 7. 68. bei Busch 21 S. 345 Anm., und eine Entscheidung des L. O. H. G. Stuttgart v. 9. Juli 1867 in G. Z. 21 S. 559 und bei Busch 13 S. 181 decken sich mit unserer oben aufgestellten Ansicht.

---

[1]) Aeltst. v. 22. Febr. 1895 i. S. Richter/Frentzel 52 C. 1673. 94 A. G. Berlin I.

Ebenso decken sich mit derselben im wesentlichen zahlreiche Gutachten der Aeltesten der Berliner Kaufmannschaft. [1])

Diese Gutachten bekunden, daß sich zwar kein entsprechender feststehender Handelsgebrauch gebildet habe, daß es aber üblich sei, Reisende außer ihrer Reisezeit auf dem Comptoir zu beschäftigen, natürlich nur mit Arbeiten, die im Zusammenhang mit ihrer Reisethätigkeit ständen, weniger mit Bucharbeiten; immer aber werde es von der Größe und dem Umfange des Geschäftes abhängen, in welcher Art ein Reisender im Hause beschäftigt werden könne. Das erstgenannte der unten in Anmerkung 1 citierten Gutachten verneint auch mit Recht einen Brauch, den Reisenden in fraglicher Zeit als Stadtreisenden zu beschäftigen, während in einem anderen Gutachten [2]) ein solcher Brauch allerdings behauptet wird.

Was von den Reisenden gilt, gilt ebenmäßig von den **Stadtreisenden.** Auch betreffs ihrer hat sich ein diesbezüglicher Handelsgebrauch nicht gebildet [3]), aber es wird als geschäftsüblich bezeugt, daß sie außer der Besuchszeit im Geschäft insbesondere solche Arbeiten leisten müssen, die mit der Verkaufsthätigkeit in Zusammenhang stehen [4]). Jedenfalls sind sie verpflichtet, täglich im Geschäftslokal zu erscheinen [5]).

II. **Betreffs des Umfanges der Dienste.**

1. Mangels Vereinbarung entscheidet hier innerhalb der Grenzen eines etwaigen Ortsgebrauches oder der Angemessenheit der Wille des Prinzipals. Der Reisende z. B. hat, falls der Prinzipal

---

[1]) So vom 14. Januar 89. in S. v. Greisen/Johanning u. Scholl 15 C. 1233. 89. A. G. Berlin I; vom 3. Dezember 91 i. S. Cronegk/Clemke V. C. 1229. 96. A. G. Liegnitz, wo auch folgerichtig bezeugt wird, daß ein Reisender, der seinen Wohnsitz nicht am Geschäftsort hat, dort nicht längere Zeit, etwa einen Monat, zuzubringen braucht, ohne zu reisen; ferner vom 31. Oktober 94. i. S. Israel/Wertheim 73 C. 962. 94. A. G. Berlin I; vom 22. Oktober 95. i. S. Sinasohn/Blodeck 6 C. 686. 95. A. G. Berlin I, und vom 17. Februar 96. i. S. Michalis/Birnholz u. Hochstein 6 C. 535. 95. A. G. Berlin I. Anders jedoch Gutachten v. 6. 11. 94. bei Perl und Wreschner 95. S. 39.

[2]) Aeltst. vom 3. Januar 88. i. S. Friedeberger/Gebr. Stein 32 C. 1308. 87. A. G. Berlin I.

[3]) Aeltst. v. 29. Nov. 92 i. S. Kohlhoff/Zemmin & Co. 65 C. 731. 92. A. G. Berlin I u. Aeltst. v. 15. Dez. 91 i. S. Preuß/Gerstel 10 C. 1243. 91. A. G. Berlin I.

[4]) Aeltst. v. 22. Nov. 95 i. S. Israel/Wertheim VIII U. 18 15. 95. Kammerger. Berlin und vom 2. Dez. 96 i. S. Buchsbaum/Falk & Noack. V. C. 587. 96. A. G. Halle a/S.

[5]) Für Berlin üblich nach Aeltst. v. 1. 7. 96 i. S. Holdt/Rosenbach O. 196. 95. C. K. 9 L. G. Berlin I. Anders Aeltst. v. 5. 1. 97 i. S. Kranast/Jaffe 29 C. 1006. 96 A. G. Berlin I, wo nur die Verpflichtung, mehrere Male in der Woche im Geschäft zu erscheinen, begutachtet wird. — Nach Aeltst. v. 7. 10. 96 i. S. Mewis/Delin 11 C. 428. 96. A. G. Berlin I besteht für Berlin eine bezügliche Usance überhaupt nicht.

es verlangt, täglich *Bericht zu erstatten*, und zwar auch dann, wenn er keine Geschäfte gemacht hat, oder das Geschäftsinteresse eine tägliche Berichterstattung nicht erfordert. Mangels Anweisung ist es angemessen, daß der Reisende, falls er nichts verkauft, zweimal wöchentlich Bericht erstattet[1]). Ueber eingezogene Gelder muß der Reisende sofort Aufgabe machen und dieselben einsenden; seine Spesen kann er sich abziehen[2]).

Jedenfalls sind die Dienste *nur für das bestimmte Handelsgewerbe zu leisten, für welches der Handlungsgehülfe engagiert worden*, nicht für ein Handelsgewerbe, welches der Prinzipal nebenbei und rechtlich gesondert führt oder unter derselben Firma sich nebenbei nachträglich zulegt (vgl. unten S. 45).

2. Besonders wichtig ist die Frage nach dem **zeitlichen Umfang** der zu leistenden Dienste. Letztere können an *Sonntagen und allgemeinen Feiertagen* nur insoweit verlangt werden, als die Bestimmungen der Reichsgewerbe-Ordnung über die Sonntagsruhe dies zulassen. Weitergehende Verpflichtungen des Gehülfen sind nichtig (§ 105 a Abs. 1 Gew. O.). Die diesbezüglichen Bestimmungen der Gewerbe-Ordnung werden anhangsweise unten sub Nr. 3 dargestellt werden.

Außerdem ist der Handlungsgehülfe nicht verpflichtet, an den *Hauptfeiertagen seiner Konfession* zu arbeiten, z. B. der jüdische Handlungsgehülfe nicht während der jüdischen Neujahrsfeiertage und während des jüdischen Versöhnungsfestes. Für Berlin wird dies betreffs der jüdischen Neujahrsfeiertage als allgemeiner Handelsgebrauch bezeugt in einem Gutachten der Aeltesten der Berliner Kaufmannschaft[3]). Dieses Recht des Handlungsgehülfen fällt natürlich fort, wenn aus seinem Verhalten hervorgeht, daß ihm seine Konfession nur als Vorwand dient, um sich einen freien Tag zu machen; nicht jedoch fällt es schon dann fort, wenn er im übrigen die Vorschriften seiner Konfession unbeachtet läßt, ja nicht einmal dann, wenn er an dem betreffenden Tage den Gottesdienst nicht besucht[4]).

An den Werktagen wird, wenn nicht ein besonderer Ortsgebrauch oder besondere örtliche Verhältnisse dagegen sprechen, eine

---

[1]) Aeltst. i. S. Holdt/Rosenbach s. vor. Anm.).

[2]) Aeltst. v. 4. 2. 96 i. S. Danz/Guilletmot 22 C. 1567. 95. A. G. Berlin I.)

[3]) Vom 30. Januar 88 i. S. Bütow/Offenbacher 23 C. 1283. 87 A. G. I Berlin.

[4]) Aehnlicher Ansicht bis scheinbar auf letzten Punkt Staub § 6 zu Art. 64 HGB., dagegen das L. G. Berlin I 1890 bei Perl und Wreschner 1890 S. 36.

zehnstündige Arbeitszeit mit einer zweistündigen Mittagspause angemessen sein. Auch ist es allgemein üblich, daß die Handlungsgehülfen das Geschäftslokal nicht vor Beendigung ihrer dringenden Arbeiten verlassen dürfen, selbst wenn auf diese Weise eine geringe Verlängerung der bestimmten Büreaustunden eintritt [1].

Außerdem ist es wohl allgemein handelsgebräuchlich, jedenfalls aber angemessen, daß zu Zeiten eines üblicherweise besonders lebhaften Geschäftsganges die gewöhnlichen Geschäftsstunden erheblich, selbst bis in die Nacht hinein, überschritten werden, und zwar ohne daß der Handlungsgehülfe eine Mehrvergütung beanspruchen kann; so z. B. während der Hochsaison, während der letzten Wochen vor Weihnachten, während der Ultimo-Tage im Bankgeschäft.

Die Geschäftszeit hat der Handlungsgehülfe innezuhalten, wenn er nicht durch erhebliche Umstände entschuldigt wird. Zu letzteren gehören z. B. eigene Krankheit des Handlungsgehülfen, schwere Erkrankungen oder gar Todesfälle naher Familienangehöriger, aber auch letztere und ihn selber betreffende Familienfeste, wie Hochzeit des Gehülfen oder eines seiner Geschwister, ferner die Ausübung öffentlich rechtlicher Pflichten, wie Abhaltung einer militärischen Uebung, Vornahme der Wahl zu öffentlich rechtlichen Körperschaften (Parlamenten, Stadtverordneten-Versammlungen und dgl.) Erfüllung der Schöffen-, Geschworenen- oder Zeugenpflicht.

Der Gehülfe darf selbstverständlich diese Umstände nicht ausbeuten, z. B. eine Krankheit durch unzweckmäßiges Verhalten nicht verlängern.[2]) Sonst braucht er sich in seinen Lebensgewohnheiten nicht stören zu lassen. Er kann z. B. bei einem nervösen Leiden, welches die Arbeitsthätigkeit ausschließt, Abends öffentliche Lokale besuchen, falls ihm dies ärztlich gestattet ist.[3])

Zu den Entschuldigungsgründen gedachter Art gehört es auch, wenn der Handlungsgehülfe aus dem Geschäft fortbleibt, um sich eine neue Stellung zu suchen. Allgemein bestimmt dies betreffs der Dienstverträge jeder Art für die Zeit vom 1. Januar 1900 ab der § 629 BGB., und mit Rücksicht hierauf ist eine diesbezügliche ausdrückliche Vorschrift in das neue Handelsgesetzbuch nicht aufgenommen worden (Denkschrift S. 62). Allein das gleiche gilt ohne besondere Vorschrift schon jetzt [4]), weil das Gegenteil eine unsittliche

---

[1]) Für das Berliner Speditionsgeschäft bezeugt v. Aeltst. v. 13. Januar 97 i. S. Danniger/Spediteurverein 65 C. 448 96.

[2]) Amtsgericht Berlin I 1889 bei Perl u. Wreschner 90 S. 6.

[3]) Kammerger. v. 20. 1. 94 bei Perl und Wreschner 94 S. 26.

[4]) Ebenso Aeltst. v. 18. 1. 93 i. S. Feinberg/Rosenberg 47 C. 1085. 92 A. G. I Berlin und Staub Suppl. Zus. zu § 72 HGB.

Erschwerung der Daseinserhaltung des Handlungsgehülfen sein würde. Keinen Unterschied macht es, ob dem Handlungsgehülfen gekündigt worden ist oder ob letzterer gekündigt hat; denn mit der Kündigung übt der Gehülfe nur sein Recht aus. Die Zeit, welche dem Handlungsgehülfen zum Stellensuchen zu gewähren ist, muß unter Berücksichtigung aller Umstände, insbesondere seiner Tischzeit, der Entfernungen des Ortes und der üblichen Vorstellungszeit eine angemessene sein. Ein Antrag, täglich zwei Stunden zum Stellensuchen zu gewähren, ist in der Reichstagscommission (Kom. S. 36—38) abgelehnt worden.

3. Anhang.

Die Bestimmungen der Reichs-Gewerbeordnung (§§ 105a—i) über die **Sonntagsruhe** finden nach § 154 Abs. 1 Gew.-O. auf Handlungsgehülfen und Handlungslehrlinge, mit Ausnahme der in Apotheken beschäftigten, Anwendung.

a. Nur soweit nach diesen Bestimmungen eine Thätigkeit an Sonntagen und Festtagen erlaubt ist, können sich Gehülfen und Lehrlinge zur Dienstleistung an diesen Tagen rechtsgültig verpflichten. (§ 105a Abs. 1 Gew.-O.). Nur soweit sind auch diesbezügliche Ortsgebräuche rechtsgültig. Nach Berliner Ortsgebrauch hat der Prinzipal das Recht, von dem Handlungsgehülfen das Erscheinen am Sonntag auf zwei Stunden zu verlangen[1]), natürlich nur innerhalb der Polizeistunden.

b. Welche Tage als Festtage gelten, bestimmen unter Berücksichtigung der örtlichen und konfessionellen Verhältnisse die Landesregierungen (§ 105a Abs. 2 Gew. O.), also nicht die Landesgesetzgebungen.[2])

c. § 105b Abs. 2 Gew. O. bestimmt folgendes:

„Im Handelsgewerbe dürfen Gehülfen und Lehrlinge am ersten Weihnachts-, Oster- und Pfingsttage überhaupt nicht, im Uebrigen an Sonn- und Festtagen nicht länger als fünf Stunden beschäftigt werden. Durch statutarische Bestimmung einer Gemeinde oder eines weiteren Kommunalverbandes kann diese Beschäftigung für alle oder einzelne Zweige des Handelsgewerbes auf kürzere Zeit eingeschränkt oder ganz untersagt werden. Für die letzten vier Wochen vor Weihnachten, sowie für einzelne Sonn- und Festtage, an welchen örtliche Verhältnisse einen erweiterten Geschäftsverkehr erforderlich machen, kann die Polizei-Behörde eine Vermehrung der Stunden, während welcher die Beschäftigung stattfinden darf, bis auf zehn Stunden zulassen. Die Stunden, während welcher die

---

[1]) Aeltst. v. 9. 10. 94 i. S. Diamant/Westmann 72 C. 877. 94 A. G. Berlin I.
[2]) Betreffs der „allgemeinen Feiertage“ in Preußen s. unten § 25, III, 1.

Beschäftigung stattfinden darf, werden unter Berücksichtigung der für den öffentlichen Gottesdienst bestimmten Zeit, sofern die Beschäftigungszeit durch statutarische Bestimmungen eingeschränkt worden ist, durch letztere, im Uebrigen von der Polizeibehörde festgestellt. Die Feststellung kann für verschiedene Zweige des Handelsgewerbes verschieden erfolgen."

Ist der Handlungsgehülfe oder Handlungslehrling verpflichtet, außer kaufmännischen Diensten noch technische zu verrichten, so unterliegt er betreffs der letzteren den für den betreffenden technischen Betrieb geltenden Bestimmungen über die Sonntagsruhe. Der Verkäufer in einem Hutgeschäft z. B., welcher sich verpflichtet hat, die zum Verkauf vorzulegenden Hüte auch aufzubügeln und zu glätten, dürfte diese letztere Thätigkeit an Sonn- und Festagen überhaupt nicht ausüben, müßte sich vielmehr an letzteren auf die bloße Verkaufsthätigkeit beschränken.[1])

d. Gesetzlich festgestellte Ausnahmen.

Die citierten Bestimmungen über die Sonntagsruhe finden keine Anwendung

α) auf das Gast- und Schankwirtschafts-Gewerbe sowie auf Verkehrs-Gewerbe, z. B. das der Fuhrunternehmer. Die Prinzipale können jedoch ihre Angestellten in derartigen Geschäften nur zu solchen Arbeiten an Sonn- und Festtagen verpflichten, welche nach der Natur des Geschäftsbetriebes einen Aufschub oder eine Unterbrechung nicht gestatten (§ 105i Gew. O.).

Ist ein Gewerbe gedachter Art mit einem anderen Gewerbe verbunden, so erfreut sich letzteres der gesetzlichen Ausnahme-Vergünstigung nicht, z. B. nicht ein Weingeschäft, mit dem eine Weinstube verbunden ist. Der für beide angestellte Korrespondent also darf an einem Sonntag außerhalb der gesetzlich erlaubten Zeit zwar mit den Lieferanten der Weinstube, z. B. Schlächtern und Bäckern, korrespondieren, dagegen nicht mit den Kunden des Weingeschäftes. Ob die Weinstube nur zur Reklame des Weingeschäftes dient, ist unerheblich, da ihr Betrieb dadurch nicht aufhört, Schankbetrieb zu sein[2]).

β) Ferner findet § 105b Abs. 2 Gew. O. (s. oben zu c) gemäß § 105c das. keine Anwendung

αα) auf Arbeiten, welche in Notfällen oder im öffentlichen Interesse unverzüglich vorgenommen werden müssen;

ββ) für einen Sonntag (nicht für einen Festtag) auf Arbeiten zur Durchführung einer gesetzlich vorgeschriebenen Inventur;

---

[1]) § 105b Abs. 1 Gew. O., vgl. K. G. Berlin 95 in der D. J. Z. 96 S. 202.
[2]) Ebenso K. G. v. 26. 4. 97 i. S. c/a Nier S. 232. 97.

γγ) auf die Beaufsichtigung des Betriebes, soweit dieser an Sonn- und Festtagen zulässig ist.

e) Gesetzlich zulässige Ausnahmen von der Bestimmung des § 105 Abs. 2 Gew. O. (s. oben zu c) sind in folgenden Fällen gegeben:

α) Für Gewerbe, deren vollständige oder theilweise Ausübung an Sonn- und Festtagen zur Befriedigung täglicher oder an diesen Tagen besonders hervortretender Bedürfnisse der Bevölkerung erforderlich ist, sowie für Betriebe, welche ausschließlich oder vorwiegend mit durch Wind oder unregelmäßige Wasserkraft bewegten Triebwerken arbeiten, können durch Verfügung der höheren Verwaltungsbehörde Ausnahmen zugelassen werden. (§ 105e Abs. 1 Gew.-Ord.)

β) Wenn zur Verhütung eines unverhältnismäßigen Schadens ein nicht vorherzusehendes Bedürfnis der Beschäftigung von Arbeitern an Sonn- und Festtagen eintritt, so können durch die untere Verwaltungsbehörde Ausnahmen für bestimmte Zeit zugelassen werden. (§ 105 f Abs. 1 Gew.-Ord.)

f) Der Angestellte wird mit Geldstrafe bis zu sechshundert Mark, im Unvermögensfalle mit Haft bestraft, wenn er den auf Grund des § 105b Abs. 2 Gew.-O. erlassenen statutarischen Bestimmungen (s. oben zu c) zuwiderhandelt. In anderen Fällen der Verfehlung wird nur der Prinzipal bestraft (§ 146a Gew.-Ord.)

g) Die Bestimmungen der Reichsgewerbeordnung über die Sonntagsruhe stehen weitergehenden landesgesetzlichen Beschränkungen der Dienstthätigkeit an Sonn- und Festtagen nicht entgegen (§ 105h Abs. 1 Gew.-O.). Zuwiderhandlungen gegen derartige Landesgesetze machen auch den Angestellten strafbar, und zwar mit Geldstrafe bis zu sechzig Mark oder mit Haft bis zu vierzehn Tagen (§ 366 No. 1 St. G. B.)

IV. **Bei Leistung** der Dienste ist diejenige Sorgfalt anzuwenden, die man von einem ordentlichen Handlungsgehülfen der betreffenden Art verlangen kann. Von einem Reisenden z. B. ist zu beanspruchen, daß er die Bonität der Kunden prüfe und auch nach erfolgtem Geschäftsabschluß das Interesse seines Prinzipals diesbezüglich möglichst wahre (vgl. E. 18 S. 112). Ebenso muß er einen von ihm mit einem auswärtigen Kunden abgeschlossenen Lieferungshandel unverzögert, vollständig und richtig dem Prinzipal mitteilen (R. 11 S. 93). Für das ihm anvertraute Eigentum des Prinzipals haftet der Gehülfe schlechthin (vgl. Bolze 10 S. 426.), wenn er nicht nachweist, daß dasselbe ohne sein Verschulden beschädigt worden oder abhanden gekommen ist. Dies gilt insbesondere von dem Kassierer und dem Verkäufer, dem ein Lager zur Verwaltung übergeben worden ist. Auch der Reisende ist für fehlende Stücke der Musterkollektion verantwortlich; ein gegenteiliger Handelsgebrauch hat sich nicht gebildet.[1] Die Haftung fällt dann fort, wenn mit Erlaubnis des Prinzipals andere Personen, darunter der Prinzipal selber, zu dem übergebenen Bestand ungehinderten Zugang haben oder der Gehülfe von solchen zeitweise, z. B. während der Mittagspause, vertreten wird.

Ordentliche und pünktliche Dienstleistung durch **einseitig angedrohte Ordnungsstrafen** zu erzwingen, ist der Prinzipal nicht berechtigt. Auch ein diesbezüglicher Handelsgebrauch besteht nicht.[2] Die in der Praxis häufigen Geschäftsordnungen, in welchen, namentlich für den Fall des unentschuldigten Ausbleibens oder Zuspätkommens, Ordnungsstrafen angedroht werden, haben diesbezüglich nur dann Rechtsgültigkeit, wenn sie ausdrücklich vom Handlungsgehülfen genehmigt worden sind; denn alsdann, aber nur alsdann sind sie Teil des Dienstvertrages geworden. Die Genehmigung kann allerdings auch mündlich erfolgen, jedoch ist sie nur schriftlich gültig, wenn die Geschäftsordnung besagt, daß der Gehülfe durch seine Unterschrift sie anerkenne.[3]

Hat der Handlungsgehülfe für die ordentliche Erfüllung seiner Dienstpflichten **Kaution** gestellt, so kann er letztere nicht sofort am Tage des Austrittes aus dem Geschäft verlangen, sondern erst nach Ablauf einer Frist, innerhalb deren sich beurteilen läßt, ob Fälle der Haftbarkeit des Gehülfen vorliegen oder nicht[4]).

Der Handlungsgehülfe, welcher in Ausübung seiner Dienste eine gesetzlich unerlaubte Handlung begeht, haftet für den daraus entstehenden Schaden nicht nur dem Prinzipal, sondern auch direct einem geschädigten Dritten, z. B. der Commis eines Bankiers dem Kunden, dessen Effecten er unterschlägt, der Expedient eines Exporthauses dem Empfänger, welcher wegen falscher Angaben des Expedienten Zollstrafe zahlen muß. Es kommen nicht nur dolose, sondern auch fahrlässige Handlungen in Betracht, sofern sie nur unerlaubt sind, z. B. fahrlässig falsche Zollangaben (vgl. E. 30 S. 44 ff.). Natürlich haftet in solchen Fällen der Prinzipal neben dem Gehülfen solidarisch; letzterer muß den Prinzipal schadlos halten, falls dieser von dem Dritten in Anspruch genommen wird.

---

[1]) Aeltst. v. 27. 3. 95. i. S. Simson/Löb 41 C. 1426. 94. A. G. Berlin I.
[2]) Aeltst. v. 3. 9. 89. i. S. Berg/Kupfer 18 C. 1069. 89. A. G. Berlin I.
[3]) Vgl. L. G. Berlin I, 97. bei Perl und Wreschner 97 S. 83.
[4]) Ebenso Kammerger. Berlin 1893 bei Perl und Wreschner 94 S. 48, 49.

V. Nach Beendigung des Dienstverhältnisses ist der Handlungsgehülfe verpflichtet, dem Prinzipal alle Gegenstände zurückzugeben, welche für ihn oder von ihm zur Ausführung der Dienste auf Kosten des Prinzipals angeschafft worden sind, der Reisende insbesondere die ihm übergebenen Kommissionsbücher[1]), ebenso auch die von ihm selber ohne Auftrag des Prinzipals geführten Kundenbücher, falls dieselben mit dem Gelde des Prinzipals angeschafft worden sind[2]).

C) **Folgen der Nichterfüllung der Pflicht zur Dienstleistung.**

Unter Nicht-Erfüllung verstehen wir auch die nicht gehörige Erfüllung. Ueber den Fall, wenn der Handlungsgehülfe die Erfüllung des ganzen Vertrages verweigert, indem er von letzterem zurücktritt, wird unten gehandelt werden. Macht sich der Gehülfe außer diesem Falle einer Nicht-Erfüllung der ihm obliegenden Dienste schuldig, so kann der Prinzipal ihn auf Leistung der Dienste verklagen und ihn nach erstrittenem Urteil gemäß § 773 C. P. O. executieren, d. h. das von dem Gehülfen Verabsäumte auf dessen Kosten durch einen anderen nachholen lassen. Sollte letzteres unmöglich sein, so kann gemäß § 774 C. P. O. der Gehülfe durch Geldstrafen oder Haft zur Nachholung des Verabsäumten angehalten werden. Ferner ist der Prinzipal berechtigt, den ihm durch die Nicht-Erfüllung erwachsenen Schaden, worin auch der entgangene Gewinn enthalten ist, ersetzt zu verlangen, und die dem Handlungsgehülfen zustehende Vergütung entsprechend zu mindern. Ist die Nicht-Erfüllung eine erhebliche, so kann der Prinzipal außerdem den Handlungsgehülfen sofort entlassen.

§ 13. Verpflichtung, nur für den Prinzipal kaufmännisch thätig zu sein. Pflicht der Concurrenz-Enthaltung.

Der Handlungsgehülfe ist Glied des Geschäftsorganismus. Daraus folgt, daß er einerseits im wesentlichen seine ganze kaufmännische Thätigkeit dem Prinzipal zur Verfügung halten muß und daß er andererseits auch eine unwesentliche kaufmännische Nebenthätigkeit nicht gegen das Interesse des Prinzipals ausüben, insbesondere demselben keine Concurrenz machen darf. Dieser Gedanke hat zu dem § 60 Abs. 1 des neuen Handelsgesetzbuches geführt, welcher, erheblich abweichend von dem die gleiche Frage regelnden Art. 59 Abs. 1 des alten, verordnet:

---

[1]) Aeltst. v. 28. 5. 95 i. S. Naucke/Heiligenstädt 26 C 442. 95 A. G. Berlin I.

[2]) Anders A. G. und L. G. Metz 88 in G. Z. 37 S. 535.

„Der Handlungsgehülfe darf ohne Einwilligung des Prinzipals weder ein Handelsgewerbe betreiben, noch in dem Handelszweige des Prinzipals für eigene oder fremde Rechnung Geschäfte machen."

Die Bestimmung gilt nur für die Dauer des Dienstverhältnisses, endet also nach preußischem Recht auch mit dem vorzeitigen unbegründeten Rücktritt des Gehülfen (vgl. R 16 S. 170/171), nach gemeinem Recht jedoch erst mit dem rechtlichen Endtermin des Dienstverhältnisses[1]. Entsprechende Verpflichtung des Handlungsgehülfen nach Beendigung des Dienstverhältnisses erfordert besondere Vereinbarung (s. unten § 30).

I. **Der Inhalt des Verbots.** Dasjenige des Art. 59 des alten Handelsgesetzbuches betraf alle Handelsgeschäfte schlechthin, jetzt ist nur noch verboten:

1. Der Betrieb eines Handelsgewerbes, also nicht eines sonstigen Gewerbes (s. oben S. 11,12), wohl aber der Betrieb sowohl eines eigenen als eines fremden Handelsgewerbes. Ein Handelsgewerbe betreibt derjenige, der es im eigenen Namen leitet oder nach dem Gesetz zu leiten befugt ist, wie z. B. der Mitinhaber einer offenen Handelsgesellschaft. Es ist also der Handlungsgehülfe berechtigt, seiner ein Handelsgewerbe betreibenden Ehefrau die Bücher zu führen, nicht dagegen das ganze Geschäft für sie zu leiten. Der Betrieb eines Handelsgewerbes umfaßt auch die Beteiligung an einer offenen Handelsgesellschaft, selbst als von der Geschäftsführung ausgeschlossener Gesellschafter, an einer Gesellschaft mit beschränkter Haftung als Gesellschafter, an einer Commandit-Gesellschaft und einer Commandit-Gesellschaft auf Actien als persönlich haftender Gesellschafter oder Commanditist (vgl. Staub § 7 zu Art. 150 HGB.), dagegen nicht die Beteiligung als stiller Gesellschafter oder Actionär.

Als verbotener Betrieb ist es sogar schon anzusehen, wenn der Handlungsgehülfe gestattet, daß sein Name in eine fremde Firma aufgenommen wird und unter dieser Firma Geschäfte gemacht werden, selbst wenn der Gehülfe weder an letzteren noch an der Firma beteiligt ist (s. Bolze 11 Nr. 337).

2. Verboten ist dem Handlungsgehülfen ferner, in dem Handelszweige des Prinzipals für eigene oder fremde Rechnung Geschäfte zu machen. Die Worte „in dem Handelszweige des Prinzipals" fehlen in Art. 59 des alten HGB. und bedeuten eine wesentliche Neuerung zu Gunsten der wirtschaftlichen Freiheit der Handlungsgehülfen.

---

[1] Ebenso R 1 S. 42 und Staub § 1 Nr. 1 zu Art. 59 HGB., anders Dernburg, Pr. Privr. II § 193 Anm. 7.

Der Disponent eines Modebazars z. B. darf hiernach nunmehr an der Börse speculieren, der Börsenvertreter eines Bankhauses freilich jetzt ebensowenig wie früher.

Die Beteiligung an einem Handelsgewerbe, welche sich nicht als Betrieb desselben darstellt (s. oben ad 1) ist ein Geschäft im Sinne des § 60 HGB. Der Buchhalter eines Hoteliers z. B. darf sich an einem Warengeschäft, nicht aber an einem Hotelgeschäft als stiller Gesellschafter beteiligen. Das bisherige Recht (Art. 56 Abs. 1 des alten HGB.) verbietet nur den Abschluß von Handelsgeschäften. Diese Beschränkung kennt das jetzige HGB. nicht. Danach würde das Verbot des letzteren z. B. den Stadtreisenden eines Creditvermittelungs-Institutes betreffen, welcher auf eigene Faust mit einem Nichtkaufmann ein Creditvermittelungsgeschäft abschließt.

Verboten sind nur solche Geschäfte, die ausschließlich zu Gewinnzwecken gemacht werden. Sonst wäre es beispielsweise dem Verkäufer in einem Herren-Garderobengeschäft verboten, in einem anderen Geschäfte als dem seines Prinzipals seine Anzüge zu kaufen. Die Handlungsgehülfen eines Bankiers sind demnach berechtigt, im Wege der Vermögens-Anlage sich Börsen-Papiere zu kaufen und solche zu verkaufen. Und demjenigen Handlungsgehülfen der sich aus Liebhaberei eine Sammlung angelegt hat, z. B. eine Marken- oder Münzsammlung, ist der Verkauf derselben gestattet. Anders liegt die Sache natürlich, wenn die Liebhaberei zum Nebengewerbe ausartet. Wenn das Gesetz „Geschäfte" gedachter Art verbietet, so verbietet es damit auch ein einzelnes Geschäft der verbotenen Gattung. (Vgl. R. 16 S. 290.)

Handelszweig des Prinzipals ist dasjenige Handelsgewerbe, welches der letztere thatsächlich betreibt, nicht nur dasjenige für welches der Handlungsgehülfe engagiert worden, oder welches im Handelsregister, z. B. bei einer Aktiengesellschaft, oder sonst, z. B. auf dem Firmenschild, als dasjenige des Prinzipals angegeben ist. Denn der Organismus des Geschäfts bleibt ein einheitlicher, wieweit und auf welche verschiedenen Gebiete sich letzteres auch ausdehnen mag. Der Buchhalter eines Weingeschäftes wird daher seine Börsenspekulationen von dem Tage an unterlassen müssen, an welchem der Prinzipal sein Weingeschäft zu einem Wein- und Bankgeschäft erweitert.

Unter Umständen wird eine solche Erweiterung für den Handlungsgehülfen freilich einen wichtigen Grund abgeben, ohne Kündigung vom Vertrage zurückzutreten. Man denke z. B. an einen Handlungsgehülfen, der durch gelegentliche Vermittlung von Versicherungsabschlüssen sich einen Nebenverdienst verschafft, und dessen Prinzipal in sein Geschäft eine dieselbe Versicherungsbranche angehende Agentur hineinnimmt. — Auch hier gilt natürlich der Grundsatz, daß jedenfalls das rechtsgültig Geschehene rechtsgültig bleibt. So kann z. B. der Reisende eines Holzgeschäfts seine kommanditistische Beteiligung an einem Getreidegeschäft auch dann bestehen lassen, wenn sein Prinzipal sein Geschäft zu einem Holz- und Getreidegeschäft umgestaltet. Eine Untersuchung darüber aber, ob die Erweiterung des Geschäfts gesetzmäßig ist, z. B. bei einer Aktiengesellschaft ohne Statuten-Aenderung, steht dem Handlungsgehülfen nicht zu. Er hat den thatsächlichen Geschäftsbetrieb zu respektieren.

Wenn dagegen der Prinzipal neben seinem bisherigen Geschäft ein anderes rechtlich gesondertes Geschäft zu betreiben anfängt, so braucht der Handluugsgehülfe dies nicht zu beachten. Z. B. Herr Wilhelm Müller, Inhaber eines Herrengarderobengeschäftes gleicher Firma, erwirbt das Weißwaarengeschäft in Firma Lehmann u. Co. und führt dasselbe unter letzterer Firma neben gedachtem ersteren Geschäft fort. Denn der Handlungsgehülfe ist nicht Angestellter des Prinzipals, sondern Angestellter des Prinzipals eines rechtlich bestimmten Handelsgewerbes.

Das Verbot bezieht sich nur auf den Handelszweig des Prinzipals, nicht also auf ein Nichthandels-Gewerbe desselben. Dem Gehülfen eines Bankiers und Grundstücksmaklers z. B. sind Vermittelungen von Grundstücken auch für andere als des Prinzipals Rechnung erlaubt. Ueber einzelne Fälle von Identität verschiedener Handelszweige s. unten § 30 sub B. I 3a.

II **Die Aufhebung des Verbots** ist gegeben im Falle der Einwilligung des Prinzipals, und zwar sowohl derjenigen in eine bestimmte bereits erfolgte Verbots-Uebertretung (nachträgliche Genehmigung) als auch derjenigen für zukünftige Verbotsübertretungen (Dispens). Beide Arten der Einwilligung sind nicht an eine Form, insbesondere nicht an Ausdrücklichkeit gebunden, können also auch aus konkludenten, d. h. schlüssigen, eine Erklärung ersetzenden Umständen geschlossen werden. Das bloße Stillschweigen des Prinzipals, welcher die Verbots-Uebertretung erfahren hat, wird nur dann als Einwilligung anzusehen sein, wenn eine spätere Erklärung der Nicht-Einwilligung dolos sein würde, z. B. regelmäßig in dem Falle, wenn der Prinzipal längere Zeit dazu schweigt, daß der Handlungsgehülfe ein verbotenes Handelsgewerbe betreibt. Andererseits reicht es zur Verhütung einer derartigen stillschweigenden Einwilligung hin, wenn der Prinzipal in irgend einer Weise, wenn auch nur durch konkludente Umstände, zu erkennen giebt, daß er mit der Verbotsübertretung nicht einverstanden sei. Nur in einem Falle stellt das neue Handelsgesetzbuch, entsprechend den Art. 59 Abs. 2, 56 Abs. 2 des alten, eine Ausnahme fest. Nach § 60 cit. Abs. 2 soll nämlich, falls dem Prinzipal bei der Anstellung des Gehülfen bekannt ist, daß dieser ein ihm verbotenes Gewerbe betreibt, die Einwilligung zum Betriebe des letzteren als erteilt gelten, wenn der Prinzipal die Aufgabe des Betriebes nicht ausdrücklich vereinbart. Wenn also z. B. X, der Eigentümer eines Hotels, als Leiter eines großen Actien-Hotels an demselben Platze engagiert und ihm während der Verhandlungen seitens der Gesellschaft etwa erklärt wird: „Natürlich können wir es nicht dulden, daß unser Hotel-Leiter nebenbei ein Concurrenzhotel führt“, so würde dies den X nicht verpflichten, die Weiterführung seines Hotels aufzugeben, es würde vielmehr eine Einwilligung der Gesellschaft mit dieser Weiterführung trotz jener Erklärung anzunehmen sein.

Die einmal erteilte Einwilligung kann selbstverständlich dann nicht mehr zurückgenommen werden, wenn das bewilligte Geschäft abgeschlossen und der bewilligte Betrieb eröffnet worden ist. Aber selbst abgesehen von diesen Fällen wird eine Zurücknahme dann unzulässig sein, wenn sie dem Handlungsgehülfen einen nicht zu ersetzenden Schaden verursachen würde. So z. B. wenn der Handlungsgehülfe vor der Eröffnung des Geschäftsbetriebes zum Zweck desselben zahlreiche Geschäftsbeziehungen angeknüpft hat, deren plötzlicher Abbruch seinem geschäftlichen Ansehen für die Zukunft unberechenbare, wenn auch nicht zahlenmäßig abschätzbare Einbuße einzutragen vermag. Keinesfalls braucht der Handlungsgehülfe die Zurücknahme der Einwilligung eher zu respectieren, als bis der Prinzipal ihm den gesamten durch die Zurücknahme entstehenden Schaden, z. B. Kosten für Annoncen, sonstige Reklame, Miethen des Geschäftsladens, Gehülfen-Salair, Auslagen an Vermittler u. s. w., ersetzt hat.

III. **Die Folgen der Verbotsverletzung** sind:

1. Der Prinzipal kann, außer wenn das Verbot nur unbedeutend überschritten ist, den Handlungsgehülfen ohne Kündigung entlassen. (§ 72 des neuen Handelsgesetzbuches, ebenso Art. 64 No. 2 des alten.)

2. Außerdem kann der Prinzipal Schadensersatz verlangen (§ 61 Abs. 1 eod.), d. h. Erstattung des wirklichen Schadens und des entgangenen Gewinnes.

3. Statt des Schadensersatzes (nach dem bisherigen Recht — Art. 59, 56 Abs. 3 HGB. — neben dem Schadensersatz) kann der Prinzipal verlangen (§ 61 Abs. 1 neues HGB.), daß der Handlungsgehülfe

a) die für eigene Rechnung gemachten Geschäfte als für Rechnung des Prinzipals eingegangen gelten lasse und

b) die aus Geschäften für fremde Rechnung bezogene Vergütung herausgebe oder seinen Anspruch auf die Vergütung abtrete.

Die verbotswidrigen Geschäfte sind also nicht rechtsungültig

Zu a. Der Prinzipal darf sich nur die von dem Handlungsgehülfen für eigene Rechnung gemachten Geschäfte aneignen. Zu denselben gehört auch ein von dem Handlungsgehülfen gemachtes Vermittelungsgeschäft, welches nicht zu verwechseln ist mit dem vermittelten Geschäft.[1]) Eignet sich der Prinzipal ein diesbezügliches Geschäft des Handlungsgehülfen an, so bleibt dem dritten Contrahenten gegenüber der Handlungsgehülfe nach wie vor allein berechtigt und verpflichtet. Der Prinzipal hat jedoch ein Recht auf Abtretung der Rechte aus dem Geschäft, soweit dieselben abtretbar, d. h. nicht persönlicher Natur sind.

In diesem Falle muß er aber den Handlungsgehülfen gegen die Ansprüche des dritten Contrahenten vertreten. Denn die dem Prinzipal zustehende Aneignung des Geschäfts ist nur als eine Aneignung des gesamten Inhaltes desselben, einschließlich der daraus sich ergebenden Verpflichtungen, zulässig. Deshalb hat, soweit letztere nur von dem Handlungsgehülfen persönlich erfüllt werden können, dieser zwar die noch nicht vollendete Erfüllung zu vollenden, der Prinzipal ihm aber entsprechenden Schadensersatz zu leisten; deshalb muß ferner der Prinzipal auch aus dem Gewinn des Geschäftes dem Handlungsgehülfen dasjenige erstatten, was derselbe an Spesen aufgewendet hat, sei es zwecks Abschlusses des Geschäftes (z. B. an Trinkgeldern, Fahrtgeldern, Zechauslagen, Honorar für Auskunftsinstitute u. dergl.), sei es zwecks vorteilhafter Verwertung des Geschäfts (z. B. für Annoncen, Prospecte, sonstige Reclamen u. dergl.).

Der Prinzipal hat ein Recht, von dem Handlungsgehülfen Rechnungslegung über das verbotene Geschäft zu fordern[2]), und zwar insbesondere deshalb, weil er sich sonst darüber nicht schlüssig machen kann, ob er von seinem Aneignungsrecht Gebrauch machen soll oder nicht.

Zu b. Daß der Handlungsgehülfe auch die bereits bezogene Vergütung wieder herausgeben muß, ist eine neue Bestimmung, die dem bisherigen Recht (Art. 56 HGB.) fremd war (s. E. 8 S. 48 ff.).

Auch hier hat der Prinzipal ein Recht auf Rechnungslegung, und auch hier wird der Prinzipal aus der erhaltenen Vergütung dem Handlungsgehülfen die von demselben gemachten Aufwendungen (cf. zu a) ersetzen müssen.

---

[1]) So mit Recht Hahn § 5 A. 9 und Staub § 5 zu Art. 56 HGB. gegen E. 8 S. 49/50.

[2]) Ebenso Laband in G. Z. 10 S. 201 ff., Behrend § 45 Anm. 50, Staub § 6 zu Art. 56.

Gemeinsam zu a und b gilt ferner, daß die Ausübung des Wahlrechts das letztere vernichtet, so daß der Prinzipal auf das nicht gewählte Recht nicht mehr zurückkommen kann.

Die Ansprüche zu a und b verjähren nach der dem alten Handelsgesetzbuch fremden Vorschrift des § 61 Abs. 2 des neuen Handelsgesetzbuches in drei Monaten von dem Zeitpunkte an, in welchem der Prinzipal Kenntnis von dem Abschlusse des Geschäfts erlangt, sie verjähren ohne Rücksicht auf diese Kenntnis in fünf Jahren von dem Abschlusse des Geschäftes an (§ 61 Abs. 2 des neuen HGB.).

Dieses Recht des Prinzipals, sich seine Erklärung drei Monate lang vorzubehalten, kann dazu führen, daß derselbe auf Gefahr des Handlungsgehülfen speculiert. Z. B. letzterer kauft Waren für eigene Rechnung, um dieselben später wieder zu verkaufen. Der Prinzipal erfährt davon, äußert sich aber zunächst nicht; nach 2 Monaten steigen die Preise und nun erklärt er, das Geschäft sich aneignen zu wollen.

Beginn, Unterbrechung, Fortsetzung und Beendigung der Verjährung richten sich nach Landesrecht. Hervorgehoben mag hier werden, daß das sächsische und französische Recht zwar nicht die Vereinbarung eines Verzichts auf die Verjährung, wohl aber einer Abkürzung und Verlängerung derselben bis zu 30 Jahren zulassen. Das preußische Allgemeine Landrecht gestattet alle Verträge über die Verjährung, auch Verzichts-Verträge; die diesbezüglich vorgeschriebene gerichtliche Form fällt gemäß Art. 317 HGB. bei Verträgen zwischen Handlungsgehülfen und Prinzipal fort. Nach gemeinem Recht endlich sind alle Verträge über Verjährung unzulässig.

4. Der Prinzipal hat das Recht, gegen den Handlungsgehülfen auf zukünftige Unterlassung verbotener Geschäfte, sowie auf Schließung des verbotswidrig eröffneten Handelsgewerbes zu klagen (R. 19 S. 136—138).

5. Der Prinzipal kann die für eine Verbotsübertretung vertragsmäßig stipulierte Konventionalstrafe fordern. Doch ist im Zweifel anzunehmen, daß die Vereinbarung einer solchen die gesetzlichen Ansprüche aus § 61 HGB. ausschließt[1]), und zwar derart, daß letztere auch nicht einmal wahlweise zustehen.

IV. Die Vorschriften des alten Handelsgesetzbuches über Procuristen und Handlungsbevollmächtigte bleiben bis zum 1. Januar 1900 bestehen, mithin auch die des Art. 56 Handelsgesetzbuch, wonach

---

[1]) Ebenso Ansch. u. Völd S. 342 A. 2 zu Art. 59 HGB., vgl. R. 16 S. 163 und Boltze 19 Nr. 494.

der Prokurist und der zum Betriebe eines ganzen Handelsgewerbes bestellte Handlungsbevollmächtigte keinerlei Handelsgeschäfte machen darf, auch nicht solche außerhalb des Handelszweiges des Prinzipals und der letztere Schadensersatz und Aneignung des verbotenen Geschäfts nicht alternativ, sondern kumulativ verlangen kann. Der Procurist ist meist, der generelle Handlungsbevollmächtigte oft zugleich Handlungsgehülfe. Kann nun der Prinzipal vom 1. Januar 1898 ab wahlweise auf Art 56 gegen den Prokuristen oder auf § 60 cit. gegen den Gehülfen zurückgreifen? Oder gilt Art. 56 dann weiter, wenn das verbotene Geschäft gerade die Berufspflicht des Prokuristen verletzt? Keineswegs. Vielmehr ist das neue Handelsgesetzbuch maßgebend, da dies allein der Absicht des Gesetzgebers entspricht (Staub in der D. J. Z. 1897 S. 334).

§ 14. Verpflichtungen des persönlichen Verhaltens.

In seiner Eigenschaft als Angestellter ist der Handlungsgehülfe Untergebener des Prinzipals und Glied des Geschäftsorganismus. Daraus ergiebt sich seine Verpflichtung zum Gehorsam, zur Diensttreue und zu einem ehrerbietigen Benehmen gegenüber dem Prinzipal.

I. Die Pflicht des Gehorsams bezieht sich nur auf die vom Gehülfen zu leistenden Dienste[1]). Denn ein weiterer Gehorsam ist für das ordnungsmäßige Functionieren des Geschäftsorganismus nicht notwendig. Daher ist beispielsweise der Prinzipal zwar zu dem Anspruche befugt, daß der Handlungsgehülfe in angemessener Kleidung im Geschäft erscheint, die Art derselben kann er jedoch nicht vorschreiben. Ebensowenig ist er berechtigt, dem Handlungsgehülfen Vorschriften betreffs seines Privatlebens zu machen.

Ist derselbe jedoch in die häusliche Gemeinschaft des Prinzipals aufgenommen (vgl. § 62 HGB.), so ist als beiderseitiger Parteiwille anzunehmen, daß er sich der Hausordnung zu fügen hat.

Hinsichtlich der Dienstleistungen ist der Handlungsgehülfe zu striktem Gehorsam verpflichtet, gleichgültig ob die Anweisungen des Prinzipals zweckmäßig oder unvernünftig sind. Nur offenbar chikanösen (vgl. § 226 BGB.) kann, und offenbar unsittlichen oder gesetzwidrigen Anweisungen darf er keine Folge leisten, wie z. B. einem Befehle, patentierte Gegenstände unter Verletzung eines fremden Patentrechtes zu verkaufen, oder unerlaubte Nachbildungen herstellen zu lassen, oder die Handlungsbücher zu vernichten oder sie so zu führen oder zu verändern, daß sie keine

[1]) Ueber einzelne Fälle von Ungehorsam siehe unten § 28 sub B II.

Uebersicht des Vermögensstandes gewähren [1]). In solchen Fällen würde der Handlungsgehülfe sogar trotz des Befehles des Prinzipals bestraft werden, und zwar in ersterem als Thäter, in letzterem bei Bankerott des Prinzipals wegen Beihülfe [2]). Eine Chikane des Prinzipals ist auch dann anzunehmen, wenn derselbe den Handlungsgehülfen keine Dienste verrichten, sondern die ganze Geschäftszeit oder einen erheblichen Teil derselben unthätig im Geschäft sitzen läßt. Der Handlungsgehülfe ist zwar in der Regel verpflichtet, die ganze Geschäftszeit im Geschäft anwesend zu sein, aber nur um die erforderlichen Dienste zu leisten. Das Verlangen seiner Anwesenheit lediglich oder im wesentlichen zu anderen Zwecken ist Mißbrauch seitens des Prinzipals. In Fällen gedachter Art darf daher der Handlungsgehülfe aus dem Geschäft fortbleiben. Er muß sich dann jedoch zur Verfügung seines Prinzipals halten. Ebenso ist der Gehülfe aus dem Geschäft wegzubleiben berechtigt, wenn ihm dort lediglich solche Dienste zugemutet werden, die er zu leisten nicht verpflichtet ist, z. B. der Prokurist, wenn er nur niedere Komptoirarbeiten machen soll (H. A. G. Nürnberg bei Busch 21 S. 344/5). Betreffs der Frage ob der Handlungsgehülfe ein Recht auf Arbeit hat vgl. unten S. 57.

II. **Die Pflicht zur Diensttreue.** Das Nähere s. unten § 28 sub B I. Betreffs derjenigen Dienstuntreue insbesondere, die sich als unlauterer Wettbewerb charakterisiert, siehe in diesem § unten IV 2.

III. **Die Pflicht zur Ehrerbietung.** Dieselbe erstreckt sich auch über den Kreis des Geschäftes hinein in das Privatleben, weil das persönliche Verhalten in letzterem die Autorität des Prinzipals im Geschäfte berührt. Ueber Begriff und Fälle erheblicher Ehrverletzungen siehe unten § 28 sub A. IV.

IV. **Folgen der Verletzungen der zu I bis III erörterten Verpflichtungen:**

1. Ein gesetzwidriges persönliches Verhalten des Handlungsgehülfen berechtigt den Prinzipal zur **Klage auf zukünftige Unterlassung** oder, falls die Verletzung erheblich ist, zur **Entlassung** (s. unten §. 28), in jedem Falle gleichzeitig zur **Klage auf Ersatz** des etwa durch das gesetzwidrige Verhalten entstandenen Schadens.

2. In einem besonderen Falle der Dienstuntreue treten nach dem **Reichsgesetz zur Bekämpfung des unlauteren Wett-**

---

[1]) vgl. §§ 209 Nr. 4, 210 Nr. 2 Konk. Ordn.

[2]) § 49 Abs. 1 St.-G.-B.; Olshausen Anm. 20 dazu. Eine bloß fahrlässige gesetzwidrige Buchführung würde den Handlungsgehülfen im Falle Bankerotts des Prinzipals allerdings nicht strafbar machen, da es fahrlässige Beihülfe zu einer strafbaren Handlung nicht giebt.

bewerbs vom 27. Mai 1896 außer den zu 1 erörterten Folgen noch besondere ein:

a. Nach § 9 des genannten Gesetzes wird mit Geldstrafe bis zu 3000 Mark oder mit Gefängnis bis zu einem Jahre bestraft, wer als Angestellter eines Geschäftsbetriebes Geschäfts- oder Betriebsgeheimnisse, die ihm vermöge des Dienstverhältnisses anvertraut oder sonst zugänglich geworden sind, während der Geltungsdauer des Dienstverhältnisses unbefugt an andere zu Zwecken des Wettbewerbes oder in der Absicht, dem Inhaber des Geschäftsbetriebes Schaden zuzufügen, mitteilt.

Neben der Strafe kann auf Verlangen des Verletzten auf eine an ihn zu erlegende Buße bis zum Betrage von 10000 Mark erkannt werden. Eine erkannte Buße schließt die Geltendmachung eines weiteren Entschädigungsanspruches aus (§ 14 cit. Ges.)

Die Strafverfolgung wird nur auf Antrag des Prinzipals bewirkt; der Antrag ist binnen dreier Monate seit Kenntnis des Prinzipals von der Geheimnisverletzung zulässig (§ 61 StGB.). Die Strafverfolgung wird durch die Staatsanwaltschaft bewirkt, falls ein öffentliches Interesse vorliegt, sonst durch Privatklage des Prinzipals (§ 12 cit. Ges.). Antrag und Privatklage sind bis zur Verkündung des erstinstanzlichen Urteils zurücknehmbar.[1]) Nach 5 Jahren ist die Strafverfolgung verjährt (§ 67 Abs. 2 StGB).

Nach § 11 Abs. 1 des citierten Gesetzes verjähren in dem Falle der von § 9 cit. betroffenen Geheimnisverletzung die Ansprüche des Prinzipals auf Unterlassung oder Schadensersatz in sechs Monaten von dem Zeitpunkte an, in welchem der Prinzipal von der Verletzung Kenntnis erlangt, ohne Rücksicht auf diese Kenntnis in drei Jahren von der Begehung der Verletzung an. Diese Bestimmung zeitigt das merkwürdige Ergebnis, daß das erwähnte Reichsgesetz in dem von ihm herausgegriffenen besonders schweren Falle der Dienstuntreue hinsichtlich der Verjährung der privatrechtlichen Ansprüche gegen den Untreuen den letzteren besser stellt als das bis dahin geltende Recht. In Preußen z. B. trat früher in dem beregten Falle die Verjährung erst nach 30 Jahren seit erfolgter Verletzung ein.

b. Im einzelnen ist hierzu folgendes zu bemerken:

α. Geheimnis ist alles dasjenige, was dem Dritten weder bekannt ist noch bekannt zu werden bestimmt ist. Darunter fällt auch der Gegenstand vorzeitiger Mitteilungen. Einer gesetzwidrigen Verletzung des Geschäftsgeheimnisses macht sich also z. B. der Ver-

---

[1]) § 12 Abs. 2 Ges., § 64 Abs. 1 StGB., § 431 Abs. 1 St.P.O.

käufer schuldig, welcher den Entschluß seines Prinzipals, die Preise gewisser Waren herabzusetzen, vor der öffentlichen Bekanntmachung der Herabsetzung an die Konkurrenz mitteilt und dadurch letztere in die Lage setzt, ihrerseits gleichzeitig oder womöglich noch vorher eine ähnliche Herabsetzung anzukündigen.

Namentlich ist Gegenstand des zu bewahrenden Geschäftsgeheimnisses der Inhalt der Handelsbücher, z. B. Bilanzen, Inventuren, Einkaufs- und Verkaufspreise, Offerten, Bezugsquellen, Selbstkostenaufstellungen, Kundenlisten.

β. Das Geheimnis muß dem Gehülfen in Folge des Dienstverhältnisses anvertraut oder zugänglich geworden sein. Ein Reisender also, welcher der Konkurrenz Kunden namhaft macht, die er bereits vor Antritt des Dienstverhältnisses kannte oder die er selber erst für den Prinzipal angeworben hat, treibt damit nicht unerlaubten Wettbewerb, ist daher nicht strafbar, sondern begeht gewöhnliche Untreue.

γ. Die Mitteilung muß zum Zweck des Wettbewerbes oder der Schadenszufügung gemacht sein. Der Thatbestand des § 9 cit. wird daher in der Regel nicht vorliegen, vielmehr nur gewöhnliche Untreue anzunehmen sein, wenn die verbotene Mitteilung zur Renommage oder aus Leichtsinn erfolgt ist, oder wenn z. B. der Prokurist einer Aktiengesellschaft das unerwartet günstige Ergebnis der Jahresbilanz vor deren Auslegung im Geschäftslokale einem Freunde aus Gefälligkeit mitteilt, damit dieser sich vor der Kurssteigerung noch schnell Aktien kaufe.

δ. Die Geheimnisverletzung muß während der Geltungsdauer des Dienstverhältnisses erfolgt sein. Eine etwaige längere Dauer des Dienstvertrages ist unbeachtlich. Eine vorzeitige, wenn auch gerechtfertigte Entlassung des Gehülfen beendet daher dessen Schweigepflicht.

Abschnitt 3.

Die Pflichten des Prinzipals.

§§ 15—19. Die Pflicht zur Leistung einer Vergütung.

§ 15. Im allgemeinen. Höhe und Gegenstand der Vergütung. Gratifikationen.

Für die Dienstleistungen des Handlungsgehülfen hat der Prinzipal Vergütung zu gewähren. Zunächst die vereinbarte, mangels Vereinbarung die ortsgebräuchliche, mangels Ortsgebrauches eine angemessene[1]) (§ 59 HGB.). Ueber den Begriff „Ortsgebrauch" s. oben S. 32.

I. Die Vereinbarung unverhältnismäßig niedriger Vergütungen, sog. Hungerlöhne, macht den ganzen Dienstvertrag nichtig und den Prinzipal bezw. seinen Vertreteter unter Umständen des Wuchers schuldig.

Wenn nämlich der Prinzipal gewerbs- oder gewohnheitsmäßig unter Ausbeutung der Notlage, des Leichtsinns oder der Unerfahrenheit seiner Angestellten ein Gehalt vereinbart, welches in auffälligem Mißverhältnis zur Leistung steht, so wird er nach § 302e StGB. wegen Wuchers bestraft. Zufolge Art. 3 des Gesetzes vom 24. Mai 1880 in der Fassung der Novelle vom 19. Juni 1893 ist der Engagementsvertrag nichtig; der Handlungsgehülfe kann Nachzahlung des an dem normalen Arbeitslohn fehlenden Betrages nebst Zinsen verlangen[2]). Da diejenigen, die sich des Wuchers schuldig gemacht haben, solidarisch haften (Art. 3 cit.), und auch derjenige sich des Wuchers schuldig macht, der die wucherlichen Vorteile zu Gunsten eines anderen stipuliert (§ 302e cit.), so haftet neben dem Prinzipal solidarisch der Prokurist, ja letzterer allein, wenn der Prinzipal den Vertrag nicht kennt.

Mit Recht hebt Koffka[3]) hervor, daß auch die nicht gewerbs- und gewohnheitsmäßigen Handlungen des § 302e cit., also schon ein vereinzelter derartiger Dienstvertrag, nach bürgerlichem Recht als unsittlich und deshalb als nichtig zu gelten haben. Das Recht der betreffenden Forderung des Handlungsgehülfen verjährt nach Art. 3 cit. Abs. 3 in 5 Jahren seit dem Tage, an welchem die Leistung erfolgt ist, d. h. das Gehalt fällig war.

§ 302e cit. wird auch auf die sog. Konkurrenzklauseln anwendbar sein!

II. **Der Gegenstand der Vergütung** ist gewöhnlich, aber nicht notwendig bares Geld. Die Vergütung in letzterem heißt „Gehalt" oder „Salair". Die Vergütung kann in der Gewährung jedes beliebigen Vermögensvorteils bestehen, z. B. in der Gewährung freien Unterhalts, allein oder in Verbindung mit Gehalt, ferner ganz oder teilweise in der Gewährung von Waren —

---

[1]) Für Reisende der Shawl- und Tücherbranche z. B. haben die Aeltst. u. d. 9. Sept. 95 i. S. Ascher ca. Sauer S. 76, 95 C. K. 18 L. G. Berlin I eine Jahres-Vergütung von 1800 Mark außer den Spesen als angemessen begutachtet.

[2]) So mit Recht Koffka Kommentar zu den Reichswuchergesetzen S. 102 Anm. 4 zu Art 3 cit.

[3]) a. a. O. S. 106 Anm. 9 zu Art 3 cit.

sog. Trucksystem; dasselbe ist für den sonstigen gewerblichen Verkehr durch § 115 Gew. O. verboten.

Der Gegenstand der Vergütung kann sowohl in einer bestimmten Geldsumme bestehen als auch in einer Gewinnbeteiligung, welche regelmäßig neben ersterer, zuweilen ohne erstere allein, vereinbart wird. Eine bestimmte Geldsumme wird gewöhnlich nach einem bestimmten Jahres- oder Monatssatze verabredet. Das ist jedoch nur eine übliche Berechnungsweise, aus der weder für die Dauer des Vertrages noch für die Fälligkeit des Gehalts etwas folgt (s. unten S. 90 Anm. 3). Die Gewinnbeteiligung ist entweder eine solche an einzelnen Geschäften (Provision) oder an dem nach der Jahresbilanz sich ergebenden Reingewinn des Gesamtgeschäftes oder eines Teiles desselben (Tantieme).

Den Charakter der Vergütung tragen alle, aber auch nur solche Vermögensvorteile, welche der Handlungsgehülfe als Gegenwert seiner Dienstleistungen zu beanspruchen hat. Unter diesen Begriff fallen also nicht Geschenke, welche der Prinzipal dem Handlungsgehülfen macht, wie **Weihnachtsgeschenke, Gratifikationen** nach erfolgter Inventuraufnahme, und zwar auch dann nicht, wenn derartige Vergünstigungen als Geschenke allgemein üblich oder ortsgebräuchlich sind oder von dem Prinzipal regelmäßig gemacht zu werden pflegen. Denn auch alsdann hat der Gehülfe noch keinen Anspruch auf dieselben. Ist jedoch ein solcher Anspruch dem Handlungsgehülfen versprochen, und zwar nicht blos in Aussicht gestellt, sondern vertragsgemäß zugestanden, z. B. betreffs der Weihnachtsgratifikation, so hat das Versprochene die Natur der Vergütung.

Ist die Gratifikation fest versprochen, jedoch ihre Höhe nicht vereinbart, so ist das Versprechen nicht etwa klaglos[1]), sondern es ist die Gratifikation in ortsüblicher, evtl. angemessener Höhe zu leisten[2]) (§ 59 HGB.)

Auch durch Ortsgebrauch kann natürlich ein Anspruch auf Gratifikation gegeben sein. Was allerdings die Weihnachtsgeschenke anlangt, so sind dieselben keineswegs derart üblich, daß sie auch ohne besondere Abrede regelmäßig gegeben werden und als gehaltsähnlicher Anspruch gelten.[3])

Die fest versprochene Weihnachtsgratifikation ist, weil Teil der Vergütung, in dem Falle, daß der Handlungsgehülfe im Laufe des

---

[1]) So O. L. G. Hamburg 89 in G. Z. 37 S. 534 und Staub § 9e zu Art. 57 HGB.

[2]) Aeltst. v. 27. Juni 93 i. S. Gudde/Sixtus 66 C 1058. 93 A. G. I Berlin und v. 14. Nov. 93 i. S. Zeitler/Maas 8 C 1357. 93 A. G. I Berlin.

[3]) Aeltst. v. 28 Mai 94 i. S. Wonneberg/Schlier 56 C. 332. 94 A. G. I Berlin.

Geschäftsjahrs austritt, bis zum Tage seines Austrittes anteilig zu zahlen.[1])

Ist ein bestimmter Betrag nicht vereinbart, so ist, wie bemerkt, der ortsübliche oder angemessene zu zahlen; es ist in solchem Falle ferner üblich, die Höhe der einmal gewährten Gratification nicht wieder zu vermindern, falls nicht die Führung des Angestellten oder ungünstige Geschäftslage eine Ausnahme veranlassen.[2])

Haben Weihnachtsgratifikationen die Natur der Schenkung, so gelten sie als sog. belohnende Schenkung und können nur wie eine solche widerrufen werden. Insbesondere kann der Prinzipal ihre Rückgabe nicht verlangen, wenn der Handlungsgehülfe im Laufe des nächstfolgenden Jahres austritt, sei es mit oder ohne Bewilligung des Prinzipals. Für ersteren Fall ist dies von den Aeltesten der Berliner Kaufmannschaft als Berliner Platzusance bezeugt.[3])

Auch wenn die Weihnachtsgratifikation die Natur einer Schenkung hat, bedarf die sie versprechende Erklärung nicht der in Landesgesetzen für Schenkungen vorgeschriebenen, besonders gerichtlichen Form (vgl. E. 26 S. 19/20).

§ 16. Die Pflicht zur Leistung einer Vergütung. Fortsetzung. Wodurch, für welche Zeit, wann und wo ist die Vergütung zu leisten?

A. **Wodurch?** Durch alle Arten gesetzlich zulässiger Erfüllung. Also auch durch Kompensation mit einer Forderung des Prinzipals gegen den Gehülfen und, falls Letzterer damit einverstanden ist, durch Hingabe von Sachen, z. B. von Waren, an Zahlungsstatt.

B. **Für welche Zeit** ist die Vergütung zu leisten?

I. Regel.

1. In jedem Falle ist die Vergütung für die thatsächlich abgearbeitete Zeit zu leisten.

2. Darüber hinaus für die ganze Vertragsdauer, falls das

---

[1]) Aeltst. v. 11. Juli 93 i. S. Fühling/Wolff & Co. S. 66 93 L. G. Glogau.

[2]) Aeltst cit. v. 14. Nov. 93 i. S. Zeitler/Maas.

[3]) Bei Busch 7 S. 181, ferner schlechthin als Usance bezeugt v. d. Aeltst i. S. Lehrer/Kockstein 34 C 722. 94 A. G. Berlin I v. 2. Juni 1894, i. S. Jahn/Lehmann VII S. 294. 95 L. G. Berlin II v. 20. Mai 1896, i. S. Krüger/Warnecke 71 C 942, 95 A. G. Berlin I v. 12. Oct. 95 sogar für den Fall, daß der Beschenkte später absichtlich zum Nachtheil des Prinzipals handelt. Nach Aeltst. v. 13 Januar 1890 i. S. Braun/Lehder S. 109. 89. L. G. Berlin II hat sich dagegen diesbezüglich ein Handelsgebrauch nicht gebildet. Anders als die Ansicht des Textes Staub § 9e zu Art. 57 HGB. und das dort citierte O. G. Wien.

Dienstverhältnis vorzeitig aufgehoben wird, ohne daß der Handlungsgehülfe die Aufhebung zu verantworten hat.

Nach preußischem Recht verwandelt sich jedoch in diesem Falle sein Anspruch auf Vergütung in einen Anspruch auf Schadensersatz (§ 408 A. L. R. I 5.)[1] Als Schaden wird die entgangene Vergütung vermutet (R. 18 S. 370). Schade darüber hinaus ist möglich, z. B. wenn durch die Entlassung dem Gehülfen die Einführung in das überseeische Exportgeschäft genommen wird (Bolze 16 No. 381).

Das Dasein des Schadens hört mit der Aufnahme anderweiter entgeltlicher Thätigkeit während der Vertragszeit in Höhe des Entgelts auf (§ 912 A. L. R. I 11). Dasselbe gilt in den anderen Rechtsgebieten für den Anspruch auf Vergütung,[2] da letzterer durch die Bereithaltung des Handlungsgehülfen zur Vertragserfüllung bedingt ist und diese Bereithaltung mit der Aufnahme anderweiter Thätigkeit erlischt;[3] erreicht das Entgelt derselben nicht die Vergütung, so hat der Handlungsgehülfe auch hier betreffs der Differenz einen Schadensersatzanspruch.

Aus dem Gesagten ergiebt sich, daß der Handlungsgehülfe im Falle vorzeitiger ohne sein Verschulden erfolgender Aufhebung des Dienstverhältnisses sich auf seinen Anspruch dasjenige anrechnen lassen muß, was er während des Restes der Vertragszeit durch seine Arbeit anderweit erwirbt oder zu erwerben böswillig unterläßt (so auch § 615 BGB.). Von letzterem Gesichtspunkte aus sind Fälle, freilich nur Ausnahmefälle (vgl. Bolze 17 Nr. 416), denkbar, in denen der Gehülfe seinen Schadensersatzanspruch verwirkt, wenn er das Anerbieten des Prinzipals, wieder bei ihm einzutreten, ablehnt, z. B. in der Regel dann, wenn die ungerechtfertigte Entlassung im Zorn ausgesprochen war und schon am nächsten Tage zurückgenommen wird. Nur diejenigen Beträge, welche ihm als Entschädigung für seine in Folge der Dienstvertragsaufhebung eingetretene Erwerbslosigkeit zufließen, ohne daß er eine Thätigkeit ausübt, z. B. Unterstützungen, Versicherungssummen aus einer Versicherung gegen Stellenlosigkeit, muß er sich zwar auf den Entschädigungsanspruch, nicht auch auf den Ver-

---

[1]) Vgl. unten § 26 sub I. Anders Cosack S. 71 gegen die sonstige allgemeine Meinung der Schriftsteller wie der Gerichte, vgl. z. B. R. 8 S. 153 ff., 17 S. 220 ff., 18 S. 370 ff. und E. 22 S. 37.

[2]) Anders O. L. G. Hamburg 1891 in G. Z. 40 S. 454.

[3]) S. Bolze 12 No. 402 und Oberst. Gerichtshof Wien 1893 in Seuff. Arch. 47 S. 60/61.

gütungsanspruch anrechnen lassen. Er steht also diesbezüglich im preußischen Rechtsgebiet schlechter.

Im Prozeß aber wird im gegebenen Falle der Eintritt des Schadens vermutet (s. unten § 34 sub G, V.), so daß aus der Natur des Anspruches als einer Schadensersatzforderung dem Handlungsgehülfen eine Beweislast nicht erwächst.

3. Auch für diejenige Zeit hat der Handlungsgehülfe Vergütung zu beanspruchen, während welcher der Prinzipal, ohne das Dienstverhältnis aufzuheben, von seinen Diensten keinen Gebrauch macht. Zwar hat der Gehülfe dem Prinzipal gegenüber nur ein natürliches, kein klagbares Recht auf Arbeit. Der Prinzipal kann seine Dienste ablehnen, ja wir halten dieses Ablehnungsrecht sogar für unverzichtbar. Er hat lediglich die Vergütung fortzuzahlen und den in Folge seines vertragswidrigen Verhaltens entstandenen Schaden zu ersetzen. Diese Sätze klingen selbstverständlich. Und doch stößt ihre Verwirklichung in der Praxis, gerade in dem praktisch häufigsten Falle auf Widerstand. Wir meinen den Fall, daß **der Prinzipal den Reisenden** entgegen der Vertragsabrede **nicht auf die Tour gehen läßt.** Gewiß hat der Reisende keinen klagbaren Anspruch darauf, auf die Reise geschickt zu werden. Aber folgt daraus, daß der Prinzipal, wenn er eine diesbezügliche Zusicherung macht, nicht für die Folgen ihrer Verletzung einzustehen braucht, und liegt eine derartige Zusicherung nicht schon in dem bloßen Engagement eines Reisenden? Denn nach der Auffassung des Lebens wird der letztere angestellt, nicht um dem Prinzipal nach dessen Gutdünken für etwaige Reisen blos zur Verfügung zu sein,[1]) sondern um während der ganzen Reisezeit auf die Reise geschickt zu werden und während derselben seinen Unterhalt auf Kosten des Prinzipals zu bestreiten. Nach seiner Pflicht bemißt der Reisende sein Recht. Worte brauchen darüber nicht gewechselt zu werden. Es entspricht daher dem Recht, daß der Reisende Entschädigung dafür beanspruchen kann, daß er vertragswidrig nicht auf die Reise geschickt wird (ebenso Bolze 2 Nr. 944), und zwar gleichgültig, ob beim Engagement eine bestimmte Reisezeit genannt worden ist[2]) oder nicht; denn in letzterem Fall haben beide Contrahenten die in der Branche übliche

---

[1]) So irrtümlich L. G. Berlin I i. S. Noecker-Martin S. 122 96, C. K. 17 (Aktenz. I Inst. 50 C. 1614 95).

[2]) Nur für diesen Fall gleicher Ansicht das Gutachten der Aeltst. v. 15. 6. 90 i. S. Kähren-Hill & Deter C. 153 90, A. G. Luckenwalde.

Reisezeit, evtl. eine angemessene, beim Vertragsschluß im Auge gehabt. — Vertragswidrig ist das Verhalten des Prinzipals auch dann, wenn der Reisende sich nicht als geeignet erweist. Ist er in erheblichem Grade ungeeignet, so kann der Prinzipal den Vertrag wegen Irrtums in einer wesentlichen Eigenschaft aufheben (s. unten S. 91/92). Sonst muß der Prinzipal den Vertrag halten, wie bei jedem anderen Handlungsgehülfen, dessen Fähigkeiten zu wünschen übrig lassen.

Unter die zu leistende Entschädigung fällt namentlich die entgangene Provision, wobei der Durchschnitt früherer Verdienste zu Grunde zu legen ist. Mit Unrecht wird oft der Entschädigungsanspruch auf die Ausgaben beschränkt, welche der Reisende für seinen Unterhalt, den er sonst von den Reisespesen bestreitet, verauslagt[1]), und mit noch größerem Unrecht wird häufig selbst der Anspruch auf diese Auslagen verneint, teils weil ein Anspruch auf Reisethätigkeit nicht bestehe, teils mit der ebenso falschen Begründung, daß die Spesen ihrer Natur nach nur zur Bestreitung der besonderen Auslagen während der Abwesenheit von Hause dienen sollen. Letzteres widerspricht den Thatsachen. Die Reisespesen decken nicht nur den Mehrverbrauch auf der Reise, sondern den gesamten Verbrauch während derselben. Ein Handelsgebrauch, wonach die gedachten Auslagen zu ersetzen sind, besteht nicht[2]).

4) Für die Urlaubszeit wird dem Gehülfen im Zweifel die Vergütung zuzubilligen sein. Jedenfalls für die beim Engagement ausdrücklich ausbedungene Urlaubszeit[3]).

5) Für Ueberstunden hat der Handlungsgehülfe keine besondere Vergütung zu beanspruchen, weder während der üblicher Weise besonders lebhaften Geschäftszeit (s. oben S. 37) noch auch

---

[1]) So Aeltst. v. 12. 2. 94 i. S. Mayer/Bein & Eckstein 4 C 1042. 93 A. G. Berlin I.

[2]) Aeltst. i. S. Mayer/Bein, vor Anm.; ferner v. 5. 11. 90 i. S. Völcker/Prätorius 25 C 1319. 90 A. G. Berlin I, u. v. 26. 5. 97 i. S. Mühlemayer/Meteor O. 426. 96 H. K. 10 L. G. Berlin I. Betreffs des Anspruches auf Ersatz der Auslagen sind der diesseitigen Ansicht: Bolze 2 Nr. 944 u. 11 Nr. 321, Staub § 5 zu Art. 49 HGB., Ansch. u. Völd S. 292, das bei Staub cit. O. L. G. Dresden; gegen dieselbe sind Behrend § 45 Anm. 29 und H. A. G. Nürnberg 68 in G. Z. 14 S. 537. Zweifelhaft H. G. Lübeck 1870 bei Busch 23 S. 4.

[3]) Aeltst. v. 12. 9. 95 an den Vorstand des kaufm. Hilfsvereins für weibliche Angestellte in Berlin.

sonst während des Jahres[1]. Beim Mangel eines wirklichen Geschäftsbedürfnisses kann der Handlungsgehülfe jedoch die Arbeit in Ueberstunden verweigern.

II. Ausnahme.

Von den zu I entwickelten Grundsätzen statuiert der § 63 Abs. 1 des neuen Handelsgesetzbuches folgende Ausnahme:

„Wird der Handlungsgehülfe durch unverschuldetes Unglück an der Leistung der Dienste verhindert, so behält er seinen Anspruch auf Gehalt und Unterhalt, jedoch nicht über die Dauer von sechs Wochen hinaus."

1. Die sechs Wochen bedeuten 42 Tage. Der erste Tag wird nicht mitgerechnet. Nach der ausdrücklichen Bestimmung des Gesetzes behält der Handlungsgehülfe seinen Anspruch auf Gehalt; letzterer verwandelt sich also für diesen Fall auch nach preußischem Recht nicht in einen Anspruch auf Schadensersatz.[2]

Daher braucht sich der Handlungsgehülfe nicht anrechnen zu lassen, was er während der Zeit der Behinderung anderweit empfängt, selbst das nicht, was er als Entschädigung für die Behinderung anderweit erhält. So nach der ausdrücklichen Vorschrift des § 63 Abs. 2 des neuen HGB. vor allem nicht den Betrag, der ihm für die Zeit der Verhinderung aus einer Kranken- oder Unfallversicherung zukommt. (Vgl. unten § 36.) Nach § 63 Abs. 2 cit. ist eine Vereinbarung welche dieser Vorschrift zuwiderläuft, nichtig.[3] Dadurch entsteht der merkwürdige Rechtszustand, daß es zwar zulässig ist, den Anspruch auf Gehalt und Unterhalt für die sechs Wochen durch Vereinbarung ganz auszuschließen (vergl. § 1 Abs. 4 Krankenvers.-Ges., s. unten § 36 sub A I, 2) nicht aber zu beschränken. Der größere Nachteil ist erlaubt, der kleinere verboten.

Unter Gehalt ist hier jede Art der Vergütung zu verstehen. Selbstverständlich fällt auch die Tantième darunter, ferner aber auch die Provision[4] soweit sie dem Handlungsgehülfen so wie so ohne besondere Thätigkeit für das provisionspflichtige Geschäft zugefallen wäre.

---

[1] Vgl. Aeltst. v. 13. 3. 93 i. S. Hinkeldein/Pietschmann u. Söhne 52 C 316. 93 A. G. I Berlin, u. v. 27. Dez. 93 i. S. Frister/Weininger 72 C 1845. 93 A. G. I Berlin, wonach für Berlin kein entgegengesetzter Ortsgebrauch besteht.

[2] Ebenso A. G. I Berlin v. 17. 3. 94 bei Perl und Wreschner 95 S. 33 34, anders Staub § 3 zu Art. 60 HGB.

[3] Nach bisherigem Recht bestritten (s. Staub § 3 zu Art. 60 HGB.)

[4] Anders Staub Suppl. Anm. 4 zu § 63 HGB. und Behrend S. 323 Anm. 37 § 45.

Eine zeitweise Verhinderung wie nach Art. 60 des alten HGB., welcher im übrigen dem jetzigen § 60 Abs. 1 des neuen HGB. entspricht, ist nicht mehr Voraussetzung des Anspruches. Letzterer ist vielmehr auch dann gegeben, wenn sich von Anfang an übersehen läßt, daß die Verhinderung eine dauernde sein wird (Denkschr. S. 57). Ja nach § 72 Abs. 2 des neuen HGB. wird der Anspruch selbst dadurch nicht berührt, daß der Prinzipal in solchem Falle den Gehülfen mit Recht entläßt. Dann hat der letztere also auch für die Zeit nach der gerechtfertigten Aufhebung des Dienstverhältnisses Anspruch auf Gehalt und Unterhalt und zwar bis zum Ablauf von 6 Wochen seit dem Beginn der Dienstverhinderung. Meldet sich der Gehülfe vor Ablauf der 6 Wochen wieder als gesund und erkrankt er später von neuem, so beginnt, falls er nicht inzwischen entlassen worden, eine neue sechswöchentliche Frist zu laufen, außer wenn der Gehülfe die erste Frist nur unterbrochen hat, um eine zweite von neuem laufen zu lassen.

Ein weiteres Recht als der gedachte sechs Wochen ergreifende Anspruch steht dem Gehülfen gegen den Prinzipal nicht zu, auch dann nicht, wenn ihn ein Unglücksfall bei der Ausübung des Dienstes, z. B. Sturz beim Herablangen von Waren, trifft,[1]) außer wenn Verschulden des Prinzipals vorliegt. Die Verpflichtungen des letzteren bestimmen sich in diesem Falle nach dem bürgerlichen Landesrecht, sie bestehen wesentlich im Ersatze alles Schadens (vergl. für später § 831 BGB.).

Auch ein Anspruch auf Grund des Reichs-Haftpflichtgesetzes vom 7. Juni 1871 wird nur ausnahmsweise gegeben sein. Es könnte höchstens der Fall in Frage kommen, daß ein Vertreter des Prinzipals durch ein Verschulden in Ausübung seiner Dienstverrichtungen die Verletzung des in einer Fabrik angestellten Handlungsgehülfen dort verursacht hat. (§ 2 cit. Ges.) In diesem Falle würde der Prinzipal auch die Heilungskosten und diejenigen Vermögensnachteile ersetzen müssen, welche der Gehülfe infolge vernichteter oder verminderter Erwerbsfähigkeit erleidet (§ 3 Nr. 2 cit. Ges.), im Falle der Tötung sogar Kur- und Beerdigungskosten sowie Unterhalt für die Hinterbliebenen (§ 3 Nr. 1 cit. Ges.). Betreffs der Frage des Anspruches aus der staatlichen Unfallversicherung siehe unten § 35.

2. Nur bei **unverschuldetem Unglück** ist der Anspruch aus § 63 HGB gegeben, also dann nicht, wenn das Dienstverhältnis aus irgend welchem anderen Grunde vor Ablauf der sechs Wochen endet (Denkschr. S. 57), z. B., infolge unverschuldeter Verhin-

---

[1]) H. A. G. Nürnberg 68 in G. Z. 14 S. 537/8, vergl. E. 21 S. 170 ff.

derung (vgl. § 616 BGB.), wie Wahrnehmung eines Termines als Zeuge, Schöffe, Geschworener oder Einziehung zu einer militärischen Dienstleistung.[1]) Anträge, letztere bei dem § 63 HGB zu berücksichtigen, sind in der Reichstagskommission (Kom. S. 25—27) abgelehnt worden. Was Unglück ist, beurteilt sich nach den jeweiligen Lebensanschauungen. Nicht notwendig ist, daß dasselbe sich in der Person des Gehülfen ereignet. Unglück im Sinne des Gesetzes sind daher auch Einziehung zum Kriege, ferner Natur-Ereignisse, welche den Handlungsgehülfen abhalten, seine Dienste zu verrichten z. B. Ueberschwemmungen, Schneeverwehungen, ebenso Unglücksfälle, welche die Sache oder die Person des Prinzipals betreffen, z. B. Abbrennen der Geschäftsräume. In solchen Fällen wird sich der Handlungsgehülfe allerdings anderweiten Verdienst anrechnen lassen müssen[2]), weil er alsdann dem Prinzipal in der Zeit des anderweiten Erwerbs nicht zur Verfügung gestanden hat.

Unverschuldet ist das Unglück dann, wenn der Handlungsgehülfe bei Anwendung gewöhnlicher Sorgfalt es nicht abwenden konnte. Den Hauptfall des unverschuldeten Unglücks bildet Erkrankung des Handlungsgehülfen. Ist dieselbe absichtlich oder durch grobes Versehen herbeigeführt worden, so ist sie nicht unverschuldet. Das Betreiben eines Sports, z. B. des Radfahrens oder Reitens, bei dem erfahrungsgemäß die Gefahr der Verletzung eine größere ist als bei durchschnittlichen Lebensgewohnheiten, ist noch kein Verschulden. Der Gehülfe, welcher sich beim Radfahren verletzt hat, wird also nicht schon deswegen allein des fraglichen Anspruches verlustig gehen, sondern nur, wenn ihm nachgewiesen wird, daß er durch eigenes Verschulden sich die Verletzung zugezogen hat.

Geschlechtliche Erkrankung schlechthin als auf Verschuldung beruhend anzusehen und deshalb von der Wohlthat des § 63 (früher Art. 60) HGB. auszuschließen, wie in der Praxis zumeist geschieht[3]), ist nicht gerechtfertigt. Ist der außereheliche Geschlechtesverkehr weder gesetzlich noch nach heutiger Lebensanschauung ein Verschulden, so können es auch seine Folgen nicht sein. Aus diesem Grunde ist u. E. sogar außereheliche Schwangerschaft des weiblichen Handlungsgehülfen unverschuldetes Unglück.

---

[1]) Denkschr. S. 58. Für das bisherige Recht anders Staub § 1 zu Art. 60 HGB.

[2]) Ebenso Ansch. u. Völd. S. 344 zu Art. 60 HGB.

[3]) So z. B. Staub § 1 zu Art. 60. H. G. Lübeck v. 24. 5. 70 bei Busch 23 S. 213.

C. **Wann ist die Vergütung zu leisten?** Das alte HGB. traf hierüber keine Bestimmungen. Nach § 64 des neuen HGB. hat die Zahlung des Gehalts am Schlusse jedes Monats zu erfolgen. Eine Vereinbarung, nach der die Zahlung später erfolgen soll, ist nichtig (§ 64 cit.), selbstverständlich auch ein solcher Ortsgebrauch. Vereinbarung früherer Fälligkeit ist dagegen zulässig. In der Vereinbarung eines Wochenlohnes liegt im Zweifel die Vereinbarung wöchentlicher Gehaltszahlung [1]).

Unter Gehalt ist hier jede Art der Vergütung zu verstehen, jedoch nur eine feste Vergütung. Es fallen also nicht darunter Tantièmen und Provisionen. Ferner gehören Gratifikationen nicht hierher, selbst wenn dieselben Gehaltsnatur haben; denn dieselben sind nicht als Gehalt im regelmäßigen Sinne, sondern als Extra-Vergütung vereinbart. Diesbezügliche Scheinvereinbarungen, z. B. dahin, daß der Gehülfe 300 M. Gehalt und 2000 Mark am Jahresschluß zahlbare Neujahrsgratification erhält, würden nach § 64 HGB. nichtig sein.

Die Vorschrift des § 64 cit. bezieht sich nur auf den Fall des noch fortlaufenden Dienstverhältnisses. Wird dasselbe vor Schluß des Monats beendet, so wird das Gehalt sofort fällig, ausgenommen wenn der Gehülfe ohne Grund vorzeitig vom Vertrage zurücktritt; denn der Prinzipal darf durch die ungerechtfertigte Handlung des Gehülfen nicht ungünstiger gestellt werden. [2])

Im Falle Verzuges des Prinzipals hat derselbe vom Tage der Fälligkeit an die Vergütung bezw. deren Wert mit sechs Prozent Zinsen zu verzinsen. (Art. 287 HGB.)

D. **Wo ist die Vergütung zu leisten?** In dem Geschäftslokal des Prinzipals. Auch der rechtswidrig entlassene Gehülfe muß sich dort seine Gehalts- bezw. Entschädigungsbezüge bei jedesmaliger Fälligkeit abholen oder gegen ordnungsmäßige Quittung abholen lassen. Der Prinzipal ist nicht verpflichtet, die Vergütung zu übersenden, selbst nicht gegen Vorauserstattung der Uebersendungskosten. Falls er nach Aufhebung des Dienstverhältnisses die Vergütung bezw. statt derselben Entschädigung dem Gehülfen weiter schuldet, muß er demselben zweckmäßige Kosten der Abholung der Vergütung ersetzen, z. B. die Kosten des die Gehaltsquittung präsentierenden Dienstmannes, wenn dem Gehülfen nach Lage der Umstände nicht zuzumuten ist, daß er sich persönlich das Gehalt abholt.

---

[1]) Staub Suppl. Anm. 1 zu § 64 HGB.
[2]) S. Staub Suppl. Anm. 2 zu § 64 HGB.

Der Ort der Leistung der Vergütung kann durch Vertrag oder jede Art von Handelsgebrauch abweichend geregelt werden. Eine dem § 115a Gew.-Ord., wonach gewerbliche Lohn- und Abschlagszahlungen in Gast- und Schankwirtschaften oder Verkaufsstellen nicht ohne Genehmigung der unteren Verwaltungsbehörde erfolgen dürfen, entsprechende Vorschrift fehlt.

§ 17. Die Pflicht zur Leistung der Vergütung. Fortsetzung. Quittung und Retentionsrecht des Handlungsgehülfen.

I. Der Handlungsgehülfe kann die Vergütung nur gegen Quittung seinerseits beanspruchen. Eine Generalquittung dagegen des Inhalts, daß er nach Empfang des quittierten Betrages weitere Ansprüche nicht mehr habe, ist der Gehülfe zu geben nicht verpflichtet. Hat er aber eine solche Quittung gegeben, so kann er auf irrtümlich übersehene oder zu gering bemessene Ansprüche nicht mehr zurückkommen, außer wenn dem Prinzipal bei Entgegennahme der Quittung der Irrtum des Gehülfen bekannt war, dem Prinzipal also Dolus zur Last fällt (R. 24 S. 147 ff.)

Nach preußischem Recht (§ 116 A. L. R. I 16) ist nur diejenige Quittung eine Generalquittung, welche außer dem Bekenntnis, daß der Empfänger dem Aussteller nichts mehr schuldig geblieben sei, sich auf eine gehaltene Berechnung bezieht (R. 21 S. 399/400).

Durch eine einfache Quittung über die ihm vom Prinzipal zugebilligten Beträge verliert der Gehülfe nicht den Anspruch auf weitere von ihm beanspruchte Beträge; er hat nicht nötig, diesbezüglich in der Quittung oder bei Empfangnahme der Teilzahlung einen Vorbehalt zu erklären.

Im übrigen ist der Gehülfe nach preußischem, gemeinem und sächsischem Recht die Annahme von Teilzahlungen abzulehnen berechtigt,[1] nach französischem Recht jedoch nur, soweit seine Forderung liquide, d. h. klargestellt ist.[2]

II. Ein Retentionsrecht an den Sachen des Prinzipals steht dem Handlungsgehülfen nicht zu. Insbesondere nicht das Retentionsrecht des Art. 313 HGB., weil die betreffenden Sachen nicht auf Grund eines Handelsgeschäftes in seinen Besitz gekommen sind, sondern auf Grund Befehles des Prinzipals (R. 16 S. 82), und weil der Gehülfe kein Kaufmann ist. Es kann deshalb z. B. der Reisende die Musterkoffer des Prinzipals nicht bis zur Befriedigung seines Provisionsanspruches zurückbehalten, der Verkäufer nicht die dem

---

[1]) Vgl. § 57 A. L. R. I 16. Windscheid § 342 Anm. 20. § 695 Bürg. Gesetzb. f. Sachsen. Ebenso v. 1. 1. 1900 ab § 266 d. BGB.

[2]) Code civil art. 1220, Crome II § 299 Nr. 1.

Geschäft gehörenden Notizbücher bis zur Zahlung seines Gehalts. Ein Zurückbehaltungsrecht hat der Gehülfe nur hinsichtlich der fälligen Ansprüche wegen Verwendungen auf die betreffenden Sachen oder wegen eines ihm durch letztere verursachten Schadens[1]), so der Reisende an den Musterkoffern wegen der für dieselben gemachten Aufwendungen (s. Kom. S. 23), namentlich wegen der verauslagten Eisenbahnfracht, nicht aber wegen des für seine Person verauslagten Fahrgeldes.

Nach preußischem Recht (§ 83 A. L. R. I 13) jedoch hat der Gehülfe, welcher Bevollmächtigter des Prinzipals ist, auch wegen seines fälligen Gehaltsanspruches und seiner gesamten Auslagen als Bevollmächtigter ein Zurückbehaltungsrecht an den Sachen des Prinzipals, die vermöge des von letzterem ihm gewordenen Auftrages in seine Hände gekommen sind. Nach preußischem Recht steht also z. B. einem zu Verkaufsabschlüssen bevollmächtigten Reisenden auch wegen seines Gehaltsanspruches ein Retentionsrecht an den Musterkoffern zu. Das letztere ergreift u. a. die für den Prinzipal eingezogenen Gelder[2]), ebenso die dem Reisenden übergebenen Handlungsbücher, z. B. Kundenlisten und Geschäftspapiere[3]).

§ 18. Die Pflicht zur Leistung einer Vergütung. Fortsetzung. Verjährung des Vergütungs-Anspruches. Seine Geltendmachung im Konkurse des Prinzipals. Zulässigkeit seiner Beschlagnahme und sonstiger Verfügung über ihn.

I. **Verjährung** des Anspruchs auf die Vergütung und zwar einschließlich des Rechts auf Tantieme und Provision tritt in den meisten deutschen Staaten schon nach wenigen Jahren ein, in Bayern, Sachsen und Württemberg nach 3 Jahren, in den Gebieten französischen Rechts bereits nach 6 Monaten, im Gebiete des Preußischen A. L. R. gemäß § 2 Nr. 3 des Ges. v. 31. März 1838 nach 4 Jahren, welch letztere mit dem auf den festgesetzten Zahlungstag folgenden letzten Dezember beginnen, und wenn ein Zahlungstag nicht besonders festgesetzt ist, wie bei Provisionsansprüchen, mit dem letzten Dezember desjenigen Jahres, in welchem die Forderung entstanden ist (§ 5 Nr. 3 l. c.), also z. B. das provisionspflichtige Geschäft nicht nur abgeschlossen, sondern auch realisiert worden ist. Das genannte preußische Gesetz findet auch auf diejenigen Bezüge, z. B. Provisionen und Tantiemen, Anwendung, welche für die Zeit

[1]) Vgl. § 273 Abs. 2 BGB. § 539 A. L. R. I 20.
[2]) Foerster-Eccius § 141 IV B a. E.
[3]) Anders L. G. Berlin I 1891 bei Perl u. Wreschner 91 S. 100 u. in G. Z. 42 S. 511.

nach Beendigung des Dienstverhältnisses zu zahlen sind[1]) ebenso auf die Schadensersatzansprüche der Gehülfen aus ihrem Dienstverhältnis insbesondere auf diejenigen, welche in Folge ungerechtfertigter, vorzeitiger Aufhebung des Dienstverhältnisses an Stelle des Vergütungsanspruchs treten.[2])

II. Im **Konkurse des Prinzipals** genießt der Anspruch auf Vergütung, einschließlich desjenigen auf Kostgeld, gemäß § 54 Nr. 1 Konk. O. ein erststelliges Vorzugsrecht, soweit die Vergütung für das letzte Jahr vor der Eröffnung des Konkursverfahrens oder dem vorher erfolgten Ableben des Prinzipals rückständig ist. Vorausgesetzt ist dabei, daß der Gehülfe sich „zu dauerndem Dienste" verdungen hat, was dann nicht der Fall ist, wenn das Dienstverhältnis durch tägliche oder wöchentliche oder sonst kurz gegriffene Lohnzahlungen gelöst werden kann (vgl. E. 27 S. 226/27). Für die nach dem 1. Januar 1898 geschlossenen Dienstverträge wird diese Voraussetzung fast stets zutreffen, da nach § 67 Nr. 1 des neuen HGB. die beiderseitige Kündigungsfrist nicht weniger als einen Monat betragen darf.

Der Anspruch auf die Vergütung ist Masseschuld, also vor den Konkursforderungen zu berichtigen (§ 50 Konk. O.), soweit die Vergütung für die Zeit nach Eröffnung des Konkursverfahrens geschuldet wird (§ 52 Nr. 2 das.)

Ebenso wie der Vergütungsanspruch ist der an die Stelle desselben tretende Entschädigungsanspruch zu behandeln. So hat z. B. der im Gebiet des preußischen Rechts drei Monate vor der Konkurseröffnung und einen Monat vor Ablauf seines Dienstvertrages ungerechtfertigt entlassene Gehülfe wegen seiner Schadensersatzbezüge für den restierenden Monat das Vorzugsrecht gemäß § 54 Konk. O.[3]) Denn der Grund dieser Gesetzesbestimmung, nämlich die Existenz des wirtschaftlich Schwachen zu stützen, bleibt im Falle der gedachten rein juristischen Umwandlung nach wie vor bestehen. Es könnte sonst entgegen dieser Absicht des Gesetzes der Fall eintreten, daß der Verkäufer des in Berlin domizilierten Hauptgeschäftes nur eine gewöhnliche Konkursforderung, der Verkäufer der in Frankfurt a. M. (wo gemeines Recht gilt) domizilierten Filiale eine bevorrechtigte Konkursforderung hat.

III. Die **Beschlagnahme** des Anspruchs auf die Vergütung im Wege der Pfändung sowie die **freiwillige Ver-**

---

[1]) Reichsger. v. 10. 11. 88. bei Gruchot 35 S. 120.

[2]) S. oben S. 56; anders d. Reichsger. v. 2. 2. 92. bei Gruchot 36 S. 999. O. Tr. in Strieth. Arch. 14 S. 222 ff., vgl. auch das. 1 S. 102 ff.

[3]) Anders K. G. v. 4. Dezember 95. bei Perl und Wreschner 96 S. 16/17.

fügung über diesen Anspruch sind gesetzlich nur unter gewissen Voraussetzungen gestattet, deren Vorhandensein eine zu vermutende Gewähr dafür bietet, daß durch Akte gedachter Art die wirtschaftliche Lage des Handlungsgehülfen nicht gefährdet wird.

Die Beschlagnahme des Vergütungsanspruches ist gemäß § 4 Nr. 2 und 3 des Bundesgesetzes vom 21. Juni 1869 und § 749 Abs. 1 Nr. 3 und Abs. 3 der R. C. P. O. schlechthin insoweit zulässig als es sich handelt

1. um die Beitreibung der direkten persönlichen Staatssteuern und Communalabgaben, sofern dieselben nicht länger als 3 Monate fällig geworden sind,
2. um die Beitreibung der auf gesetzlicher Vorschrift beruhenden Alimentationsansprüche der Familienmitglieder, zu denen übrigens die geschiedene Ehefrau nicht gehört (E. 3 S. 16). Für dauernde (s. unten) Dienstverhältnisse enthält § 749 Abs. 4 R. C. P. O. eine Sonderbestimmung.

Wegen aller anderen Forderungen ist eine Beschlagnahme schlechthin nur insoweit zulässig als die Vergütung den Betrag von 1500 Mark für das Jahr übersteigt und das Dienstverhältnis ein dauerndes ist. Als dauernd in diesem Sinne gilt das Dienstverhältnis, wenn es gesetzlich, vertrags- oder gewohnheitsmäßig auf mindestens ein Jahr bestimmt oder bei unbestimmter Dauer für die Auflösung eine Kündigungsfrist von mindestens drei Monaten einzuhalten ist (§ 4 cit. Nr. 4).

Liegt eine dieser Voraussetzungen nicht vor, so ist die Beschlagnahme erst dann zulässig, nachdem die Leistung der Dienste, für welche die zu pfändende Vergütung geschuldet wird, erfolgt, und nachdem der Tag, an welchem die Vergütung gesetzlich, vertrags- oder gewohnheitsmäßig zu entrichten war, abgelaufen ist, ohne daß der Handlungsgehülfe dieselbe eingefordert hat (§ 1 cit. Ges.). Danach darf auch das bereits an den Handlungsgehülfen gezahlte Gehalt am Tage der Auszahlung nicht gepfändet werden [1]), sondern frühestens am Tage darauf. Die gedachten Bestimmungen des § 1 cit. können nicht mit rechtlicher Wirkung durch Vertrag ausgeschlossen oder beschränkt werden (§ 2 Abs. 1 das.). Sie sind daher auch nicht verzichtbar. Ein ihnen entgegen erlassener gerichtlicher Pfändungs-Beschluß, welcher das gepfändete Gehalt zugleich dem Gläubiger zur Einziehung überweist, braucht vom Prinzipal nicht beachtet zu werden [2]), ja darf

[1]) O. L. G. Stuttgart v. 14. 7. 92 in Seuff. Arch. 49 Nr. 224.

[2]) Vgl. Entsch. d. L. G. I Berlin v. 96 u. d. Kammerger. v. 97 bei Perl und Wreschner 97 S. 72—74.

von demselben nicht beachtet werden, widrigenfalls er nochmals, und zwar an den Gehülfen, zahlen muß.

Soweit eine Beschlagnahme des Vergütungsanspruches unzulässig ist, ist auch jede Verfügung durch Cession, Anweisung, freiwillige Verpfändung oder durch ein anderes Rechtsgeschäft ohne rechtliche Wirkung (§ 2 Abs. 2 daselbst), nur daß diese Akte schon dann und insoweit schlechthin wirksam sind, als die Jahres-Vergütung 1200 Mark übersteigt (§ 4 Nr. 4 cit. Ges.). Wenn also z. B. der mit gesetzlicher Kündigung angestellte Gehülfe im Laufe des Monats sein am Ende desselben fälliges Gehalt cediert und der Prinzipal am ultimo Nachmittags um 6 Uhr das Gehalt, selbst mit nochmaliger ausdrücklicher Einwilligung des Gehülfen, an den Cessionar zahlt, so ist er trotzdem verpflichtet, es noch einmal an den Pfändungsgläubiger des Gehülfen zu zahlen, falls der Gläubiger nach Ablauf des Fälligkeitstages pfändet. Andererseits kann der Prinzipal, wenn der Gehülfe mit der Auszahlung an den Cessionar einverstanden bleibt, ja die Auszahlung nach Ablauf des Fälligkeitstages ausdrücklich anerkennt, trotzdem das gezahlte Gehalt von dem Cessionar wieder zurückverlangen. Denn die Nichtigkeit der Cession und der auf Grund derselben erfolgten Handlungen kann nicht nur von dem Handlungsgehülfen bezw. dessen Rechtsnachfolger, sondern von allen Beteiligten geltend gemacht, und ein nichtiges Rechtsgeschäft kann auch durch Anerkenntnis nicht geheilt werden. Um die Auszahlung in solchem Falle wirksam zu machen, bleibt nichts weiter übrig, als nach abgelaufenem Fälligkeitstage eine neue Cession abzuschließen und mit allen Beteiligten zu vereinbaren, daß die geschehene Auszahlung als auf die neue Cession erfolgt gelten solle.

Als Umgehung des Gesetzes würde ein Verfahren gelten und deshalb rechtsunwirksam sein, durch welches der Prinzipal die durch Abtretung erworbenen Forderungen dritter Personen gegen den Gehülfen auf dessen Vergütungsforderung verrechnen und in Abzug bringen wollte.[1])

Ebenso wie der Vergütungsanspruch sind der an die Stelle desselben tretende Entschädigungsanspruch[2]) und eine zur Gehaltsabfindung stipulierte Vergleichssumme zu behandeln.[3]) (vgl. oben S. 65)

---

[1]) Neukamp Anm. 2c zu § 115a Gew. O. Dernburg Pr. Privr. II § 109 Nr. 4.

[2]) vergl. oben sub II. — Anders L. G. I Berlin v. 15. 1. 91 bei Perl u. Wreschner 1891 S. 111.

[3]) Anders O. L. G. Hamburg v. 22. 1. 87 in Seuff. Arch. 42 Nr. 173.

§ 18. Die Pflicht zur Leistung einer Vergütung. Forsetzung. Der Anspruch des Handlungsgehülfen auf Provision.

I. Unter Provision versteht mau die Gewinnbeteiligung des Handlungsgehülfen an bestimmten Geschäften. (s. oben S. 54.)

II. **Gegenstand** der Provision. Die letztere besteht zuweilen in einem fest bestimmten Betrage, so z. B. wenn einem Reisenden der Beleuchtungsbranche 5 Pfg. Provision pro Brenner zugebilligt werden, meistens jedoch in Prozenten des Umsatzes des einzelnen Geschäfts.

III. **Welche Geschäfte sind provisionspflichtig?**

a. Mangels anderweiter Vereinbaruug versteht sich die Provision für alle Geschäfte, welche ohne die Thätigkeit des Handlungsgehülfen nicht abgeschlossen worden wären, also auch für diejenigen Geschäfte, auf welche der Handlungsgehülfe den Prinzipal nur hingewiesen oder welche er nur eingeleitet, aber nicht persönlich abgeschlossen hat. Provision ist daher zu zahlen für alle Nachbestellungen von Kunden, welche der Handlungsgehülfe zugeführt hat, selbst wenn er betreffs der Nachbestellungen eine Thätigkeit nicht entfaltet hat.[1]) Dies ist übrigens auch, wenn zwar nicht allgemeiner Handelsgebrauch,[2]) so doch Usance für einzelne Branchen[3]) uud für viele Plätze allgemeiner Geschäftsgebrauch, z. B für Berlin.[4]) Eine Auskunft der Berliner Aeltesten[5]) bezeugt einen diesbezüglichen Handelsgebrauch für die Agenten der Tuchbranche sogar für den Fall, wenn sich die nachbestellenden Kunden den Besuch des Agenten verbeten hatten. Dasselbe wird regelmäßig und allgemein auch für den Handlungsgehülfen gelten müssen; denn sein Provisions-

---

[1]) vergl. R. 16 S. 36—38, vergl. Bolze 3 Nr. 633. Für die Zeit vom 1. Januar 1900 kommt in Betracht, daß nach § 65 HGB. der § 89 HGB., welcher den obigen Satz des Textes für Agenten gesetzlich normiert, auf Gehülfen nicht erstreckt ist. Nach der Denkschrift S. 59 sollen dann die Umstände des Einzelfalles entscheiden. Im Zweifel wird für die obige Ansicht des Textes zu entscheiden sein.

[2]) so Aeltst. v. 6. Sept. 92 i. S. Schultz & Co./Mendelsohn 37 C. 537, 92 A. G. Berlin I, anders jedoch Aeltst. v. 18 Okt. 93 i. S. Gebr. Richter/Lorey 19 C. 1430, 91 A. G. Berlin I betreffs der Provisionsagenten und Provisionsreisenden.

[3]) Aeltst. i. S. Schultz & Co./Mendelsohn s. vor. Anm.

[4]) Aeltst. v. 20. Juni 94 i. S. Schlosser/Grünwald 21 C. 382, 94 A. G. Berlin I, vergl. v. 11. Sept. 94 i. S. Tramer/Cohn 10 C. 831, 94 A. G. Berlin I.

[5]) v. 22. April 1890 i. S. Wünsch/Heß O. 199, 89 H. K. 7 L. G. Berlin I.

recht erwächst aus dem bloßen Verdienst der Zuführung der Kunden.

Aus demselben Grunde wird der Handlungsgehülfe andererseits zwar Provision beanspruchen dürfen für *Geschäfte mit alten, von ihm bereits vorgefundenen Kunden,*[1]) aber nur insofern seine Thätigkeit dabei erheblich war, nicht also für Nachbestellungen dieser Kunden ohne jede Mitwirkung seinerseits, es müßte denn aus der Sachlage hervorgehen, daß auch derartige Nachbestellungen ohne seine frühere Thätigkeit nicht erfolgt wären.

b. Die Provision ist zu zahlen *für* alle *Geschäfte,* welche der Handlungsgehülfe zugeführt, eingeleitet oder abgeschlossen hat, *auch wenn sie erst nach Beendigung des Dienstverhältnisses endgültig acceptiert oder erfüllt sind.*[2]) Nachbestellungen bei denen der Handlungsgehülfe nicht mitgewirkt hat, werden dann noch provisionspflichtig sein, wenn sie bei ordnungsmäßigem Geschäftsgang noch während der Dauer des Dienstverhältnisses hätten acceptiert werden können. Denn das Recht des Handlungsgehülfen kann nicht von Launen oder Zufälligkeiten des Geschäftsgangs abhängen. — Eine weitere Zeitgrenze dagegen steht dem Handlungsgehülfen nicht zu. So verneinen z. B. die Aeltesten in einem zwar nur für den Provisionsreisenden abgegebenen, aber auf den angestellten Reisenden nicht minder anwendbaren Gutachten[3]) einen festen Handelsgebrauch dahin, daß einem Provisionsreisenden, der Saisonartikel verkauft, die Provisionen auch über die Zeit seines Engagements so lange zustehen als die Saison, in der er thätig war, dauert.

c. *Im Zweifel sind alle Arten der betreffenden Geschäftsgattung provisionspflichtig.* So hat z. B. der Provisionsverkäufer in einem Confectionsgeschäft en gros Anspruch auf Provision für die Partiewarenverkäufe.[4])

d. *Die Person des Kunden* ist gleichgültig. So ist z. B. Provision zu zahlen betreffs der für den Handlungsgehülfen

---

[1]) Gutachten d. Aeltst. v. 24. Januar 1896 i. S. Lewin/Naumann S. 11 95 C. K. 15 L. G. Berlin I.

[2]) So betreffs einer Provision vom gesamten Geschäfts-Umsatz d. Aeltst. v. 24. Mai 1890 i. S. Steinthal/Hamel 12 C. 477. 90 A. G. Berlin I., Bolze 6 Nr. 495, vgl. auch 1 Nr. 1000.

[3]) B. 29. März 1893 i. S. Abraham/Rosenbaum 46 C. 37. 92 A. G. Berlin I.

[4]) Aeltst. v. 18. Jan. 93 i. S. Joelsohn/Benedict U. 2817 92 VIII. K. G. Berlin.

selber bezogenen Waren, falls ihm dieselben zu dem üblichen Kundenpreise berechnet werden.[1])

e) Ob eine provisionspflichtige Ordre zu effectuieren ist, unterliegt allein dem Entschlusse des Prinzipals. Derselbe ist jedoch dem Gehülfen wegen der entgangenen Provision ersatzpflichtig, wenn er von der Effectuierung Abstand nimmt, lediglich um den Gehülfen um die Provision zu bringen, oder aber ohne einen Grund, der selbst einen äußerst vorsichtigen Kaufmann zur Abstandnahme zu bestimmen geeignet ist (vgl. §§ 65, 88 Abs. 2 HGB.). Das Gleiche gilt schlechthin bei einer Aenderung des Geschäftsbetriebes, durch welche dem Gehülfen der Anspruch auf Provision entzogen wird (Bolze 2 Nr. 944), z. B. wenn der Prinzipal in einer der Provinzen, welche zum Rayon eines Reisenden gehören, nicht mehr reisen läßt. Ebenmäßig ist der Prinzipal ersatzpflichtig, wenn lediglich durch seine Schuld das provisionspflichtige Geschäft rückgängig gemacht wird, z. B. der Kunde wegen Nicht-Innehaltung der Lieferungsfrist zurücktritt.

f) Die Provision ist Anteil am Geschäftsgewinn. Daher sind nicht provisionspflichtig diejenigen Geschäfte, deren Bezahlung seitens des Kunden ausbleibt (vgl. unten sub g) oder deren Anullierung im Interesse der ferneren Geschäftsverbindung wohl oder übel gutgeheißen werden muß[2]).

Die bereits gezahlte oder verrechnete Provision ist alsdann zurückzuzahlen. Für Berlin ist dies auch Handelsgebrauch[3]).

g) Die Provision ist für den Prinzipal ein Teil der Geschäftsspesen. Er berücksichtigt sie bei der Preisbemessung. Aus diesem Grunde muß die Provision dann fortfallen, wenn der Preis nur teilweise von dem Kunden beizutreiben ist[4]), oder wenn der Handlungsgehülfe unter der von dem Prinzipal vorgeschriebenen Preisgrenze abgeschlossen hat, oder wenn der Kunde nicht innerhalb der

---

[1]) Betreffs der Agenten und Provisionsreisenden als geschäftsüblich bezeugt v. Aeltst. v. 23. Dez. 92. i. S. Gebr. Richter/Lorey 20. C. 1430. 91. A. G. Berlin I.

[2]) Letzteres für die Textilbranche betreffs der Agenten und Provisionsreisenden als geschäftsüblich bezeugt v. Aeltst. v. 16. Dez. 92 i. S. Ascher-Lindenberg & Ascher U. 2327. 92 X K. G. Berlin.

[3]) Aeltest. v. 1. 6. 90 i. S. Philipp/Czarlinski 25. C. 2245. 89. A. G. Berlin I, u. v. 27. 3. 93 i. S. Asch/Glockner 20 C. 31. 93 A. G. Berlin I.

[4]) Ebenso Aeltst. v. 28. 2. 93 i. S. Pehlow/Schmeißer & Schulz 22. 2. 93 A. G. Wusterhausen betreffs der Agenten.

ihm bewilligten Frist zahlt[1]). In dem Falle des Verkaufes unter der vorgeschriebenen Preisgrenze billigt ein Gutachten der Aeltesten[2]) die Provision dem Reisenden dann zu, wenn der Prinzipal vor Genehmigung des Geschäfts nicht erklärt, daß die Provision fortfallen solle. Meist wird jedoch der Prinzipal gar nicht in die Lage kommen, das Geschäft noch zu genehmigen, da er in der Regel schon durch den Reisenden dem Kunden gegenüber verbunden wird.

In allen Fällen sind natürlich unerhebliche Abweichungen, also geringfügiger Ausfall, unbedeutende Unterschreitung des Preislimits und ganz kurzer Zahlungsverzug des Kunden dem Provisionsanspruch unschädlich. Ebenso ist derselbe gegeben, wenn einer der gedachten Fälle durch Verschulden des Prinzipals eingetreten ist, z. B. durch unnötige Verlängerung des Zahlungsziels[3]).

IV. **Von welchen Beträgen ist Provision zu zahlen?**

Nur von den eingegangenen, nicht von den abgesetzten Beträgen[4]), also auch nicht von den auf Retourwaren entfallenden. Ferner, da die Provision Gewinnanteil ist, nur von den nach Abzug des dem Kunden zu gewährenden Rabatts oder Scontos sich ergebenden Beträgen. Dies wird auch von den Berliner Aeltesten als allgemeiner Handelsbrauch bezeugt[5]). Endlich, was ebenfalls aus der Natur der Provision als eines Gewinn-Anteils folgt, ist für letztere nur der sich nach Abzug der besonderen Spesen, z. B. der Kosten für Zuwägung und Fracht, ergebende Netto-Betrag heranzuziehen. Dies bezieht sich jedoch nur auf die besonderen Spesen, d. h. diejenigen, welche nach kaufmännischer Anschauung bei der Preisfestsetzung in Rechnung

[1]) Aeltst. v. 2. März 92 i. S. Behmack/Kron & Behmack 18 C 2935, 91 A. G. Berlin I.

[2]) v. 23. Sept. 95 i. S. Goldschmidt/Altertum u. Joski U. 2855. 93 VIII K. G. Berlin.

[3]) Aeltst. i. S. Pehlow/Schmeißer & Schulz s. oben S. 70 Anm. 4, und betreffs der Agenten i. S. Fischer/Gottlob 20 C. 685.96 A. G. Berlin I v. 19. Nov. 96.

[4]) Aeltst. i. S. Ascher/Lindenberg s. oben S. 70 Anm. 12.

[5]) Gutachten i. S. Meineber/Trister S. 377.93 C. K. 5 L. G. Berlin I (18 C. 617.93 A. G. Berlin I); insbesondere als Berliner Usance bekundet in einem Gutachten von 1889 bei Perl und Wreschner 90 S. 14; speziell als Berliner Usance für die Jupon- und Schürzenbranche bezeugt von den Aeltst. v. 19. Sept. 95 i. S. Schimonski/Kaiser 30 C. 687 A. G. Berlin I; betreffs der Agenten und Provisionsreisenden begutachtet für die Textilbranche von den Aeltst. vom 16. Dezbr. 92 i. S. Ascher/Lindenberg & Ascher U. 2327.92 X. K. G. Berlin.

gezogen werden, also z. B. nicht auf Porti und Depeschenkosten [1]).

Eine Umsatz-Provision ist, wie der Name besagt, vom Brutto-Betrage zu berechnen. Retourwaren kommen also dabei nicht in Abzug.

V. **Wann ist die Provision fällig?**

a. Nicht vor Eingang des vollen Facturen-Betrages, also nicht schon nach erfolgter Vermittelung oder Abschließung des Geschäfts. Die Begründung hierfür siehe oben unter III e, f u. g (vgl. § 88 Abs. 1 und § 65 HGB.). Dieser Satz ist von den Berliner Aeltesten als Berliner Usance bezeugt worden für die Jupon- und Schürzenbranche[2]) sowie für die Bonbon-Branche,[3]) ferner als allgemeiner Handelsgebrauch für Stadtreisende und zwar auch für den Fall, wenn quartalsweise Abzahlung vereinbart ist und die den Käufern eingeräumten Creditfristen sich über den Ablauf des Quartals hinauserstrecken,[4]) endlich als allgemeine geschäftliche Usance für Reisende in Bezug auf den speziellen Fall, daß der Kunde sich Abzüge macht.[5]) Unerhebliche Rückstände des Fakturenbetrages sind natürlich auch hier unbeachtlich.

Es ist nicht erforderlich, daß sich der Eingang der Facturenbeträge in den Zahlungsmitteln der gesetzlichen Währung, d. i. in barem Gelde, oder in den im allgemeinen Verkehr ihnen gleichstehenden Zahlungsmitteln, wie z. B. Reichsbanknoten, vollzieht, sondern es genügt Eingang in geschäftlichen Zahlungsmitteln, wie z. B. in Checks oder nach einem allgemeinen Handelsgebrauch der Textilbranche in geschäftsüblichen Wechseln.[6])

b. Zur Fälligkeit der Provision muß außer dem Eingang des Facturenbetrages, noch der übliche Zeitpunkt der Provisionsabrechnung hinzukommen. Dieselbe erfolgt geschäfts-

---

[1]) Ebenso Aelteste i. S. Ascher/Lindenberg & Ascher s. vorige Anm.

[2]) i. S. Schimonski/Kaiser s. oben S. 71 Anm. 5.

[3]) v. 3. Juni 96. i. S. 47 C. 439. 96 A. G. Berlin I, ferner begutachtet v. Aelst. v. 22. Mai 90 i. S. Reutner/Krieger & Co. 17 C. 67. 90. A. G. Berlin I.

[4]) i. S. Westendorf/Friedländer VIII. U. 776 94 K. G. Berlin vom 8. Nov. 95.

[5]) v. 2. Nov. 92. i. S. Grünwald/Erfurth O. 263 92 H. K. 4 L. G. Berlin I; dieser Usance liege, so führen die Aelst. aus, die Anschauung zu Grunde, daß der Reisende auch über die Bonität der Kundschaft zu wachen habe. Auch ohne diese Anschauung gelangt man infolge der Natur der Provision als Anteils an Gewinn und den Geschäftsspesen zu dem gleichen Ergebnis.

[6]) Aeltst. in S. Fischer/Gottlob (oben S. 71 Anm 3.)

üblich halb- oder vierteljährlich,[1]) bei Reisenden der Textilbranche halbjährlich oder jährlich.[2])

Im Zweifel wird zu Gunsten des Handlungsgehülfen für die kürzere Frist zu entscheiden sein. Die Abrechnung erfolgt nach Abschluß der Kundenkonten, d. i. innerhalb der ersten zwei Monate nach dem betreffenden Quartals-, Semestral- oder Jahresabschluß.[3]) So lange muß der Handlungsgehülfe auch bei früherer Beendigung des Dienstverhältnisses warten. Bei Auflösung des Geschäfts ist die Provision alsbald innerhalb angemessener Zeit zu berechnen.

VI. **Wie wird die Provision festgestellt?**

Durch einen Provisionsauszug, den der Prinzipal über die in Frage kommenden provisionspflichtigen Geschäfte aufmachen muß. Der Auszug hat die Retourwaren und sonstigen Abzüge zu enthalten. Bei einzelnen Beanstandungen ist der Prinzipal verpflichtet, den Handlungsgehülfen durch Vorlegung der betreffenden Konten zu informieren. Zu einer weiteren Vorlegung der Handlungsbücher, insbesondere zur Vorweisung der Bilanz, ist er nicht verpflichtet.[4])

VII. **Ausnahmen von den Grundsätzen ad I bis VI** treten bei besonderen Arten der Handlungsgehülfen ein. So z. B. bei dem Konfektionär, dessen Thätigkeit mit der Herstellung der konfektionierten Arbeit beendet ist, und der mit dem Verkaufe derselben nichts zu thun hat. Dieser Umstand rechtfertigt folgende Grundsätze, welche die Berliner Aeltesten[5]) als allgemein üblich hinstellen: Die Provision eines Konfektionärs, welche bestimmte Prozente (in casu $1/2$ %) vom Umsatze der von ihm konfektionierten Mäntel beträgt, wird am Schlusse des Geschäftsjahres festgestellt. Bei Aufhebung des Vertragsverhältnisses oder Auflösung des Geschäftes ist aber die Provision sofort fällig und deshalb alsbald festzustellen. Die Provision hat der Konfektionär von den Brutto-Verkäufen zu fordern und zwar ohne Abzug der Beträge, welche nicht eingehen, sondern durch Konkurs, fruchtlose Exekution oder sonst fortfallen.

---

[1]) Aeltst. v. 2. 3. 92. i. S. Behmack/Krone & Behmack 18 C. 2935. 91. A. G. Berlin I, vom 1. Januar 1900 ab jährlich nach §§ 65, 88 Abs. 4 HGB.

[2]) Aeltst. v. 10. 6. 96. i. S. Reisner/Dienstag & Wolff 12. C. 1693. 95 A. G. Berlin I.

[3]) Aeltst. in S. Reisner/Dienstag & Wolff s. vor. Anm.

[4]) ebenso Aeltst. in Reisner/Dienstag & Wolff s. vorvorige Anm.

[5]) v. 10. 7. 90 i. S. Wolff/Marbach U. 714, 90 VIII. K. G. Berlin.

§ 19. Die Pflicht zur Leistung einer Vergütung. Schluß. Der Anspruch des Handlungsgehülfen auf Tantieme.

I. Tantieme sind die Prozente, welche der Handlungsgehülfe von dem nach der Jahresbilanz sich ergebenden Reingewinn des Gesamtgeschäftes oder eines Teiles desselben erhält. Der tantiemeberechtigte Handlungsgehülfe wird auch commis intéressé genannt.

II. Die Tantieme ist Teil des durch den Geschäftsbetrieb erzielten Reingewinnes, daher nicht zu beanspruchen von dem durch Veräußerung des Geschäftes selber erzielten Gewinn (Bolze 10 Nr. 428). Sie ist Anteil am Jahresreingewinn, daher nicht zu mindern durch Berücksichtigung von Verlusten früherer Geschäftsjahre und nicht zurückzuzahlen bei Verlusten späterer Geschäftsjahre (R. 6 S. 28). Die Tantieme ist Anteil am bilanzmäßigen Reingewinn, fällt demnach z. B. fort, wenn der nach Abzug aller Geschäftsunkosten sich ergebende Reingewinn durch den Betrag von uneinbringlichen Außenständen des betreffenden Geschäftsjahres überschritten wird (vgl. Art. 31 Abs. 2 HGB.). Die Tantieme ist endlich Dienstvergütung, daher im Falle, daß das Dienstverhältnis während des Geschäftsjahres gelöst wird, auch und nur für die abgearbeitete Zeit anteilig zu zahlen, und zwar gleichgültig, von welcher Seite die Lösung ausgegangen, und ob sie mit Recht oder Unrecht erfolgt ist.

III. Das Recht auf Tantieme, selbst wenn letztere einen erheblichen Prozentsatz beträgt, macht den Angestellten in keiner Hinsicht zum Socius, auch nicht zum stillen Socius des Prinzipals, und zwar nicht einmal partiell betreffs des Gewinn-Beteiligungsverhältnisses. Die letzteres behauptende Entscheidung des Reichsoberhandelsgerichts (R. 17 S. 276) ist unrichtig. Der commis intéressé ist hinsichtlich seiner Gewinnbeteiligung nur Gläubiger des Prinzipals. Deshalb hat er auch die gesetzlichen Rücksichten eines Socius nicht zu nehmen. Er kann z. B. im preußischen Rechtsgebiet, was er dort als Socius nicht könnte (§ 265 A. L. R. I, 17), auf Auszahlung der Tantieme bestehen, selbst wenn eine solche Auszahlung die Zerrüttung des Geschäftes herbeiführen muß. — Die Gewinnberechnung erfolgt dagegen naturgemäß nach den Grundsätzen der Societät[1]).

---

[1]) In diesem Sinne wird die angefochtene Entscheidung des R. 17 S. 276 aufgefaßt von Gareis & Fuchsberger S. 171 Anm. 115 b zu Art. 59 HGB. und anscheinend von Staub § 8 zu Art 57 HGB. — Gegen die qu. Entscheidung Behrend § 45 Anm. 19, Wendt bei Endemann S. 253, für dieselbe Hahn, 4. Aufl. S. 308 Anm. 9.

In der Regel kommt die Tautieme neben festem Gehalt vor. Jedoch wird der commis intéressé, welcher kein festes Gehalt, sondern nur Tantieme bezieht, selbst hierdurch nicht zu einem stillen Gesellschafter, der nämlich als Einlagekapital seine Dienste einwirft. Denn auch in diesem Falle bleibt das Anstellungsverhältnis, welches ihn zum bloßen Handlungsgehülfen stempelt, unberührt. Im Zweifel ist ein solches Verhältnis zu vermuten (s. oben S. 16).

Nach alledem bleibt der Prinzipal dem commis intéressé gegenüber stets der alleinige Herr und Leiter des Geschäftes. Ueber die Führung desselben ist er dem Gehülfen weder Rechenschaft noch Auskunft schuldig (R. 17 S. 276). Er ist berechtigt, neue Socien aufzunehmen oder anderen Personen, z. B. Darlehnsgebern, Vorwegentnahme ihrer Zinsen aus dem Geschäfts-Gewinn einzuräumen und dadurch die Tantiemen des commis intéressé zu mindern, ja er ist sogar berechtigt, das Geschäft zu veräußern (Bolze 10 Nr. 430).

Wie der Gehülfe kein Recht hat, Ausstellungen gegen die Geschäftsführung zu erheben (R. 1 S. 197), so hat er auch kein Recht, wegen der von dem Prinzipal verschuldeten Geschäftsverluste Schadensersatz in Höhe der ihm dadurch entgangenen Tantieme zu fordern. Nur dolus des Prinzipals gewährt ihm einen solchen Anspruch. Außerdem wird er bei dolus sowie auch in erheblichen Fällen grober Verschuldung des Prinzipals, namentlich bei öfterer Wiederholung, unter Umständen befugt sein, sofort aus dem Dienst zu scheiden, besonders wenn die Tantieme einen beträchtlichen Teil seiner gesamten Vergütung ausmacht.

Da der Gehülfe durch die Tantieme nicht Sozius wird, so ist er nicht berechtigt, sich jederzeit von den Angelegenheiten des Geschäfts zu unterrichten und jederzeit die Bücher und Papiere des Geschäfts einzusehen (vgl. § 716 Abs. 1 BGB.). Er ist nur berechtigt, zur Zeit der Fälligkeit die Feststellung seines Tantieme-Anspruches und die Gestattung buchmäßiger Nachprüfung derselben zu verlangen. Zu diesem Zwecke hat der Prinzipal dem Gehülfen die Einsicht der Bilanz und der Geschäftsbücher, einschließlich der Inventuren und Papiere, zu gestatten, über Unklarheiten oder Widersprüche Auskunft zu erteilen, und, wenigstens nach preußischem Recht, die Richtigkeit der Bilanz eidlich zu bekräftigen [1]) alles dies natürlich nur betreffs derjenigen Zeit und desjenigen Geschäftsteiles, rücksichtlich deren

[1]) § 28 A. G. O. I, 22, § 28. — Anders, allerdings ohne Angabe des in Frage kommenden Rechtsgebiets, Bolze 4 Nr. 677.

die Tantieme zu beanspruchen ist. — Dagegen ist der Gehülfe nicht berechtigt, die Vorweisung der Beläge über die einzelnen Posten der Bücher und der Bilanz zu verlangen, ebensowenig die Vorlegung der Bücher zwecks eigener Berechnung der Tantieme (R. 17 S. 276 und Bolze 4 Nr. 677). Nicht einmal Abschriften der Bilanz oder der Geschäftsbücher braucht ihm der Prinzipal zu erteilen, ja selbst nicht die eigene Anfertigung solcher oder auch nur einzelner Notizen zu gestatten [1]); denn derartige Rechte hat nicht einmal der stille Gesellschafter (vgl. Art. 253 HGB.). Nur ausnahmsweise, z. B. bei vorgefundenen Unordnungen oder besonderem Umfange des Geschäfts, müssen dem commis intéressé aus Billigkeit Notizen in angemessener Ausdehnung erlaubt werden. (R. 1 S. 195 ff.).

Da ihm Ausstellungen wider die Geschäftsführung selber versagt sind, so erstreckt sich sein Recht auf Prüfung und Auskunft lediglich auf die Uebereinstimmung der Bilanz mit den Geschäftsbüchern, wobei er aber nicht auf die Fälle der Unredlichkeit oder des groben Verschuldens des Prinzipals beschränkt bleibt, wie das Reichsoberhandelsgericht (R. 1 S. 195) irrtümlich annimmt.

Alle diese Ansprüche des tantiemeberechtigten Gehülfen gehen durch vertragswidriges Verhalten desselben, z. B. unberechtigten Austritt aus dem Geschäft, ebensowenig verloren, wie der Vergütungs-Anspruch überhaupt dadurch verloren geht (R. 17 S. 276). Der Anspruch auf Vorlegung der Bücher ist rein persönlicher Natur und deshalb nicht abtretbar [2]); dasselbe gilt von den Ansprüchen auf Vorlegung der Bilanz.

IV. Der Anspruch auf die Tantieme als eines Anteils am Jahresreingewinn wird erst fällig nach Aufstellung der Bilanz. Letztere ist in angemessener Frist nach Ablauf des Geschäftsjahres aufzumachen. Hieran wird nichts dadurch geändert, daß der Gehülfe im Laufe des Geschäftsjahres entlassen wird. Er muß dann mit seinen Ansprüchen, einschließlich desjenigen auf Vorlegung der Bilanz, bis zum Ablauf des Jahres warten [3]). Denn vorher entscheidet es sich nicht, ob überhaupt ein Jahresreingewinn und welcher eventuell entstanden ist.

V. Da die Tantieme den Charakter des Gehalts hat, so unterliegt sie der für letzteres maßgebenden kurzen Verjährung (s. oben S. 64).

---

[1]) R. 1 S. 195—198. Anders betreffs der Entnahme von Notizen Gareis und Fuchsberger S. 171 Anm. 116.

[2]) Reichsger. v. 7. Dezbr. 96 i. d. J. W. 97 S. 57.

[3]) L. G. Berlin II v. 17. 9. 88 bei Perl und Wreschner 1890 S. 13.

§ 20. Verpflichtung zur Tragung der Dienstspesen, insbesondere der Reisespesen.

Der Prinzipal nimmt die Dienste des Handlungsgehülfen in Entreprise, nicht dieser die Erreichung bestimmter geschäftlicher Zwecke, zu denen er seine Dienste anbietet. Daraus folgt, daß alle Auslagen, welche die Leistung der letzteren mit sich bringt, vom Prinzipal getragen werden müssen.

A. Von diesen Auslagen kommen für die Praxis in erster Linie die **Spesen des Reisenden** in Betracht.

I. Dieselben erscheinen hauptsächlich in zweifacher Art: als feste Spesen und als sog. Vertrauensspesen. Erstere werden auf einen bestimmten Satz normiert, z. B. auf 18 Mark täglich, während die Bemessung der letzteren der Gewissenhaftigkeit des Reisenden anvertraut wird.

Bei festen Spesen trägt der Reisende das Risiko des Mehrverbrauchs Was er erspart, ist sein Gewinn.[1]) Bei außergewöhnlichen Umständen, die nicht vorherzusehen sind, haftet der Prinzipal auch über den fixierten Spesensatz (vergl. Bolze 13 Nr. 392), z. B. wenn der Reisende in Folge eines Eisenbahnunglücks einen teuren Wagen nehmen muß. Ueber die stattgehabte Verwendung braucht er weder Auskunft zu geben noch Rechnung zu legen.

Eine Pflicht zur Rechnungslegung, d. h. zur Vorweisung der Beläge, ist auch bei Vertrauensspesen nicht anzuerkennen; denn in dem Verzicht auf Rechnungslegung besteht gerade das gewährte Vertrauen. Wohl aber ist der Reisende verbunden zu einer wenn auch nicht detaillierten, so doch allgemeinen Angabe der verwendeten Beträge[2]); denn dem Prinzipal muß es möglich gemacht werden, zu beurteilen ob und inwieweit sein Vertrauen gerechtfertigt oder getäuscht worden ist. Kann er darthun, daß der Reisende übermäßig viel gebraucht hat oder nicht so viel als angegeben worden, so hat er einen Anspruch auf entsprechende Rückerstattung bezw. keine Verpflichtung zur Erstattung des Zuviel. Denn an den Vertrauensspesen soll der Reisende nichts verdienen.

---

[1]) Für Weinreisende begutachten das Gegenteil als gesetzlich und üblich die Aeltst. v. 11. 7. 94 i. S. Prietzel/Gebr. Mannigel IV C. 380, 94 A. G. Grünberg, mit dem Bemerken, daß Weinreisende verpflichtet seien, die Reisespesen in ihrer ganzen Höhe zu verausgaben. — Das wäre ein handelsgebräuchlicher Zechzwang! Gemeint ist wohl, daß der Reisende das nicht Verbrauchte zurückerstatten muß.

[2]) Aeltst. v. 28. 5. 94 i. S. Huchedai/Hohenstein & Lange 27 C. 332, 94 A. G. I Berlin, O. L. Dresden 1887 in G. Z. 34 S. 571.

Wenn gar nichts über die Spesen vereinbart worden, so müßte der Reisende eigentlich jede einzelne, auch die kleinste Auslage angeben und belegen. Das kann man ihm billigerweise nicht zumuten. Es ist nicht zu verlangen, daß sich der Reisende jedes Pferdebahn-Billet aufschreibt und aufbewahrt. Deshalb fordert die Praxis auch hier Specification nicht der Kleinigkeiten, sondern nur im großen und ganzen und billigt betreffs geringfügiger Posten ohne weiteres einen angemessenen Pauschal-Betrag zu. [1])

II. Die Spesen sind vom Prinzipal voraus zu bezahlen, wenn auch nicht vor Beginn der Reise für die ganze Zeit der letzteren, so doch mindestens jedesmal für einige Tage bezw. eine Woche. Letzteres ist auch allgemein üblich.[2]) Auch ist es ordnungsmäßig, daß der Reisende auf der Reise die Spesen, zu deren Ausgabe er berechtigt ist, aus den von ihm eingezogenen Geldern entnimmt, anstatt sich von seiner Firma den Betrag schicken zu lassen.[3])

III. Natürlich kann der Reisende, der nicht mit festen Spesen zu rechnen hat, nur angemessene Auslagen ersetzt verlangen. Champagner, den er auf Kosten seines Chefs zu trinken vermeint, würde er — bis auf glückliche Ausnahmefälle — selber bezahlen müssen. Erster Klasse in der Eisenbahn fahren darf er ebenfalls nur auf eigene Rechnung. Dagegen ist es allgemein üblich, daß Reisende größerer und selbst mittlerer Häuser zweiter Klasse fahren, namentlich bei größeren Touren[4]). Ob bei der Zumuthung, dritter Klasse zu fahren, der Reisende die Reise überhaupt ablehnen kann, darüber hat sich ein Handelsgebrauch nicht gebildet[5]). Reisende kleiner Häuser werden für kurze Tagesstrecken eine derartige Zumutung des Prinzipals jedenfalls nicht ablehnen dürfen.

IV. Der Prinzipal hat nur diejenigen Auslagen zu tragen, die geschäftsüblich sind. Im einzelnen lassen sich aus der Praxis folgende Fragen beantworten:

1. Ist in den festen Spesen die Gepäckfracht inbegriffen?

---

[1]) s. R. 19 S. 9; Bolze 11 Nr. 332, Aeltst. v. 30. 10. 88. i. S. Schulze & Co./Loewenstein VIII U. 591. 88. K. G. Berlin für die Herrenkleiderstoffbranche.

[2]) Aeltst. v. 26. 3. 95. i. S. Joergens/Hohmann 7 C. 2589. 94. A. G. Berlin I.

[3]) Aeltst. v. 4. 2. 96. i. S. Danz/Guillemot 22 C. 1567. 95. A. G. Berlin I.

[4]) Für die Textilbranche bezeugt von Aeltest. v. 3. Dez. 91 i. S. Cronegk-Clemke V. C. 1229. 90 A. G. Liegnitz.

[5]) Aeltest. a. a. O.

Diese Frage ist zu bejahen. Insbesondere sind die Musterkoffer dem Prinzipal franco mitzubringen oder zurückzuschicken[1]).

2. Für welche Reisen sind Spesen zu zahlen?

a) Auch für eine Probe-Tour.[2])

b) Nicht für diejenigen Reisen, welche der außerhalb des Geschäftsortes wohnende Reisende dienstlich nach dem Geschäftsort machen muß, z. B. für die Antrittsreise[3]) oder für eine Reise behufs Fertigstellung der Muster-Collection. In manchen Branchen, z. B. in der Textilbranche[4]), ist das Gegenteil Usance für den Fall, daß der Reisende kontraktmäßig außerhalb wohnt.

In den Fällen, in welchen der Prinzipal die Reisespesen nicht zu tragen braucht, fallen ihm auch nicht die Mehrkosten zur Last, die der Reisende durch seinen Aufenthalt am Geschäftsort hat.

3. Für welche Reisetage sind Spesen zu zahlen?

a. Auch für diejenigen Tage, die nicht zu Reisediensten verwandt werden können, z. B. für Sonntage, an denen die Kundschaft nicht besucht werden kann und auch die Weiterreise nicht angetreten zu werden braucht[5]).

b) Auch für die Tage des Antritts der Reise und der Rückkehr von derselben, selbst wenn Anfangstag und Endtag nur teilweise ausgenutzt sind, der Reisende z. B. erst 4 Uhr Nachmittags abfährt oder schon um 12 Uhr Mittag zurückkommt[6]).

---

[1]) Nach dem Gutachten d. Aeltest. v. 15. 6. 97 i. S. Levenstein & Heßberger O. 327. 96 H. K. 8 L. G. Berlin I besteht für Berlin ein derartiger Handelsgebrauch nicht.

[2]) Anders Aeltst. v. 6. 3. 94 i. S. Höfle/Sachs O. 241. 93. H. K. 5 L. G. Berlin I.

[3]) Für Berlin besteht auch eine diesbezügliche Usance nicht. Aeltst. v. 10. 4. 89 i. S. Lefrane & Co./Bock O. 45 89 H. K. 3 L. G. Berlin I.

[4]) Aeltst v. 29. 11. 92 i. S. Lothré/Ellering & Zach C. 264. 91. Sächs. A. G. Caeswig.

[5]) Vgl. Aeltst. v. 5. 11. 96 i. S. Schnur-Zeitner 29 C. 936.96 A. G. Berlin I u. v. 13. 5. 97 i. S. Samter-Hartung 24 C. 1416.96 A. G. Berlin I, wonach sich auch ein entgegenstehender Handelsgebrauch selbst für verheiratete Reisende, die am Sonntag nach Hause fahren, nicht gebildet hat.

[6]) Für den Antrittstag: Aeltst. v. 11. 11. 91 i. S. Krotoschin-Kohn 17 C. 1658.91 A. G. Berlin I, vom 5. 7. 94 i. S. Stensch-Wolffenstein 74 C. 347.94 A. G. Berlin I und v. 13. 9. 94 i. S. Walter-Körner 34 C. 681.94 A. G. Berlin I, nach welchen drei Gutachten sogar eine allgemeine diesbezügliche Usance besteht; ferner Gutachten v. 24. 10. 96 an den Verband reisender Kaufleute Deutschlands, wonach ein diesbezüglicher Handelsgebrauch allerdings nicht bekannt ist.

Für den Rückkehrtag: Das cit. Gutachten i. S. Stensch-Wolffenstein und ein ferneres v. 20. 2. 94 i. S. Petermann-Müller 38 C. 1552.92 A. G. Berlin I sogar für den Fall, daß der Reisende nach einer Nachtfahrt 5 Uhr Morgens zurückkommt.

B. Dem **Stadtreisenden** werden in der Regel keine Reisespesen vergütet. Nur in dem Falle, daß er Restaurationskundschaft besucht, werden ihm Vertrauensspesen gewährt, und für Fahrten nach Vororten werden ihm die Fahrgelder vergütet[1]).

C. Wegen der Frage, ob der Prinzipal, welcher den Reisenden nicht reisen läßt, diesem einen Teil der Reisespesen ersetzen muß (s. oben S. 57/8).

§ 21. Verpflichtungen gegen die Persönlichkeit des Handlungsgehülfen.

I. Wie der Gehülfe gegen den Prinzipal ein ehrerbietiges, so hat der letztere gegen den Gehülfen ein anständiges Betragen zu beobachten. Nicht nur Thätlichkeiten, und seien sie noch so leicht, Ehrverletzungen und unsittliche Zumutungen sind dem Prinzipal verwehrt, sondern auch Unschicklicheiten, ja bloße Unangemessenheiten. Die Rücksichtnahme auf den Gehülfen wird um so strenger geübt werden müssen, je älter derselbe oder je gewichtiger seine Stellung ist. Zur angemessenen Behandlung gehört es auch, daß der Prinzipal den Gehülfen gegen solche Handlungen seiner anderen Angestellten oder seiner Familienangehörigen schützt, die ihm selber nicht erlaubt sein würden (vergl. § 71 Nr. 4 HGB.). Die Verletzung dieser Pflichten berechtigt den Gehülfen zu angemessener Abwehr, wozu auch die Klage auf künftige Unterlassung gehört, zum Anspruch auf Ersatz eines etwa entstandenen Schadens, z. B. der Kosten für ein ärztliches Attest, unter Umständen zum sofortigen Austritt (s. unten § 29 sub A. IV) und endlich im Falle von Beleidigungen oder Thätlichkeiten zur Strafverfolgung. Alle diese Rechte können nebeneinander ausgeübt werden, die Befugnis zum Rücktritt vom Vertrage natürlich nicht neben der Klage auf künftige Unterlassung.

II. Bei dem Geschäftsbetriebe hat der Prinzipal Fürsorge für die Gesundheit des Handlungsgehülfen und Rücksicht auf dessen Persönlichkeit zu nehmen. Die diesbezüglichen Vorschriften des neuen HGB., welche im alten fehlen, sind den §§ 120, 120a Gew. O. und dem § 618 BGB. nachgebildet.

1) Es sind folgende: Der Prinzipal ist nach § 62 Abs. 1 des neuen HGB. verpflichtet, die Geschäftsräume und die für den Geschäftsbetrieb bestimmten Vorrichtungen und Gerätschaften so einzurichten und zu unterhalten, auch den Geschäfts-

[1]) Aeltst. v. 13. 12. 93 i. S. Kulow/Hufnagel 29. C. 643.93 A. G. Berlin I. Anders betreffs der Fahrgelder v. 26. 12. 88 i. S. Frank/Baldenius Söhne 2 C. 853.88 A. G. Berlin I.

betrieb und die Arbeitszeit so zu regeln, daß der Handlungsgehülfe gegen eine Gefährdung seiner Gesundheit, so weit die Natur des Betriebes es gestattet, geschützt und die Aufrechterhaltung der guten Sitten und des Anstandes gesichert ist. Zu den gesundheitlichen Einrichtungen, für welche der Prinzipal zu sorgen hat, gehört auch die Gewährung der vielbesprochenen Sitzgelegenheit für den Gehülfen (Kom. S. 25), insbesondere für den Verkäufer während der Zeit, in der er nicht verkauft. Die Verpflichtung zum gesundheitlichen Schutz findet eine Schranke an der Natur des Betriebes; man denke z. B. an Droguengeschäfte, Cigarrenläden und Trockenböden (Kom. S. 24).

Ist der Handlungsgehülfe in die häusliche Gemeinschaft aufgenommen, so hat der Prinzipal in Ansehung des Wohn- und Schlafraumes, der Verpflegung sowie der Arbeits- und Erholungszeit diejenigen Einrichtungen und Anordnungen zu treffen, welche mit Rücksicht auf die Gesundheit, die Sittlichkeit und die Religion des Handlungsgehülfen erforderlich sind. (§ 62 Abs. 2 des neuen HGB.)

2. Die nach Nr. 1 dem Prinzipal obliegenden Verpflichtungen können nicht im voraus durch Vertrag aufgehoben oder beschränkt werden (§ 62 Abs. 4 HGB.). Nachträglicher Verzicht auf Schadensersatz oder auf ähnliche Ansprüche aus der Vergangenheit ist zulässig. (Denkschr. S. 57.)

3. Erfüllt der Prinzipal seine diesbezüglichen Verpflichtungen trotz Aufforderung seitens des Gehülfen nicht, so hat der letztere das Recht, sofort aus dem Geschäft auszutreten. (§ 71 Nr. 3 HGB.) Auch ohne diesbezügliche Aufforderung ist er befugt, den Prinzipal auf Erfüllung zu verklagen, in welchem Falle natürlich das Rücktrittsrecht fortfällt, fernerhin auf Schadensersatz. Strafbar macht sich der Prinzipal, falls sein Verhalten nicht unter sonstige Strafgesetze fällt, nicht.[1]) Auf die Verpflichtung des Prinzipals zum Schadensersatz finden die für unerlaubte Handlungen geltenden Vorschriften der §§ 842—46 BGB. entsprechende Anwendung. Insoweit treten diese Paragraphen des BGB. sowie die in ihnen in Bezug genommenen §§ 760 und 254 und endlich der in § 254 angezogene § 278 bereits am 1. Januar 1898 in Kraft, während das BGB. im übrigen erst am 1. Januar 1900 zur Geltung kommt. Hervorzuheben ist, daß im Falle der Aufhebung oder Verminderung der Erwerbsthätigkeit des Gehülfen letzterer eine Rente oder eine Kapitalsabfindung beanspruchen kann, und daß dieser Anspruch

[1]) Anders bei Lehrlingen nach § 82 Abs. 1 HGB.

nicht dadurch ausgeschlossen wird, daß ein anderer dem Gehülfen Unterhalt zu gewähren hat (§ 843 BGB.). Als Unterhalt in diesem Sinne wird auch alles dasjenige gelten müssen, was der Gehülfe aus gesetzlicher oder freiwilliger Unfallversicherung erhält. Im Falle der Tötung des Gehülfen muß der Prinzipal den alimentationsberechtigten Hinterbliebenen desselben eine entsprechende Geldrente zahlen. (§ 844 BGB.) Nur die genannten Paragraphen des BGB. treten vorzeitig in Kraft. Die in ihnen nicht behandelten Fragen werden nach bisherigem Recht beurteilt, so z. B. die der Verjährung, betreffs welcher § 852 BGB gerade für den Fall der §§ 842—846 eine dreijährige Frist bestimmt, während die meisten bisherigen deutschen Rechte gewöhnlich eine Verjährung von 30 Jahren vorschreiben.

§ 22 **Verpflichtung zur Ausstellung eines Zeugnisses. Auskunfts-Erteilung.**

I. Ein allgemeines deutsches Handelsgewohnheitsrecht oder eine allgemeine deutsche Handelssitte des Inhalts, daß der Prinzipal verpflichtet ist, dem Handlungsgehülfen nach Auflösung des Dienstvertrages ein **Zeugnis** nicht nur über Art und Dauer der Beschäftigung, sondern auch über Leistungen und Führung auszustellen, ist nicht nachweisbar (E. 36 S. 71). Jedoch kann nach den Ortsgebräuchen vieler deutscher Handelsplätze, z. B. Berlins [1]), der Handlungsgehülfe nach Beendigung des Dienstverhältnisses ein schriftliches *Zeugnis über die Art und Dauer seiner Beschäftigung* fordern, und auf sein Verlangen, *aber nicht gegen seinen Willen* ist das Zeugnis *auch auf die Führung und Leistungen auszudehnen*.

Dieser Rechtszustand ist durch § 73 Abs. 1 des neuen HGB. mit der Maßgabe zum positiven Gesetz erhoben, daß das Zeugnis „bei" Beendigung des Dienstverhältnisses auszustellen ist. Zugleich wird in Abs. 2 des § 73 cit. verordnet, daß auf Antrag des Handlungsgehülfen die Ortspolizeibehörde das Zeugnis kosten- und stempelfrei zu beglaubigen hat.

---

[1]) Vgl. Aeltst. v. 6. 7. 92 bei Perl und Wreschner 1892 S. 115, ferner v. 10. 7. 95 i. S. Kämmer/Groh 21 C. 790.95 A. G. Berlin I, v. 16. 4. 96 i. S. Kaufmann/Köhler 34 C. 245.96 A. G. Berlin I. Anders teilweise Aeltst. v. 11. 2. 90 i. S. Fischer/Internationale Bank 15 C. 2115.89 A. G. Berlin I und v. 30. 9. 89 i. S. Hauck/Heymann 39 C. 1239.89 A. G. Berlin I, wonach der Prinzipal auch gegen den Willen des Gehülfen das Zeugnis auf Führung und Leistungen ausdehnen darf. Im Hamburger Bezirk hat der Gehülfe nach bisherigem Recht keinen Anspruch auf ein Dienstzeugnis, O. L. G. Hamburg 1892 in G. Z. 42 S. 514 (wohl aber der Lehrling, s. das.), im Wiesbadener Bezirk keinen auf ein Zeugnis über Leistungen und Führung E. 36 S. 72.

1) Ein Antrag, daß das Zeugnis schon von der Kündigung an erteilt werden müsse, ist in der Reichstagskommission (S. 37) abgelehnt worden, weil sich dies nach den Bestimmungen des BGB. über Treu und Glauben von selber verstehe. Letzteres mag zweifelhaft sein, jedenfalls aber entspricht es dem Geiste des neuen HGB. und widerspricht es nicht dem Wortlaut des § 73 cit., daß das Zeugnis schon angemessene Zeit vor Beendigung des Dienstverhältnisses verlangt werden kann, falls dieselbe nur gewiß ist, also „bei" (d. h. im Falle) der Beendigung durch Kündigung vom Tage der letzteren an, bei Beendigung durch vertraglichen Zeitablauf so lange Zeit vor dem Schlußtage, als zur Erlangung einer neuen Stelle angemessen erscheint. Als angemessene Zeit werden, falls nicht besondere Umstände vorliegen, sechs Wochen gelten können (vergl. § 66 HGB.). Die gleichen Grundsätze kommen zur Anwendung, wenn der Gehülfe eigenmächtig seine Stellung vorzeitig verlassen hat, so daß in diesem Falle das Zeugnis nicht schon zur Zeit des Austritts verlangt werden kann.[1])

Aus dem obigen folgt, daß das Zeugnis auch noch nach erfolgter Dienstbeendigung gegeben werden muß. Ein Antrag, daß es nur innerhalb einer Zeit von 6 Monaten nach derselben erteilt zu werden brauche, ist von der Reichstagskommission abgelehnt worden (S. 37). Die Erteilung kann daher innerhalb der gewöhnlichen Verjährungsfrist, welche in den meisten Rechtsgebieten, z. B. in Preußen, 30 Jahre beträgt, beansprucht werden.[2]) Nur wird der Gehülfe, der erst nach Jahren das Zeugnis fordert, sich mit demjenigen Inhalt desselben begnügen müssen, den der Prinzipal nach seinem Gedächtnis und seinen Büchern dann zu attestieren noch in der Lage ist. Auf anderweite Ermittelungen oder Beweise braucht sich der Prinzipal in solchem Falle nicht einzulassen.

2. Der Gehülfe kann ein Zeugnis nur fordern über Art und Dauer der Beschäftigung, über Führung und Leistungen, nicht über das eine oder das andere. Auch eine solche Beschäftigung ist in dem Zeugnis zu erwähnen, welche der Gehülfe während seines Dienstverhältnisses nur vorübergehend oder vertretungsweise ausgeübt hat, sofern es sich nicht um eine ganz kurze Zeit, z. B. einen Tag, handelt. Unter die Angabe der Führung und Leistungen fällt auch die des Entlassungs-

[1]) vergl. Aeltst. i. S. Knopf/Allg. Deutsche Hagel-Vers. Act.-Ges. S. 242 93 C. K. 16 L. G. Berlin I.

[2]) Ein diesbezüglicher Handelsgebrauch besteht für Berlin nicht. Aeltst. v. 11. 4. 95 i. S. Weininger/Tolzmann & Co. 69 C. 441, 95 A. G. Berlin I.

grundes. Neben dem als Entlassungsgrund angegebenen, aus thatsächlichen Vorgängen gezogenen Urteile müssen auf Verlangen des Gehülfen auch diese Vorgänge selber mitgeteilt werden.[1])

Mit der Ausstellung des Zeugnisses in dem von dem Gehülfen beanspruchten Umfange ist die Pflicht des Prinzipals erfüllt. Der Gehülfe, welcher gemäß seinem Verlangen ein Zeugnis auch über Führung und Leistungen erhalten hat, kann daher nicht gegen Rückgabe desselben ein anderes beanspruchen, welches sich nur über die Art und Dauer der Beschäftigung verhalten soll.

3. Das Zeugnis kann, anders als bei gewerblichen Arbeitern (§ 113 Abs. 3 Gew. O.), mit Merkmalen versehen sein, welche den Zweck haben, den Gehülfen in einer aus dem Wortlaut des Zeugnisses nicht ersichtlichen Weise zu kennzeichnen. Ein entgegenstehender Antrag ist in der Reichstagskommission (Kom. S. 38) abgelehnt worden. Jedoch dürfen die Merkmale nicht gegen den § 73 HGB. verstoßen, also z. B. bei einem nur über Art und Dauer der Beschäftigung ausgestellten Zeugnis nicht die Führung oder Leistungen kennzeichnen. Außerdem machen derartige unerlaubte Merkmale schadensersatzpflichtig.

4. Die Vorschriften des § 73 HGB. sind z'wingenden Rechts, so weit sie zu Gunsten des Handlungsgehülfen gegeben sind, insoweit daher weder durch Vertrag abänderbar noch verzichtbar.

5. Verweigerung eines Zeugnisses (vgl. Bolze 12 Nr. 404) sowie unrichtige Angaben im Zeugnis verpflichten den Prinzipal zum Ersatze des infolgedessen entstandenen Schadens und entgangenen Gewinnes. Der Prinzipal kann sich nicht damit entschuldigen, daß das Zeugnis seiner Ueberzeugung gemäß und dem Wortlaute nach nur als Ausdruck der letzteren ausgestellt sei. Der Handlungsgehülfe hat ein Recht auf objektiv richtige Attestierung. Er kann auf eine solche klagen[2]). Zu bedauern ist, daß für Klagen auf Richtigstellung eines Zeugnisses ein besonders schleuniges Prozeßverfahren nicht gegeben ist, zumal einstweilige Verfügungen in solchen Fällen nur schwer zu erreichen sein werden. — Da das im Zeugnis niedergelegte Urteil zur Wahrnehmung berechtigter Interessen erfolgt, so gilt eine diesbezügliche den Gehülfen herabsetzende Zeugnis-Erklärung nur dann als strafbare Beleidigung, wenn eine solche

[1]) Aeltst. v. 19. Dez. 1893 i. S. Malachowski/Salinger 58 C. 734.93. A. G. I Berlin.

[2]) L. G. Berlin I. 1885 bei Perl u. Wreschner 91 S. 113.

aus der Form der Aeußerung oder aus den Umständen zu entnehmen ist (§ 193 StGB.).

II. **Auskunft** über diejenigen Punkte zu geben, über welche der Gehülfe ein Zeugnis verlangen kann, ist der Prinzipal nicht verpflichtet, weder während noch nach Ablauf des Dienstverhältnisses. Giebt er aber Auskunft, so muß dieselbe richtig sein, widrigenfalls er schadensersatzpflichtig ist, und zwar auch dann, wenn die Auskunft ausdrücklich „ohne Gewähr" erteilt ist[1]). Erfolgt die Auskunft zur Aufklärung eines Dritten, bei dem der Gehülfe sich um Stellung bewirbt, so erfolgt sie zur Wahrnehmung berechtigter Interessen dieses Dritten[2]) und ist daher, falls sie den Gehülfen herabsetzt, nur insoweit eine strafbare Beleidigung des letzteren, als solche aus der Form der Auskunft oder den Umständen zu entnehmen ist (§ 193 StGB.).

Abschnitt 4.

§ 23. Die besonderen Pflichten und Rechte der Prokuristen und Handlungsbevollmächtigten, insbesondere der Handlungsreisenden.

Derjenige Handlungsgehülfe, welcher berechtigt ist, für den Prinzipal Rechtsgeschäfte abzuschließen, ist entweder Prokurist oder Handlungsbevollmächtigter. Meistens sind Personen letzterer Art zugleich Handlungsgehülfen, aber es ist dies nicht notwendig, da auch Nichtangestellten Prokura und Handlungsvollmacht ertheilt werden kann (s. oben S. 20 Anm. 1). Andererseits ist der Handlungsgehülfe an sich nicht ermächtigt, Rechtsgeschäfte im Namen und für Rechnung des Prinzipals vorzunehmen[3]), auch nicht in den Fällen, in welchen ihm nach bürgerlichem Recht sog. vermutete Vollmacht zukommt (Behrend § 45 Anm. 16). Dem Prinzipal gegenüber bleibt der Prokurist wie der Handlungsbevollmächtigte Untergebener; er hat insbesondere die Anweisungen des Prinzipals zu respektieren, auch wenn sie im Widerspruch zu der von letzterem erteilten Vollmacht stehen; seine innergeschäftliche Stellung ist daher grundsätzlich nicht verschieden von derjenigen anderer Gehülfen, z. B. von der eines Buchhalters; er unterscheidet sich von letzteren nur durch seine Stellung zum Publikum. Naturgemäß aber bleiben seine Rechte und Pflichten gegenüber dem Prinzipal nicht unbeeinflußt durch den nach außen wirkenden Charakter seiner Thätigkeit, abgesehen davon, daß der

---

[1]) Vgl. E. 20 S. 193.

[2]) s. Olshausen § 6c zu § 193 StGB.; vgl. jedoch Entsch. des Reichsger. in Straff. 30 S. 42.

[3]) Vgl. den jetzt aufgehobenen Art. 58 HGB.

Kreis seiner Rechte gewöhnlich mit dem seiner Pflichten zusammenfällt. Er verletzt diese häufig, indem er jene nicht ausübt, so daß, was er nach außen hin unterläßt, nicht selten nach innen zurückwirkt. Aus diesen Gründen sollen die Besonderheiten des Rechts der Prokuristen und Handlungsbevollmächtigten, wenn auch nur in den Hauptzügen, so doch in zusammenfassender Darstellung nachfolgend mitgeteilt werden.

Rechtsquelle ist der fünfte Abschnitt des alten HGB., da der sechste Abschnitt des neuen sich darüber nicht verhält.

A. **Prokuristen.**

I. Wer ist Prokurist? Derjenige, welcher von dem Prinzipal beauftragt ist, in dessen Namen und für dessen Rechnung das Handelsgeschäft zu betreiben und per prokura die Firma zu zeichnen (Art. 41 Abs. 1 HGB.). Die Prokura kann mehreren Personen gemeinschaftlich erteilt werden (Kollektiv-Prokura). Prokurist ist nur derjenige, der von einem Vollkaufmann Prokura erhalten hat (Art. 10 HGB.). Prokuristen von Hoteliers z. B. giebt es nicht. Ebenso können Erwerbs- und Wirtschaftsgenossenschaften nach § 40 Abs. 2 des Reichs-Genossenschaftsgesetzes vom 1. Mai 1889 weder Prokuristen noch Handlungsbevollmächtigte bestellen.

II. Form für Bestellung, Anmeldung, Abmeldung und Zeichnung der Prokura.

1. Die Bestellung des Prokuristen kann durch Erteilung einer ausdrücklich als Prokura bezeichneten Vollmacht oder durch ausdrückliche Bezeichnung des Bevollmächtigten als Prokuristen oder durch die Ermächtigung, per prokura die Firma des Prinzipals zu zeichnen, geschehen (Art. 41 Abs. 2 HGB.). Nur in den beiden ersten Fällen ist Ausdrücklichkeit der Bestellung erforderlich, Schriftform ist keinesfalls nötig.

2. Erteilung und Erlöschen der Prokura sind vom Prinzipal persönlich oder in beglaubigter Form beim Handelsgericht, d. i. beim Amtsgericht, zur Eintragung in das Handelsregister anzumelden (Art. 45 Abs. 1 und 3 HGB.).

3. Der Prokurist hat in der Weise zu zeichnen, daß er der Firma einen die Prokura andeutenden Zusatz und seinen Namen beifügt, z. B. pp. Ernst Keller,
Martin Lenz.

Bei einer Kollektiv-Prokura hat jeder Prokurist der mit diesem Zusatze versehenen Firmenzeichnung seinen Namen beizufügen (Art. 44 HGB.) z. B. pp. Ernst Keller,
Martin Lenz, Otto Herbst. Der Prokurist hat die Firma nebst seiner Namensunterschrift persönlich vor dem Handelsgericht zu zeichnen oder die Zeichnung in beglaubigter Form einzureichen (Art. 45 Abs. 2 HGB.).

4. Die Vorschriften zu 2 und 3 sind nur Ordnungsvorschriften. Ihre Nichtbeachtung berührt daher nicht die Rechtsgültigkeit der Prokura. — Zur Befolgung der Vorschriften betreffend Anmeldung, Zeichnung und Einreichung der Zeichnung für das Handelsregister sind die Beteiligten von Amtswegen durch Ordnungsstrafen anzuhalten (Art. 45 Abs. 4 HGB.).

III. Wozu ermächtigt die Prokura? Zu allen Arten von gerichtlichen und außergerichtlichen Geschäften und Rechtshandlungen, welche der Betrieb eines (nicht etwa blos des betreffenden) Handelsgewerbes mit sich bringt; sie ersetzt jede nach den Landesgesetzen erforderliche Spezialvollmacht; sie berechtigt zur Anstellung und Entlassung von Handlungsgehülfen und Bevollmächtigten. Zur Veräußerung und Belastung von Grundstücken ist der Prokurist nur ermächtigt, wenn ihm diese Befugnis besonders erteilt ist (Art. 42 HGB.).

Der Prokurist ist danach befugt zur Prozeßführung, auch zum Erwerbe und zur Entlastung von Grundstücken, dagegen nicht zur Vermietung und Verpachtung von Grundstücken, wo diese Rechtsakte, wie in Preußen, dinglich wirken. (Staub § 4 zu Art. 42 HGB.).

Der Kollektiv-Prokurist kann Rechtsgeschäfte seiner Machtsphäre nur gemeinsam mit den anderen Kollektiv-Prokuristen abschließen.

IV. Eine Beschränkung der Prokura nach Umfang, Art oder Zeit hat Dritten gegenüber keine Wirkung (s. Art. 43 HGB.); das Erlöschen der Prokura wirkt Dritten gegenüber nur bei Kenntnis davon, welche nach erfolgter handelsgerichtlicher Eintragung und öffentlicher Bekanntmachung des Erlöschens zu vermuten ist (Art. 46 HGB.).

B. **Handlungsbevollmächtigte.**

I. Wer ist ein solcher? Derjenige, welchen ein Prinzipal ohne Erteilung einer Prokura, sei es zum Betriebe seines ganzen Handelsgewerbes (wie z. B. der sogenannte General-Direktor, der Vorsteher einer Filiale) oder zu einer bestimmten Art von Geschäften (z. B. der Spezial-Disponent, der Rayon-Chef, Börsenvertreter, Reisende) oder zu einzelnen Geschäften in seinem Handelsgewerbe bestellt (Art. 47 Abs. 1 HGB.).

II. Eine Form der Erteilung oder eine Anmeldung der Handlungsvollmacht ist nicht vorgeschrieben. Bei der Zeichnung hat sich der Handlungsbevollmächtigte jedes eine Prokura andeutenden Zusatzes zu enthalten; er hat mit einem das Vollmachtsverhältnis ausdrückenden Zusatz zu zeichnen (Art. 48 HGB.), z. B. „Ernst Keller, i. V. Martin Lenz."

III. Wozu ermächtigt die Handlungsvollmacht? Zur Vornahme aller Geschäfte und Rechtshandlungen, welche der Betrieb eines Handelsgewerbes fraglicher Art oder die Ausführung von Geschäften fraglicher Art gewöhnlich mit sich bringt (Art. 47 Abs. 1 HGB.), ausgenommen

a) zum Eingehen von Wechselverbindlichkeiten,

b) zur Aufnahme von Darlehen,

c) zur Prozeßführung.

In allen diesen Fällen ist Spezial-Vollmacht erforderlich (Art. 47 Abs. 2 HGB.).

Im übrigen bedarf es einer solchen nicht, auch nicht zu den Geschäften, für die nach Landesgesetz Spezial-Vollmacht benötigt wird (Art. 47 Abs. 3 HGB.), wie z. B. nach preußischem Recht (§ 105 A. L. R. I 13) zur Empfangnahme von Geldern.

C. **Gemeinsames.**

I. Ohne Einwilligung des Prinzipals sind Prokura und Handlungsvollmacht nicht übertragbar (Art. 53 HGB.).

II. Beide sind zu jeder Zeit widerruflich, unbeschadet der Rechte aus dem bestehenden Dienstverhältnisse, erlöschen jedoch nicht durch den Tod des Prinzipals (Art. 54 HGB.) Auf das Widerrufsrecht kann der Prinzipal nicht rechtsgültig verzichten (R. 23 S. 326).

III. Für Prokuristen und Handlungsbevollmächtigte gilt dasselbe gesetzliche Konkurrenzverbot, welches früher für Handlungsgehülfen galt. (Art. 56 HGB.). Eines Eingehens auf dasselbe an dieser Stelle erübrigt sich, da für uns nur diejenigen Prokuristen und Handlungsbevollmächtigten in Betracht kommen, welche zugleich Handlungsgehülfen sind und infolge dessen lediglich dem für letztere jetzt in Anwendung kommenden Konkurrenzverbot des § 60 des neuen HGB. unterliegen (s. oben § 13).

IV. Durch das Rechtsgeschäft, welches ein Prokurist oder ein Handlungsbevollmächtigter gemäß der Prokura oder der Vollmacht im Namen des Prinzipals schließt, wird der letztere dem Dritten gegenüber berechtigt und verpflichtet. Es ist gleichgültig, ob das Geschäft ausdrücklich im Namen des Prinzipals geschlossen worden ist, oder ob die Umstände ergeben, daß es nach dem Willen der Kontrahenten für den Prinzipal geschlossen werden sollte. Zwischen dem Prokuristen oder Bevollmächtigten und dem Dritten erzeugt das Geschäft weder Rechte noch Verbindlichkeiten (Art. 52 HGB.).

V. Wer ein Handelsgeschäft als Prokurist oder als Handlungsbevollmächtigter schließt, ohne Prokura oder Handlungsvollmacht erhalten zu haben, in gleichen ein Handlungsbevollmächtigter, welcher beim Abschluß eines Geschäftes seine Vollmacht überschreitet, ist dem gutgläubigen Dritten persönlich nach Handelsrecht verhaftet; der Dritte kann nach seiner Wahl ihn auf Schadensersatz oder Erfüllung verklagen (Art. 55 HGB.). Selbst das Handlungspersonal eines flüchtigen Kaufmanns ist zu dessen Vertretung im Abschluß von Handelsgeschäften nicht befugt.[1])

D. **Der Handlungsreisende insbesondere.**

Hier soll nur der Inhalt seiner nach außen wirkenden Vollmacht kurz dargelegt werden. Seine innergeschäftlichen Beziehungen, insbesondere die Dienste, zu denen er verpflichtet ist, sein Recht auf Provision und Spesen und seine Haftung bei Delcredere sind anderweit erörtert (s. S. 68 ff., 77 ff., 27).

Zunächst ist der Handlungsreisende als Handlungsbevollmächtigter zu allem ermächtigt, wozu ein solcher gesetzlich ermächtigt ist, insbesondere nach der positiven Vorschrift des Art. 49 HGB., den Kaufpreis aus den von ihm abgeschlossenen Verkäufen einzuziehen oder dafür Zahlungsfristen zu bewilligen.

Einschränkungen dieses gesetzlichen Vollmachts-Inhaltes sind beliebig zulässig. Der Dritte, mit dem der Reisende kontrahiert, hat sie zu beachten, wenn sie ihm bekannt sind oder wenn die Einschränkung auf Handelsgebrauch beruht. Einen allgemeinen Handelsgebrauch dahin, daß der Reisende zur Empfangnahme des Kaufpreises der von ihm verkauften Waren nicht legitimiert sei, bezeugt eine Auskunft der Berliner Ältesten vom 16. Juni 1897.[2]) Wir möchten allerdings die Existenz eines solchen allgemeinen Handelsgebrauches bezweifeln, abgesehen davon, daß er -- weil nicht als Usance, sondern Handelsgewohnheitsrecht anzusehen — gegenüber der positiven Vorschrift des Art. 49 cit. rechtsungültig sein würde. Eine andere Auskunft der Berliner Ältesten vom 19. Juni 1895[3]) bezeugt denn auch das Gegenteil. Dagegen hat sich eine Usance gedachter Art in einzelnen Branchen ausgebildet, z. B. in der Seifenbranche.[4]) Darüber, ob der Handlungsreisende zur Einziehung des Preises betreffs der von seinem Reisevorgänger geschlossenen Geschäfte berechtigt ist, herrscht Streit.[5]) Er ist es, falls er besonders, wenn auch nur generell, zur Empfangnahme von Geldern bevollmächtigt ist.[6])

---

[1]) Handelsgericht Hamburg 1863 in G. Z. 7 S. 606/7.

[2]) In S. Roeßler/Goldberg & Girke 19 C. 467. 97 A. G. Berlin I.

[3]) In S. Uhler/Budig 9 C. 410. 95 A. G. Berlin I.

[4]) Aeltest. v. April 94 i. S. Ludenberg & Co./Köster 76 C. 3328. 93 A. G. Charlottenburg.

[5]) Vgl. Anm. des Einsenders zu R. 4 S. 298.

[6]) R. 4 S. 294 ff.; ähnlich H. A. G. Nürnberg 64 in G. Z. 11 S. 149 ff.

Preisnachlaß zu gewähren ist der Handlungsreisende nicht ermächtigt. Zur Entgegennahme von Mängelanzeigen und Dispositionsstellungen ist er legitimiert, dagegen nicht zur Erklärung darüber,[1]) noch weniger zur Aufhebung der von ihm abgeschlossenen und dem Prinzipal bereits angezeigten oder der von letzterem selber abgeschlossenen Geschäfte (R. 7 S. 115).

Abschnitt 5.

Beendigung des Dienstverhältnisses.

§ 24. **Die Gründe der Beendigung des Dienstverhältnisses** sind folgende:

I. **Vertragliche Bestimmung.**

Hierher gehört insbesondere der Fall, daß ein bestimmter Endtermin vereinbart ist[2]), oder ein solcher, der sich aus bestimmten Verhältnissen leicht feststellen läßt, wie z. B. bei Engagement auf eine Saison. Ist die Vergütung nach einer bestimmten Zeit bedungen, z. B. als Jahresgehalt oder Monatsgehalt, so folgt daraus nicht, daß der Vertrag auf die entsprechende Zeit, also auf 1 Jahr oder 1 Monat, geschlossen ist[3]). Ein Engagement auf Lebenszeit des Gehülfen oder des Prinzipals oder eines Dritten ist eine sittlich unzulässige Beschränkung der persönlichen Freiheit, und es ist deshalb die Vereinbarung einer derartigen Vertragsdauer rechtsungültig[4]), und zwar auch dann, wenn lediglich der Prinzipal auf Lebenszeit einer bestimmten Person gebunden ist, der Gehülfe aber nur auf bestimmte Zeit sich verpflichtet oder sich das Recht der Kündigung gesichert hat.[5])

In allen diesen Fällen liegt ein Dienstverhältnis ohne gültig bestimmte Dauer, also mit gesetzlicher Kündigungsfrist, vor, wenn nicht die Landesrechte eine bestimmte Dauer oder

---

[1]) Staub § 3c und d zu Art. 49 HGB. Anders betreffs der Dispositionsstellung O. L. G. Cassel 92 in Seufferts Arch. 48 S. 70 ff. und in G. Z. 42 S. 511, s. im übrigen Behrend § 53 Anm. 24.

[2]) Z. B. der 1. October 1899. Dann endet das Dienstverhältnis ohne weiteres an diesem Tage, ohne daß es, wie in Laienkreisen vielfach irrtümlich angenommen wird, irgend welcher vorherigen Kündigung bedarf.

[3]) Ebenso H. A. G. Nürnberg v. 26. 5. 71 in G. Z. 21 S. 560; Aeltst. v. 2. 2. 87 i. S. Fromma/Lemmich 31. C. 117.2.86; A. G. I Berlin; vgl. jedoch §§ 621, 623 BGB.

[4]) Ebenso Simon in G. Z. 43 S. 412/413, Dernburg Pr. Privatr. II § 61 und § 192 S. 548, Crome II § 352, S. 577/78. Anders Ansch. u. Völd. Anm. 1 Note 2 zu Art. 61.

[5]) Anders Staub § 1 zu Art. 61 HGB. und nach französischem Recht, s. Crome II § 35 2 Anm. 2.

Kündigungsfrist vorschreiben[1]), wie z. B. § 1234 des Bürg. Gesetzb. für Sachsen eine sechsmonatliche. Vom 1. Januar 1900 ab greift allgemein gemäß § 624 BGB. in solchen Fällen nach Ablauf von fünf Jahren eine sechsmonatliche Kündigungsfrist Platz.

II. **Gegenseitige Uebereinkunft.** Betreffs derselben gilt das oben zu I Bemerkte entsprechend.

III. Umstände, welche die **Fortsetzung** des Dienstverhältnisses **unmöglich** machen, insbesondere

1. Tod des Handlungsgehülfen,

2. Eine Erkrankung oder sonstige eintretende Unfähigkeit desselben, welche weitere Dienstleistungen ausschließt. (§ 71 Nr. 1 HGB.).

3. Einziehung des Gehülfen zum Kriege (R. 8 S. 153 ff.).

4. Auflösung des Geschäfts, dagegen nicht schon bloße Liquidation desselben.

IV. Bei nicht vereinbarter Zeitdauer des Vertrages **sechswöchentliche Kündigung** zum Quartal durch einen Teil (s. u. S. 95).

V. **Umstände, welche** den einen oder anderen Teil **berechtigen,** vom Vertrage **zurückzutreten.** Dies sind insbesondere

1. **Diejenigen** Umstände, **welche zur Aufhebung jedes Vertrages berechtigen.**

a. Vor allem kann, wenn der Dienstvertrag durch **Zwang, Betrug** oder **Irrtum** zustandegekommen ist, der Gezwungene, Betrogene oder in wesentlichem Irrtum Befangene zurücktreten. So z. B. jeder Teil, insbesondere aber der Prinzipal, wenn er beim Engagement nicht gewußt hat, daß der andere bereits mit Gefängnis bestraft war.[2]). Dieser Rücktrittsgrund fällt jedoch fort, wenn die Bestrafung wegen einer nach den Anschauungen des Lebens nicht ehrenrührigen und zugleich geschäftlich gleichgültigen Handlung (eine solche ist z. B. nicht Hazardspiel G: Z. 8 S. 172) erfolgt ist, oder doch schon sehr lange Zeit zurückliegt, und der Bestrafte sich inzwischen tadellos geführt hat. Auch der Irrtum über unbestrafte, aber strafbare Handlungen des anderen, z. B. Veruntreuungen in einer früheren Stellung[3]), wird meist wesentlich sein.

---

[1]) Ebenso Puchelt S. 144/5.

[2]) Kass. Hof. Wolfenbüttel v. 27. 3. 58 in G. Z. 28 S. 171.

[3]) Reichsger. v. 1. 6. 81 bei Puchelt Anm. 3 zu Art. 62 HGB.

Ein Rücktrittsrecht muß z. B. ferner dem Prinzipal zugebilligt werden, wenn ihm beim Engagement eine ansteckende, gefährliche, ekelerregende oder im Dienst erheblich hindernde Krankheit des Gehülfen verborgen worden ist. Ebenso wenn er beim Engagement eines Prokuristen oder eines zu sonstiger Vertrauensstellung angenommenen Gehülfen dessen zerrüttete Vermögensverhältnisse nicht gekannt hat (E. 12 S. 102 ff.), oder wenn sich ergiebt, daß der Gehülfe zur Leistung der von ihm zu fordernden Dienste unfähig ist,[1]) z. B. nicht orthographisch schreiben kann und als Reisender deshalb fortgesetzt falsche Adressen an den Prinzipal aufgiebt,[2]) oder wenn der Prinzipal einen in seiner Branche bewanderten Reisenden durch Annonce gesucht hat und sich nach Vertragsschluß herausstellt, daß der auf die Annonce hin erschienene und engagierte Gehülfe in der betreffenden Branche noch gar nicht oder in nur unbeträchtlichem Maße gereist hat.[3])

Andererseits wird man z. B. ein sofortiges Rücktrittsrecht dem Reisenden zubilligen müssen, dem der Prinzipal vor Vertragsschluß fälschlich vorgespiegelt hat, daß er bisher einen großen Umsatz gemacht und eine fest eingeführte Kundschaft habe.

Der wesentliche Irrtum berechtigt auch dann zur Vertragsaufhebung, wenn der Irrende bei nur geringer Aufmerksamkeit den Irrtum hätte vermeiden können. In diesem Falle ist er aber, wenn er von seinem Rücktrittsrecht Gebrauch macht, dem anderen Teil schadensersatzpflichtig,[4]) nach preußischem Recht (§ 79 A. L. R. I, 4) allerdings nur bei grober oder mäßiger, nicht bei geringer Verschuldung.

b) Nach preußischem Recht (§§ 377 ff. A. L. R. I. 5) geben unvorhergesehene **veränderte Umstände**, welche die Erreichung des bei der Anstellung vorliegenden Endzweckes beider Teile unmöglich machen, jedem Teile ein Rücktrittsrecht. Solche veränderten Umstände liegen z. B. vor, wenn die behördliche Erlaubnis zur Ausübung der erlaubnispflichtigen Handlungsgehülfen-Thätigkeit wider beiderseitiges Erwarten versagt wird (s. oben S. 24 § 9 A. 2), oder wenn das Geschäft dermaßen zurückgeht, daß der nur oder im wesentlichen nur auf Provision gestellte Reisende nicht mehr hinreichend zum Lebensunterhalt verdient und auch der Prinzipal nicht mehr als seine Spesen deckt. Für die anderen Rechts-

---

[1]) Ebenso Dernburg Pr. Privatr. II § 192 S. 548.

[2]) Stadtamt und Stadtger. Frankfurt a/M. v. 31. 3. 69 in G. Z. 14 S. 541/542.

[3]) Vergl. Entsch. des A. G. Berlin I v. 4. 6. 96 i. S. 50 C. 1614/95.

[4]) Vergl. Windscheid § 307.

gebiete kommen sog. veränderte Umstände als „wichtiger Grund" zur sofortigen Vertragsaufhebung in Betracht (s. unten § 27).

c) Das Ausscheiden, insbesondere **der Tod des Prinzipals und die Veräußerung des Geschäftes** geben dem Gehülfen nur dann ein Rücktrittsrecht gegenüber den anderen Teilnehmern oder dem Rechtsnachfolger des Prinzipals, wenn im Einzelfalle die individuelle Persönlichkeit des Prinzipals für das Dienstverhältnis des Gehülfen in Frage kommt [1]), also meist in kleinen Geschäften und selbst in sehr großen dann, wenn der Gehülfe in nicht unerheblichem Maße persönlich mit dem Prinzipal zusammen zu arbeiten hat.

Keinesfalls entscheidend ist, ob der Gehülfe mit dem Prinzipal unter dessen Firma oder unter dessen Privatnamen den Dienstvertrag abgeschlossen hat. Wenn er z. B. mit der Firma A & B kontrahiert hat und nicht mit deren alleinigem Inhaber, Herrn C, so giebt er dadurch allein noch keineswegs zu erkennen, daß es ihm nur darauf ankomme, bei der Firma A & B angestellt zu sein, daß ihm aber die Persönlichkeit ihres Inhabers gleichgültig erscheine (vgl. jedoch R. 1 S. 38). Unerheblich ist in den Fällen einer persönlichen Natur des Dienstverhältnisses, ob der neue Prinzipal objektiv dieselben Garantieen bietet wie der alte.

Für das Gebiet des preußischen Rechts hat die ganze Frage eine praktisch begrenzte Bedeutung. Denn da dem Gehülfen hier im Falle der Geschäftsveräußerung höchstens ein Schadensersatzanspruch zusteht, und dieser fortfällt, wenn der Gehülfe eine andere Stellung, also auch eine solche bei dem Erwerber des Geschäfts, ohne Grund ablehnt, so wird die beregte Frage nur dann erheblich, wenn im einzelnen Fall ein genügender Grund zur Ablehnung vorliegt. Zu Gründen dieser Art gehören natürlich nicht die persönlichen Beziehungen, welche die Stellung mit sich bringt, sondern nur solche Umstände, bei deren Vorhandensein man es diesem bestimmten Gehülfen nicht zumuten kann, von diesem bestimmten Geschäftserwerber als Handlungsgehülfe sich anstellen zu lassen.

Für die anderen Rechte dagegen, z. B. für das gemeine, nach denen der Gehülfe in gedachtem Fall in der Regel eine anderweite Stellung ohne Nachteil zurückweisen kann, ist die beregte Streitfrage praktisch von hervorragender Wichtigkeit.

Verbleibt der Gehülfe nach der Veräußerung des Geschäftes stillschweigend in demselben, so haften ihm für seine

---

[1]) Ebenso R. 18 S. 374, Ansch. u. Völd S. 361/62 zu Art. 63 HGB. und Hahn § 2 zu Art. 63 HGB., der jedoch bei Geschäftsverkauf den Gehülfen abzugehen im Zweifel für berechtigt erachtet; Vgl. § 613 BGB.

Ansprüche aus dem Dienstverhältnis, insbesondere auch aus späterer ungerechtfertigter Entlassung, der alte und der neue Prinzipal solidarisch (E. 36 S. 50). Für den Fall des stillschweigenden Verbleibens im Geschäft muß angenommen werden, daß das Dienstverhältnis in jeder Hinsicht als dasselbe fortgesetzt werden soll, u. a. also auch mit etwaigen Konkurrenzverboten.[1])

Die Veränderung der Direktoren einer Aktiengesellschaft giebt dem Gehülfen kein Rücktrittsrecht. Denn die Direktoren sind die Vertreter seines Prinzipals, der Gesellschaft, nicht selber Prinzipale. Außerdem aber muß ein Gehülfe, der bei einer Aktiengesellschaft Stellung nimmt, mit der jederzeitigen Möglichkeit solcher Veränderungen rechnen. Aus letzterem Gesichtspunkte wird entsprechend das Ausscheiden des Mitinhabers einer offenen Handelsgesellschaft in der Regel unbeachtlich sein. (Vgl. R. 1 S. 35.)

d) **Bei Konkurs des Prinzipals** gilt folgendes:

War zur Zeit der Konkurseröffnung der Dienstvertrag zwar schon geschlossen, das Dienstverhältnis aber noch nicht angetreten, so hat der Konkursverwalter die Wahl, ob er an Stelle des Gemeinschuldners den Vertrag erfüllen und die Erfüllung auch von dem Gehülfen verlangen (§ 15 Abs. 1 Konk. O.), oder aber ob er auf Vertragserfüllung verzichten will. In letzterem Falle kann der Gehülfe den ihm durch die Nichterfüllung entstehenden Schaden und entgehenden Gewinn als Konkursforderung geltend machen. Auch wenn der vereinbarte Anfangstermin für den Dienstantritt noch nicht eingetreten ist, muß der Verwalter auf einfaches Erfordern des Gehülfen demselben ohne Verzug erklären, ob er Erfüllung verlangen will, widrigenfalls er auf letzterer nicht mehr bestehen kann (§ 15 Abs. 2 Konk.-O.).

Im allgemeinen giebt also der Konkurs des Prinzipals dem Gehülfen keinen Grund zum Rücktritt vom Vertrage. Doch können besondere Umstände einen solchen rechtfertigen, z. B. wenn der Gehülfe weiß, daß die Konkursmasse zur Deckung seiner Gehaltsforderung nicht ausreichen würde.

War das Dienstverhältnis zur Zeit der Konkurs-Eröffnung bereits angetreten, so kann es sowohl von dem Verwalter als von dem Gehülfen mit der gesetzlichen bezw. ortsüblichen Kündigungsfrist aufgekündigt werden (§ 19 Konk.-O.), und zwar auch dann, wenn es auf eine bestimmte, über das Ende dieser Frist sich hinaus erstreckende Zeit vereinbart war, z. B. auf drei Jahre, und der Konkurs nach einem Jahr eröffnet wird. Kündigt der Verwalter auf, so kann der Handlungsgehülfe für die Restzeit

---

[1]) Anders O. L. G. Jena in G. Z. 42 S. 512.

wie im obigen Falle eine Schadensersatz-Forderung wegen Nicht-Erfüllung als Konkurs-Forderung geltend machen. Betreffs des Konkurses des Handlungsgehülfen s. unten.

2. **Unbefristete Kündigung** im Falle Vorliegens eines „wichtigen Grundes" für dieselbe (s. unten §§ 26—29).

§ 25. Die befristete Kündigung insbesondere.

I. Entsprechend dem Art. 61 des alten HGB. bestimmt § 66 des neuen:

„Das Dienstverhältnis zwischen dem Prinzipal und dem Handlungsgehülfen kann, wenn es für unbestimmte Zeit eingegangen ist, von jedem Teil für den Schluß eines Kalendervierteljahrs unter Einhaltung einer Kündigungsfrist von sechs Wochen gekündigt werden."

Diese Bestimmung findet auch in dem Falle Anwendung, wenn das Dienstverhältnis für bestimmte Zeit eingegangen und nach Ablauf derselben stillschweigend fortgesetzt wird[1]), oder wenn die Dauer des Dienstverhältnisses rechtsungültig, z. B. mit 14tägiger Kündigung (s. unten II 1), vereinbart ist.

Im Falle der stillschweigenden Fortsetzung des Dienstverhältnisses charakterisiert sich dasselbe allerdings als neues Vertragsverhältnis, aber, wie nach Treu und Glauben anzunehmen ist, mit dem Inhalt des alten, also z. B. mit den alten Konkurrenzklauseln und Konventionalstrafen[2]).

Die sechswöchentliche Frist ist wörtlich zu nehmen, d. h. genau mit 42 Tagen zu berechnen. Die betreffenden Kündigungstermine sind daher nicht je der 15. Februar, Mai, August und November, sondern der 17. bezw. in Schaltjahren 18. Februar, und je der 19. Mai, August und November.

II. Nach § 67 HGB. ist es zulässig, durch Vertrag eine kürzere oder längere Kündigungsfrist als die sechswöchentliche zu bedingen.

1. Jedoch nur mit folgenden, dem alten HGB. unbekannten Maßgaben:

a) Die Frist muß für beide Teile gleich sein;

b) sie darf nicht weniger als einen Monat betragen;

c) die Kündigung ist nur für den Schluß eines Kalendermonats zulässig.

---

[1]) Vgl. Stadtger. Frankf. a. M. bei Busch 12 S. 385.

[2]) A. M. Staub § 1 Abs. 1 zu Art. 61 HGB; s. oben S. 27.

Diese Vorschriften, bis auf die ad c finden auch in dem Falle Anwendung, wenn das Dienstverhältnis für bestimmte Zeit mit der Vereinbarung eingegangen wird, daß es in Ermangelung einer vor dem Ablaufe der Vertragszeit erfolgten Kündigung als verlängert gelten soll.

Eine Vereinbarung, die diesen Vorschriften zuwiderläuft, ist nichtig (§ 67 cit. Abs. 4), daher auch nicht verzichtbar, macht jedoch den Dienstvertrag im übrigen nicht ungültig; derselbe unterliegt lediglich anstatt der vereinbarten der sechswöchentlichen Kündigungsfrist zum Quartalsschluß.

Was vorstehend von vertraglichen Bestimmungen der Kündigungsfrist bemerkt ist, gilt natürlich auch von ortsgebräuchlichen Bestimmungen derselben.

2. Die vorstehend unter Nr. II [1] aufgeführten Vorschriften finden in bestimmten Ausnahmefällen keine Anwendung, nämlich

a. wenn der Handlungsgehülfe ein Gehalt von mindestens 5000 Mark für das Jahr bezieht (§ 68 Abs. 1 HGB.). Daß er auf mindestens ein Jahr angestellt sein muß, ist nicht notwendig. Was vom Gehalt gilt, muß auch von einer sonstigen gleichwertigen Vergütung gelten. Das Gesetz greift praktisch nur den häufigsten Fall heraus.

Jedoch meint das Gesetz eine fixe Vergütung, auf deren Betrag der Gehülfe sich verlassen kann. Tantiemen und Provisionen sind daher diesbezüglich ausgeschlossen, außer betreffs eines garantierten Betrages. Der Ausnahmefall des § 68 Abs. 1 HGB. ist nicht schon dann gegeben, wenn und sobald der Gehülfe aus einer geringeren Gehaltsstufe in eine solche von mindestens 5000 Mark aufrückt [1]), denn eine ursprünglich nichtige Vereinbarung kann selbst durch Anerkenntnis nicht rechtsgültig werden; vielmehr greift auch in diesem Falle nach wie vor die gesetzliche Kündigungsfrist Platz, wenn letztere nach der Gehaltssteigerung nicht durch eine neue Vereinbarung ausgeschlossen wird.

b. Wenn der Handlungsgehülfe für eine außereuropäische Handelsniederlassung angenommen ist, und nach dem Vertrage der Prinzipal für den Fall, daß er das Dienstverhältnis kündigt, die Kosten der Rückreise des Handlungsgehülfen zu tragen hat (§ 68 Abs. 2 HGB.).

c. Wenn der Handlungsgehülfe nur zu vorübergehender Aushülfe angenommen ist. Die Kündigungsfrist muß jedoch auch in einem solchen Falle für beide Teile gleich sein (§ 69 HGB.). Der Charakter der vorübergehenden Aushülfe im Sinne des § 69

---

[1]) Anders Staub, Suppl. Anm. 1 zu § 68 HGB.

HGB. hört nach dieser Gesetzesbestimmung auf, sobald das Dienstverhältnis über die Zeit von 3 Monaten hinaus fortgesetzt wird.

Ein **Engagement auf Probe** ist nicht ein solches zu vorübergehender Aushülfe (Kom. S. 33); denn ersteres wird nicht zwecks vorübergehender, sondern im Gegenteil gerade zwecks dauernder Anstellung abgeschlossen.

Eine Anstellung auf Probe bedeutet eigentlich, daß beide Teile das Recht der jederzeitigen Vertragsaufhebung haben. Ein diesbezüglicher Handelsgebrauch besteht zwar nicht,[1]) es ergiebt sich aber jene Bedeutung aus dem juristischen Begriff des Vertrages auf Probe. Ein entgegengesetzter Handelsgebrauch, der die Probezeit bestimmt, würde zulässig sein; für Berlin besteht ein solcher nicht.[2]) Jetzt wird nach den obigen Ausführungen zu II, 1 u. 2 ein eigentliches Engagement auf Probe nur möglich sein, wenn einer der Ausnahmefälle der §§ 68, 69 HGB.[3]) vorliegt. Im übrigen wird jetzt ein Probe-Engagement mindestens einen Kalendermonat dauern[4]) oder aber ohne Kündigungsfrist für eine fest bestimmte Zeit abgeschlossen werden müssen, die dann auch weniger als einen Monat betragen darf und nach deren Ablauf das Verhältnis ohne weiteres endigt (Denkschr. S. 61). Wird das Probe-Engagement nach Ablauf seiner Dauer stillschweigend fortgesetzt, so verwandelt es sich in ein festes Dienstverhältnis mit gesetzlicher Kündigungsfrist. Letzteres muß auch angenommen werden, wenn eine bestimmte Probezeit oder Kündigungsfrist nicht vereinbart worden, das Dienstverhältnis aber bereits so lange angedauert hat, daß nach Lage der Sache anzunehmen ist, daß die Versuchszeit beendet und das Engagement ein festes geworden ist.[5])

3. Wie bisher allgemein, so kann für die Ausnahmefälle der §§ 68, 69 HGB. (vorstehend sub 2a—c) jede Kündigungsfrist zu jedem beliebigen Termin vereinbart werden. Also auch eine eintägige.

Betreffs der einzelnen Kündigungsfristen gilt mangels anderweiter Abrede folgendes:

Die Vereinbarung einer länger als sechswöchentlichen Kündigungsfrist, z. B. einer vierteljährlichen, versteht sich zum

---

[1]) Aeltst. v. 5. 6. 94. i. S. Heuber/Schmülling & Co. O. 24. 94. C. K. 9. L. G. I Berlin.

[2]) Aeltst. v. 2. 2. 87, i. S. Fromm/Seumnick 31 C. 1172. 86. A. G. Berlin I.

[3]) S. vorstehend II 2a—c.

[4]) § 67 Abs. 1 u. 2 HGB.; s. oben II, 1 sub b u. c.

[5]) Ebenso Aeltst. v. 8. 1. 96. i. S. Bindernagel/Berl. Gußstahlfabrik 5 C. 1362. 95. A. G. Berlin I.

Quartalsschluß (Reichsger. v. 9. 4. 81 in Seuff. Arch. 36 S. 436). Ebenso wird die Vereinbarung einer sechswöchentlichen Frist schlechthin nach Treu und Glauben als Bestätigung des gesetzlichen Normalfalles, d. h. als lediglich zum Quartalsschluß zulässig, aufgefaßt werden müssen. Für Berlin ist diese Auffassung Handelsgebrauch. [1]) Bei monatlicher Kündigungsfrist muß, da das Dienstverhältnis schon am letzten Tage des letzten Monats endet, spätestens am letzten Tage des vorhergehenden Monats gekündigt werden. [2])

Vierwöchentliche Kündigung ist nach den Anschauungen des Verkehrslebens nur zum Monatsschluß zulässig.[3]) Sie erfolgt rechtzeitig spätestens am 29. Tage vor Ablauf des Monats, also z. B. zum 31. Juli spätestens am 3. Juli. Eine entgegenstehende Usance besteht nicht.[4])

Bei bedungener vierzehntägiger Kündigungsfrist kann nach Berliner Handelsgebrauch die Kündigung nur zum Schluß des Monats, nicht etwa auch am 1. zum 15. ausgesprochen werden[5]), muß aber spätestens am 15. des Monats erfolgen.[6])

Für die Plätze, an denen derartige Handelsgebräuche fehlen, ist die 14tägige Kündigungsfrist an jedem Tage zu jedem Tage, nicht nur zum Monatsschluß, zulässig und läuft am vierzehnten Tage, den Kündigungstag nicht mitgerechnet, ab.

Eine achttägige Kündigungsfrist bedeutet nach den Anschauungen des Verkehrs eine einwöchige, also siebentägige[7]). Die Kündigung erfolgt nach allgemeiner Verkehrs-Auffassung rechtzeitig zu dem dem Kündigungstage entsprechenden Tage der nächstfolgenden Woche, also z. B. am Dienstag zum nächsten Dienstag. Ein allgemeiner

---

[1]) Aeltst. v. 2. 12. 96 i. S. Herrnberg/Michels & Co. 45 C. 1140. 96. A. G. Berlin I.

[2]) Vgl. Art. 328 Nr. 2 HGB. Ebenso Aeltst. v. 5. 7. 87 i. S. Bergmann/Schmidt 29 C. 390. 87. A. G. Berlin I und vom 1. 7. 90 i. S. Schäfer/Berger 28. C. 9. 90. A. G. Berlin I. — Abweichend Aeltst. v. 1. 12. 87 i. S. Wolff/Koßmann 17 C. 729. 87. A. G. Berlin I, wo begutachtet wird, daß die monatliche Kündigung noch am 1. des letzten Monats rechtzeitig erfolgt, und Staub § 1 Abs. 3 zu Art. 61 HGB.

[3]) Aeltst. v. 29. 12. 93 i. S. Rohr & Cohn/Daniel 11 C. 126. 93. A. G. Berlin I.

[4]) Aeltst. v. 26. 3. 92 i. S. Friedlander/Hiller 22 C. 924. 92. A. G. Berlin I.

[5]) Aeltst. v. 12. 3. 89 bei Perl und Wreschner 1890 S. 36; ähnlich Aeltst. v. 25. 4. 94 i. S. Goldstein/Alterthum 1 C. 353. 94. A. G. Berlin I und v. 24. 3. 94 i. S. Loeper/Neumann 49 C. 1697. 93 A. G. Berlin I.

[6]) Nach dem cit. Gutachten der Aeltst. i. S. Loeper/Neumann und einem Gutachten vom 6. Juli 89 bei Perl und Wreschner 90, S. 6, dagegen Staub, § 1, Abs. 3 zu Art. 61 HGB..

[7]) Vgl. Plenarbeschluß des preuß. O. Tr. v. 2. 7. 55. in Entsch. Bd. 31 S. 189, anders Art. 328 HGB. für die Frage der Vertrags-Erfüllung.

Handelsgebrauch, daß sie nur zum Schluß der Woche zulässig sei, läßt sich nicht feststellen.

Dagegen ist bei einer sonstigen mehrtägigen Kündigungsfrist die letztere voll zu rechnen, sodaß also der Kündigungstag nicht mitzählt (vergl. Art. 328 Nr. 2 HGB.). Bei dreitägiger Kündigungsfrist z. B. erfolgt die Kündigung am Montag rechtzeitig zum Donnerstag als zum letzten Dienstvertragstage.

Eintägige Kündigung erfolgt nach allgemeiner Verkehrsanschauung rechtzeitig zum nächstfolgenden Tage.

III. **Betreffs aller Kündigungen gilt** mangels anderweiter Vereinbarungen folgendes:

1. An einem Sonntag oder allgemeinem Feiertag darf nicht gekündigt werden. Fällt der Beginn der Kündigungsfrist — es muß z. B. laut Abrede 6 Wochen vor Vertragsablauf gekündigt werden — auf einen solchen, so ist spätestens am nächstvorhergehenden Werktage zu kündigen (vgl. Art. 330 Abs. 2 HGB.). Endet die Kündigungsfrist an einem Sonntage oder allgemeinen Feiertage, so zählt letzterer nicht mit; als letzter Tag der Frist gilt dann vielmehr der nächstfolgende Werktag. Diese Regel findet keine Anwendung, wenn zu einem bestimmten Termin, z. B. zum Monatsschluß, zu kündigen ist. Allgemeine Feiertage sind die am Geschäftsorte dafür geltenden. In Preußen sind dies beide Weihnachts- Oster- und Pfingst-Feiertage, der Neujahrstag, Charfreitag, Himmelfahrtstag, Bußtag, und in der Rheinprovinz außerdem der Allerheiligentag.

Jüdische Feiertage sind mangels besonderer gesetzlicher Bestimmungen, die z. B. in Preußen fehlen, nicht als allgemeine Feiertage zu betrachten, und zwar auch dann nicht, wenn Prinzipal und Gehülfe jüdischen Glaubens sind (R. 2 S. 411).

2. Die Kündigung ist rechtzeitig, falls sie, wenn auch nicht bis zum Schluß der üblichen Geschäftsstunden, so doch bis zum Ablauf des letzten Kündigungstages, also bis zwölf Uhr Mitternacht, erfolgt. Art. 332 HGB. gilt nicht analog.

Erfolgt ist die Kündigung nicht schon mit der Absendung, sondern erst mit der Ankunft an derjenigen Stelle, an welcher der Gekündigte seine Briefe zu erhalten pflegt, also namentlich in der Wohnung oder im Geschäftslokal des Gekündigten. Die Gefahr der Absendung trägt der Absendende. Die Kündigung ist also z. B. nicht rechtzeitig, wenn durch Verschulden der Post der rechtzeitig abgesandte Kündigungsbrief verspätet abgetragen wird. Wer sich der Kündigung schuldhafter Weise entzieht, ist so zu behandeln, als wenn er sie erhalten hätte,[1]) z. B. wenn der unterwegs befindliche Reisende in dieser Absicht fortwährend seinen Aufenthalt wechselt oder verschweigt oder gar, wenn auch unabsichtlich, falsch angiebt.[2]) Im übrigen darf jeder Teil mit den Gepflogenheiten des anderen soweit rechnen, als einem gewissenhaften Geschäftsmann damit zu rechnen erlaubt ist. So schadet es z. B. dem kündigenden Gehülfen nicht, wenn der Prinzipal gerade an dem Tage, an welchem der Kündigungsbrief rechtzeitig angelangt ist, seine Gepflogenheit, seine Briefe von der Post abholen zu lassen, unterläßt und dadurch die Kündigung einen Tag nach Ablauf ihrer Frist erhält.[3]) Dagegen würde der Gehülfe, welcher den Kündigungsbrief am Abend des letzten Tages nach dem allabendlich von seinem Prinzipal besuchten Stammlokal schickt, sich hierauf nicht berufen können, falls der Prinzipal gerade an dem betreffenden Abend ausnahmweise fortbleibt oder aber Annahme des Briefes in seinem Stammlokal ablehnt.

Einer Acceptation der Kündigung bedarf es zu ihrer Rechtmäßigkeit nicht. Andererseits auch keines Widerspruches gegen die Kündigung zur Erhaltung der Rechte des Gekündigten,[4]) daher auch keines Vorbehalts bei Ausstellung der Quittung über die letztempfangene Gehaltsrate oder bei Räumung der Dienstwohnung (Bolze 20 Nr. 450).

3. Vorzeitige Kündigung ist rechtswirksam, jedoch nur für den nächsten gesetzlich rechtzeitigen Termin; bei gesetzlicher Kündigungsfrist z. B. beendet eine Kündigung am 20. Mai das Dienstverhältnis am 30. September.[5]) Ist das Dienstverhältnis über den gedachten Termin fortgesetzt, so muß damit die Kündigung als erledigt gelten. Auch schon vor Beginn des Dienstverhältnisses kann die Kündigung erfolgen (E. Z. 40 S. 452). Eine verspätete Kündigung muß im Zweifel auf den nächsten gesetzlich rechtzeitigen Termin bezogen werden. Denn wer eine Vertragslösung will, will dieselbe lieber etwas später als gar nicht. Danach würde z. B. bei einmonatlicher Kündigungsfrist eine am 1. Juni zum 30. Juni erfolgende Kündigung das Dienstverhältnis am 31. Juli beenden.

---

[1]) Dernburg, Preuß. Privatr. II § 60.

[2]) Staub, § 2a zu Art. 61 HGB.

[3]) Vgl. O. L. G. Braunschweig 1886 i. E. Z. 34 S. 572.

[4]) R. 12 S. 102 O. L. G. Frankfurt a/M. v. 30. 3. 86 in E. Z. 34 S. 574; vergl. auch E. 26 S. 192. — Anders L. G. I Berlin v. 6. 4. 89 bei Perl u. Wreschner 90 S. 79.

[5]) Teilweise anders Behrend § 46 Anm. 7, der die Kündigung auf alle Fälle für rechtswirksam nur dann erachtet, wenn sie sich auf das Ende des laufenden Kalendervierteljahrs bezieht.

Eine ungerechtfertigte fristlose Kündigung, z. B. Entlassung, wird in der Praxis allgemein und mit Recht dahin als wirksam erachtet, daß sie als vertragliche oder gesetzliche befristete Kündigung gilt. Ein Gehülfe z. B., der ohne Abrede einer Kündigungsfrist am 22. Mai entlassen wird, hat Ansprüche bis, aber auch nur bis zum 30. September einschließlich.

4. Eine besondere Form für die Kündigung ist nicht vorgeschrieben. Dieselbe kann also auch mündlich erfolgen. Sie muß jedoch unbedingt und bestimmt erfolgen. Eine Erklärung, wie „für den Fall, daß Ihre Ergebnisse auch fernerhin den erforderlichen Gewinn vermissen lassen sollten, wollen Sie unseren Kontrakt nach Ablauf von drei Monaten als gelöst betrachten", ist keine gültige Kündigung (R. 4 S. 342—344). Ebenso wenig Erklärungen wie „Wenn Sie wollen, können Sie schon zum ersten gehen" oder „Meinetwegen gehen Sie zum ersten", oder „Suchen Sie sich eine andere Stelle" oder „Es ist wohl das beste, wenn ich Ultimo gehe". In der Bestreitung des Abschlusses oder der Rechtswirksamkeit des Dienstvertrages liegt nicht ohne weiteres die Kündigung desselben.[1])

Eine bedingte Kündigung ist in allen Fällen rechtsunwirksam. Nicht nur dann, wenn die Bedingung unbestimmt ist, wie z. B. in dem obigen Fall des R. 4 S. 342, sondern auch dann, wenn die Bedingung bestimmt ist,[2]) z. B. wenn die Kündigung seitens eines Vorstandsmitgliedes einer Aktiengesellschaft „vorbehaltlich der Zustimmung des Gesamtvorstandes" zwar rechtzeitig, die gedachte Zustimmung aber erst nach dem Kündigungstermin erklärt wird (Bolze 12 Nr. 406), oder wenn der Prinzipal erklärt: „Sie sind zum Quartalsschluß entlassen, wenn Sie bis dahin nicht mindestens 20,000 Mark Ware umgesetzt haben." Kein Teil, insbesondere nicht der Gehülfe, darf über das Fortbestehen des Vertrages im Ungewissen bleiben.

5. Die Kündigung des Gehülfen kann rechtswirksam nicht nur an und durch den Prinzipal, sondern auch an und durch dessen diesbezüglich ermächtigten Stellvertreter erfolgen, z. B. an den Prokuristen (vgl. oben S. 28 sub A.).

§ 26. **Die unbefristete Kündigung insbesondere. Allgemeines.**

I. „Das Dienstverhältnis, so bestimmt § 70 Abs. 1 des neuen HGB., kann von jedem Teil ohne Einhaltung einer

---

[1]) O. L. G. Hamburg v. 28. 11. 91 in G. Z. 40 S. 453.

[2]) Ebenso Foerster/Eccius I § 36, Dernburg, Pr. Privatr. II § 60, Staub 1. Aufl. Anm. 2a zu Art. 61 HGB.; vgl. Seuff. Arch. 25 Nr. 123. Anders Staub 5. Aufl. eod. und Ansch. und Völd. S. 349 Anm. 15.

Kündigungsfrist gekündigt werden, wenn ein wichtiger Grund vorliegt," während nach der Fassung des Art. 62 Abs. 1 des alten HGB. die Aufhebung des Dienstverhältnisses in solchem Falle vorzeitig „verlangt" werden konnte. Hiernach war es streitig geworden, ob schon die Rücktritts-Erklärung das Dienstverhältnis beendet oder erst das Urteil des über ihre Rechtmäßigkeit erkennenden Gerichts (vgl. Behrend § 46 Anm. 14). Die neue Fassung, welche mit der des § 626 BGB. wörtlich übereinstimmt, bringt die bisherige herrschende und u. E. zutreffende Meinung zum Ausdruck, daß nämlich in den fraglichen Fällen die Auflösung des Dienstverhältnisses nicht eines Richterspruches bedarf, sondern daß sie infolge der Kündigung ohne weiteres eintritt. Allerdings nach der Ausführung der Denkschrift (S. 61) nur, „sofern diese (Kündigung) gerechtfertigt war".

Wie nun, wenn die Kündigung nicht gerechtfertigt war, wenn ein wichtiger Grund für sie nicht vorlag?

Wird dies durch Richterspruch festgestellt, so gilt das Dienstverhältnis als nicht aufgelöst, besteht weiter und hat vor allem in der Zwischenzeit weiter bestanden, außer wenn der andere Teil inzwischen ebenfalls zurückgetreten ist und damit die Aufhebung des Dienstverhältnisses acceptiert hat.[1]) Die Konsequenzen sind für den Gehülfen allerdings unerträglich. Oft wird die Frage, ob ein wichtiger Grund vorliegt oder nachweisbar ist, zweifelhaft sein, und dann wird der vorsichtige[2]) Gehülfe die Wahl haben, entweder sein Recht preiszugeben oder bis zur rechtskräftigen richterlichen Entscheidung, also meist Monate, zuweilen Jahre lang, auf den Antritt einer neuen Stelle zu verzichten. Rechtlos oder brotlos!

Für das Gebiet des preußischen Rechts ist ein derartiger Zustand freilich von vornherein ausgeschlossen, weil nach § 408 A. L. R. I, 5 jeder Teil ohne weiteres jederzeit vom Vertrage zurücktreten darf, falls er nur, wenn auch grundlos, behauptet, daß der andere nicht erfüllt habe oder nicht erfüllen wolle.[3]) Die Grundlosigkeit seines Rücktritts hat lediglich seine Pflicht zum Schadensersatz zur Folge. Diese Rechtssätze sind durch § 70 des neuen HGB. ebensowenig beseitigt worden, wie ehedem durch Art. 62 des alten.[4]) Jedoch hört dieser dem Ge-

---

[1]) Staub, vgl. Darst. des a. u. n. HGB. Anm. zu Art. 62.

[2]) Z. B. schon allein wegen der gesetzlichen Konkurrenzverbote (oben § 13); vgl. S. 104 sub b.

[3]) So die ständige Praxis der Gerichte, vergl. z. B. R. 13 S. 221; anders jedoch betreffs des Rücktrittsrechts des Gehülfen Dernburg, Pr. Privatr. II, § 193. Anm. 11.

[4]) Ebenso Staub Suppl. Einl. zu § 70 u. in der D. J. Z. 97 S. 335.

hülfen günstige preußische Rechtsstand am 1. Januar 1900 auf, da das alsdann für ganz Deutschland in Kraft tretende BGB. (§ 626) nur einen Rücktritt aus wichtigem Grund gestattet.

II. Ist die Kündigung berechtigt und wird sie durch vertragswidriges Verhalten des anderen Teils veranlaßt, so ist dieser zum Ersatz des durch die Aufhebung des Dienstverhältnisses entstehenden Schadens verpflichtet (§ 70 Abs. 2 HGB.).

1. Der Schaden des Prinzipals kann u. a. darin bestehen, daß er teurere Arbeitskräfte annehmen, daß er Kosten aufwenden muß für das Engagement von Ersatzkräften, z. B. Annoncenkosten, daß ihm, wenn er beispielsweise den Reisenden mitten von der Reise abzurufen genötigt ist, der Verdienst der betreffenden Reise-Saison teilweise entgeht.

2. Der Schaden des Gehülfen wird meist in dem Entgehen seines Gehalts bestehen. Das Nähere s. oben S. 56. Ueber Prozessuales s. unten § 34 sub. G. V u. VI.

III. Ist die Kündigung ohne wichtigen Grund, also ungerechtfertigt, geschehen, so sind die Folgen nach Landesrecht zu beurteilen (E. 22 S. 37). Es ist zu unterscheiden:

1. In den Rechtsgebieten, in denen der Rücktritt ohne weiteres jederzeit gestattet ist, wie nach preußischem Recht, hat der Gekündigte lediglich einen Schadensersatzanspruch. Das Dienstverhältnis selber bleibt aufgehoben (vgl. oben S. 102). Eine Klage auf Erfüllung desselben ist unzulässig. Betreffs des Schadensersatzanspruches im einzelnen gilt das vorstehend sub. II Erörterte entsprechend.

2. In den anderen Rechtsgebieten, z. B. in dem des gemeinen Rechts, muß der Gekündigte auf Erfüllung oder auf Feststellung des Fortbestehens des Dienstverhältnisses klagen. Erstreitet er rechtskräftig ein obsiegliches Urteil, so hat dies folgende Wirkungen:

a. Er kann die Erfüllung im Wege der Zwangsvollstreckung erzwingen, der Prinzipal also z. B. denjenigen Gehülfen, dessen Persönlichkeit oder besondere Fähigkeit bei Vornahme der Dienste wesentlich in Betracht kommt, gemäß § 774 C. P. O. zu dieser Vornahme durch Geldstrafen bis 1500 Mark oder durch Haft anhalten lassen. Sonst kann er lediglich die von dem Gehülfen zu leistenden Dienste sich anderweit beschaffen (§ 773 C. P. O.), also einen neuen Gehülfen engagieren[1]). Der Gehülfe da-

[1]) Gemäß O. A. G. Rostock 68 in G. Z. 14 S. 529/30 soll der Gehülfe nach mecklenburgischem Recht in allen Fällen zur Fortsetzung der Dienste gezwungen werden können.

gegen ist nicht berechtigt, auf Annahme seiner Dienstleistungen zu klagen, da er zu letzteren nur verpflichtet, nicht berechtigt ist (vgl. Bolze 11 Nr. 338); er **hat kein Recht auf Arbeit.** Im übrigen kann er auf Erfüllung klagen, z. B. auf Zahlung des Gehalts, sowie auf Weitergewährung von Wohnung und Beköstigung.

b. Durch das Urteil ist festgestellt, daß das Dienstverhältnis nie aufgehoben war, sondern trotz der Kündigung fortbestanden hat. Das hat u. a. nachstehende Folgen:

Der Gehülfe, von dem die Kündigung ausgegangen ist, hat unter Umständen eine Konventionalstrafe verwirkt, die für den Fall des Eintritts in ein Konkurrenzgeschäft während der Vertragsdauer stipuliert ist. Er ist wegen unlauteren Wettbewerbs strafbar, wenn er inzwischen seine im alten Geschäft erworbenen Kenntnisse bei dem neuen Prinzipal verwertet hat (s. oben S. 51). Er muß, wenn er, um sich inzwischen zu ernähren, im Handelszweige des Prinzipals Geschäfte gemacht hat, dieselben oder den Verdienst daraus dem Prinzipal als Eigentum überlassen (s. oben S. 46/47). Selbstverständlich ist er dem letzteren auch zum Ersatz des aus der ungerechtfertigten Kündigung erwachsenen Schadens verpflichtet.

3. Alles dasjenige, was oben S. 100/101 von dem Protest gegen die Kündigung, von der Form derselben und der diesbezüglich zulässigen Stellvertretung des Prinzipals ausgeführt worden, gilt entsprechend auch von der Entlassung. Betreffs des Erfordernisses der Bestimmtheit hat z. B. das Reichsgericht (Bolze 11 Nr. 340) entschieden, daß das Verbot, bis auf weiteres das Fabrikgrundstück zu betreten, nicht als Entlassung aufzufassen sei. Betreffs der Frage des Widerspruchs gegen die Vertrags-Aufhebung sei hervorgehoben, daß der entlassene Gehülfe, wie er gegen die Entlassung nicht zu protestieren, so auch für die zukünftige Vertragszeit seine Dienste weder anzubieten noch zur Verfügung zu stellen braucht (R. 2 S. 185).

§ 27. Die unbefristete Kündigung insbesondere. Fortsetzung. Begriff des wichtigen Grundes zur Kündigung.

I. Was ein wichtiger Grund ist, der zur Kündigung berechtigt, läßt sich bei der Mannigfaltigkeit der geschäftlichen und persönlichen Verhältnisse nicht definieren. Vielmehr muß diese Frage in jedem Einzelfalle gemäß der besonderen Eigenart desselben unter dem Gesichtspunkte entschieden werden, ob es unbillig sein würde, den Kündigenden wider seinen Willen das Vertragsverhältnis fortsetzen zu lassen. Die außerordentlich fruchtbare

Rechtsprechung hierüber, von der im nächsten Paragraphen eine Uebersicht gegeben werden soll, kann daher für die Praxis lediglich als Anleitung, nicht als Richtschnur dienen. Nur so will auch das Gesetz verstanden sein, soweit es bestimmte Kategorien von Umständen als zu vermutende wichtige Gründe heraushebt (s. unten §§ 28, 29). Deshalb ist aber die Frage, ob die Umstände des Einzelfalles als wichtiger Grund im Sinne des Gesetzes anzusehen sind, keine Thatfrage, wie das R. 10 S. 186 und 21 S. 253 und das Reichsgericht bei Bolze 5 Nr. 606 annehmen, sondern eine der Revision unterworfene Rechtsfrage. Es gilt diesbezüglich ganz dasselbe, was oben S. 19 betreffs des Rechtsbegriffes der „kaufmännischen Dienste" ausgeführt worden ist. Insbesondere widerspricht auch hier die Praxis der genannten höchsten Gerichte ihrer Theorie.

II. Einzelne allgemeine Gesichtspunkte für die Frage nach dem Vorliegen eines wichtigen Grundes sind folgende:

1. Dieser Begriff erfordert nicht das Vorhandensein eines Verschuldens, wie das Beispiel der unverschuldeten anhaltenden Krankheit des Gehülfen beweist (R. 21 S. 253; E. 37 S. 27).

Andererseits kann der Prinzipal einen wichtigen Grund auch dann geltend machen, wenn er selber bewußt die Gelegenheit zu demselben gegeben hat, um den Gehülfen auf die Probe zu stellen, ja selbst um einen Grund zur Entlassung zu schaffen, sofern nur das erprobte Mittel nicht rechtswidrig ist (Bolze 6 Nr. 382).

2. Die Gesamtheit einzelner Umstände kann einen wichtigen Grund abgeben, auch wenn jeder einzelne Umstand allein hierzu nicht ausreichend wäre (Bolze 11 Nr. 334), z. B. bei geringfügigen Nachlässigkeiten des Gehülfen im Geschäft.

3. a) Thatsachen, die bei der Rücktritts-Erklärung als Grund derselben nicht angegeben worden sind, können zur Rechtfertigung des Rücktritts geltend gemacht werden. Denn eine Pflicht zur Angabe der bestimmenden Gründe besteht überhaupt nicht, und die Befugnis zur Vertrags-Aufhebung ist nur von der Existenz wichtiger Gründe, nicht von deren Mitteilung abhängig (R. 21 S. 252). Es können deshalb sogar noch im Prozeß anstatt der früher mitgeteilten Gründe oder neben denselben andere geltend gemacht werden (E. 32 S. 251).

b) Demzufolge wird der Rücktritt auch durch solche Umstände gerechtfertigt, die überhaupt erst nach der Rücktritts-Erklärung eingetreten sind, z. B. durch erhebliche Ehrverletzungen, deren sich der Gehülfe nach erfolgter

Entlassung gegen den Prinzipal schuldig macht.[1]) Nur ist, falls ohne solche nachträglichen Umstände der Rücktritt nicht gerechtfertigt wäre, die Vertragsaufhebung erst zu der Zeit als erfolgt anzusehen, in welcher sich jene Umstände ereignet haben; die Erklärung des Rücktritts, welche fortbestehen bleibt, wird dann rechtsgültig. Der unrechtmäßig entlassene Gehülfe z. B., der nach der Entlassung seinen Prinzipal erheblich beleidigt, hat bis zur Begehung solcher Beleidigung Anspruch auf Fortbezug der Vergütung (Bolze 17 Nr. 419).

Nach preußischem Recht (§ 408 A. L. R. I, 5) hebt die Rücktritts-Erklärung, sei sie gerechtfertigt oder ungerechtfertigt, den Vertrag auf, und verwandelt in letzterem Falle nur die Vertrags-Ansprüche in Entschädigungs-Ansprüche. Nachträgliche Umstände gedachter Art können danach zwar keinen Einfluß auf die Thatsache der Vertrags-Aufhebung haben, wohl aber beseitigen sie die Entschädigungs-Ansprüche. Denn sie beseitigen den Kausalgrund derselben, da infolge ihres Eintritts das Dienstverhältnis, wenn es nicht aufgehoben worden wäre, hätte aufgehoben werden können.[2])

4. Als verziehen gelten solche wichtige Gründe, welche derjenige Vertragsteil, der sie geltend machen konnte, trotz Kenntnis ihres Vorhandenseins nicht geltend gemacht hat (Bolze 16 Nr. 384). Unter allen Umständen wird jedoch in der zeitweiligen stillschweigenden Ertragung einzelner Vertragsverletzungen ein Verzicht auf ihre Geltendmachung nicht ohne weiteres gefunden werden können,[3]) wohl aber natürlich in allen Handlungen, besonders Erklärungen, die auf Fortsetzung des Vertrages gerichtet sind.[4]) In der Regel wird aber der Schweigende, falls er in Zukunft derartige Vertragsverletzungen verwerten will, dies dem anderen Teil erklären müssen,[5]) weil er sonst dolos handeln würde.

In jedem Falle können verziehene Umstände derart verwertet werden, daß sie mit anderen nicht verziehenen zusammen als wichtiger Rücktrittsgrund geltend gemacht werden.[6])

---

[1]) Bolze 2 Nr. 945 und 17 Nr. 419; E. 32 S. 249 ff.

[2]) Im Resultat gleicher Ansicht, jedoch mit teilweis, auch untereinander, abweichender Begründung, sind E. 32 S. 249 ff. und Staub § 2 zu Art. 62 HGB. Dagegen halten das A. G. I. und L. G. I Berlin (bei Perl und Wreschner 94 S. 13) derartige nachträgliche Umstände nach preußischem Recht für unbeachtlich.

[3]) Bolze 11 Nr. 334 und die offenbar zu weit gehende Entsch. bei Bolze 14 Nr. 395.

[4]) Bolze 20 Nr. 446 und 16 Nr. 384.

[5]) Vgl. E. 37 S. 116/7, anders offenbar Bolze 14 Nr. 395.

[6]) R. 17 S. 221/2; Bolze 14 Nr. 393.

5. Thatsachen, die sich vor Abschluß des Dienstvertrages ereignet haben, z. B. abfällige und verdächtigende Aeußerungen des Gehülfen gegen seinen späteren Prinzipal (Bolze 17 Nr. 415), können nicht als sog. wichtiger Grund, sondern nur als Beweis wesentlichen Irrtums (s. oben S. 91) für die Aufhebung des Dienstverhältnisses in Betracht kommen.[1])

III. Was Prinzipal und Gehülfe einander nachsehen wollen, berührt, bis auf Ausnahmefälle, nicht das öffentliche Interesse, ist vielmehr ihre Privat-Angelegenheit. Es sind daher Vereinbarungen zulässig, die den Kreis der wichtigen Gründe, wie solche es im Sinne des Gesetzes sind, modifizieren.

Einerseits dahin, daß bestimmte Umstände, die in der Regel nicht als wichtiger Rücktrittsgrund angesehen werden, z. B. nur einmaliges Zuspätkommen des Gehülfen, auf alle Fälle als wichtiger Rücktrittsgrund geltend gemacht werden dürfen. Andererseits umgekehrt dahin, daß die Vertrags-Aufhebung aus gewissen, an sich wichtigen Gründen, z. B. wegen Erkrankung des Gehülfen, nicht gefordert werden dürfe, oder lediglich aus bestimmten wichtigen Gründen, z. B. nur aus den vom Gesetz besonders hervorgehobenen (Bolze 8 Nr. 456; s. unten §§ 28, 29), oder nur aus solchen, bei denen ein Verschulden des anderen Teils vorliegt (vgl. E. 38 S. 27/28).

Eine Grenze ist allen derartigen Vereinbarungen allein durch die Gebote der Sittlichkeit gezogen. So würde eine Vereinbarung, wonach die Nichtbeseitigung abstellbarer gesundheitsgefährlicher Geschäftseinrichtungen für den Gehülfen kein Rücktrittsgrund sein soll, unsittlich und deshalb rechtsunwirksam sein.

§ 28. **Die unbefristete Kündigung insbesondere. Fortsetzung. Die einzelnen wichtigen Gründe gegen den Handlungsgehülfen.**

A. Nach § 72 des neuen HGB. ist namentlich in den nachstehend unter Nr. I—III aufgeführten Fällen ein wichtiger Grund anzunehmen, der den Prinzipal zur Kündigung ohne Einhaltung einer Kündigungsfrist berechtigt, sofern nicht besondere Umstände eine andere Beurteilung rechtfertigen. Nämlich

I) wenn der Handlungsgehülfe im Dienste **untreu** ist oder **das Vertrauen mißbraucht** oder die ihm nach § 60 HGB. **obliegende Verpflichtung** (s. oben § 13) **verletzt.**

---

[1]) Gleicher Ansicht Staub § 2 zu Art. 62 HGB. gegen Bolze l. c.

1. Die **Untreue** braucht weder strafbar zu sein noch den Prinzipal zu schädigen.[1])

Untreue und Vertrauens-Mißbrauch sind eigentlich dasselbe. Allenfalls könnte man dahin unterscheiden, daß erstere die Treu-Verletzung des Untergebenen, letzterer die Treu-Verletzung des Kontrahenten ist. Beispiele aus der Praxis sind:

Verwendung von Geschäftsgeldern zu Privatzwecken, fälschliche Buchung nicht eingenommener Gelder als eingenommener, Tilgung von Privatschulden an Dritte durch Aufrechnung der Forderungen des Prinzipals (Bolze 13 Nr. 391); Weigerung des Reisenden, die vereinnahmten Gelder herauszugeben, weil er sie auf das künftige Salair verrechnet;[2]) das Innebehalten von dem Prinzipal gehörigen, auf Geschäftsreisen vom Gehülfen geführten Notizbüchern, außer, wenn dieselben geringen Wert haben (R. 19. S. 115/6 vgl. oben S. 42); Berechnung von Spesen, die nicht aufgewendet sind, z. B. für Lohnfuhrwerk, das nicht gebraucht worden (Bolze 6 Nr. 515) oder für Reisetage, an denen nicht gereist worden ist oder doch nur zu Privatzwecken des Reisenden (O. A. G. Lübeck 1870 bezw. 1871 bei Busch 23 S. 5 bezw. 27 S. 115); Ueberschreiben fingierter oder zweifelhafter Bestellungen seitens des Reisenden (R. 21 S. 394 vgl. Busch 27 S. 115); der bloße Verdacht der Unredlichkeit genügt selbst bei objektiver Pflichtwidrigkeit nicht.[3])

Fälschliche Vorspiegelung eines Unwohlseins, Verleitung eines Lehrlings zu unrichtigen Angaben (Handelsger. Stuttgart 1867 in G. Z. 21 S. 564); Erteilung von Rat an einen Konkurrenten des Prinzipals betreffs Herstellung der Konkurrenzware (Bolze 6 Nr. 517); die Absicht, Dritte zur Teilnahme an der Gründung eines eigenen Konkurrenzgeschäftes zu gewinnen (R. 19 S. 115/6); Mitteilungen über die Rentabilität des Geschäftes an Dritte (R. das.), Verbreitung ungünstiger Nachrichten über die Geschäftsverhältnisse des Prinzipals, selbst wenn die Nachrichten wahr sind (O. L. G. Cassel 92 in Seuff. Arch. 48 S. 169), nicht dagegen schon die bloße Anfertigung von Notizen über Einkaufspreise und Einkaufsadressen (L. G. Frankfurt a. M. in G. Z. 34 S. 574).

---

[1]) Bolze 13 Nr. 391; Bayr. H. A. G. in G. Z. 8 S. 168/9.

[2]) G. Z. 8. S. 164. Anders Aeltst. v. 14. 2. 93. i. S. Lottré/Ellering & Zach. C. 264. 91. Sächs. A. G. Caeswald.

[3]) Ebenso Staub § 2 zu Art. 64 HGB. Die von Staub diesbezüglich angegriffene Entsch. d. R. 4 S. 398 will jedoch offenbar nur sagen, daß ein vertragswidriges Verhalten genügt, wenn es derart unverantwortlich ist, daß es sogar den Verdacht der Unredlichkeit begründet. So aufgefaßt ist die Entsch. zutreffend.

Ferner: Angehen eines Hoteldirektors an Geschäftslieferanten um Darlehen und Annahme letzterer (Bolze 14 Nr. 391); Annahme einer geringfügigen Gratifikation anläßlich einer gegebenen Bestellung (vgl. R. 13 S. 184).

Unbefugtes Eröffnen eines Briefes (H. A. G. Nürnberg bei Busch 21 S. 349).

Versuch eines Hotel-Leiters, mit einem Zimmermädchen in einem Hotelzimmer den Beischlaf zu vollziehen (Bolze 16 Nr. 382).

2. Eine geringfügige **Verletzung des § 60 HGB.** (s. oben § 13) rechtfertigt die Entlassung des Gehülfen noch nicht, sondern nur eine erhebliche (R. 19 S. 15). Diesbezüglicher Entlassungsgrund sind z. B. umfangreiche verbotene Börsenspekulationen des Gehülfen (R. 16 S. 290). Dagegen würde z. B. der Umstand, daß der Gehülfe aus dem Warenbestande des Geschäfts unbedeutende Kleinigkeiten für seinen eigenen Gebrauch entnimmt, kein Entlassungsgrund sein; namentlich sind Näschereien u. dgl. hierzu nicht geeignet. Zu weit geht es allerdings, wenn das L. G. Bautzen 89 (in G. Z. 40 S. 453/4) eine allgemeine kaufmännische Uebung dahin annimmt, daß beim Mangel eines ausdrücklichen Verbotes dem in offenen Verkaufsläden angestellten kaufmännischen Personal die Entnahme von Genußmitteln zum persönlichen Verbrauche aus den Vorräten des Ladens stillschweigend erlaubt sei. Es ist dies nicht erlaubt, sondern nur kein Entlassungsgrund. Sogar ein solcher kann bei vielfacher Entnahme gegeben sein.

II. Wenn der Handlungsgehülfe

1. seinen **Dienst während einer den Umständen nach erheblichen Zeit unbefugt verläßt, oder**

2. sich **beharrlich weigert, seinen Dienstverpflichtungen nachzukommen.**

ad 1: Die Dienstversäumnis muß

a) eine unbefugte sein (s. oben S. 37).

In jedem Falle, auch bei berechtigter Dienstversäumnis muß sich der Handlungsgehülfe sobald als möglich entschuldigen. Ausbleiben der Entschuldigung kann unter Umständen an sich schon ein Entlassungsgrund sein, z. B. bei tagelangem Fortbleiben, und wird in solchen Fällen auch durch eine nachträgliche Entschuldigung nicht wieder wett gemacht (H. A. G. Nürnberg bei Busch 21 S. 353/4).

Zu beweisen hat der Gehülfe das Vorliegen von genügenden Gründen für die Dienstversäumnis, nicht der Prinzipal das Fehlen solcher Gründe. Denn wer eine Vertrags-Verpflichtung nicht erfüllt, muß beweisen, daß und weshalb er zur Erfüllung nicht imstande war.[1]) Entschuldigt daher der Gehülfe sein Ausbleiben mit Krankheit, so muß er nachweisen, daß er krank gewesen, nicht braucht der Prinzipal nachzuweisen, daß der Gehülfe nicht krank gewesen. Die letzteres annehmende Entsch. in R. 7 S. 263 ist unrichtig,[2]) und zwar nicht nur, insoweit es sich um die Vergütung für die Zeit der Dienstversäumnis handelt, wie Staub § 7 zu Art. 64 HGB. ausführt, sondern auch soweit die Rechtfertigung der Entlassung, die Gehaltsverweigerung für die Zukunft, in Frage steht. Denn diese Rechtfertigung liegt in der bloßen Thatsache der Dienstversäumnis, also des Unterlassens der vertraglichen Erfüllung, dessen Entschuldbarkeit nicht zu vermuten ist.

Der Beweis der Entschuldbarkeit ist dagegen dem Gehülfen nach keiner Richtung beschränkt. Namentlich ist derselbe im Falle von Krankheit nicht verpflichtet, ein letztere bescheinigendes ärztliches Attest beizubringen. Dies um so weniger, als er überhaupt nicht verpflichtet ist, sich einen Arzt zu nehmen. Keinesfalls braucht er sich, was häufig verlangt wird, durch einen vom Prinzipal benannten Arzt untersuchen oder behandeln zu lassen, und zwar auch dann nicht, wenn der Prinzipal die Kosten hierfür übernimmt.

b. Die Dienstversäumnis muß den Umständen nach erheblich sein. Dies kann schon eine eintägige (s. Busch 30 S. 160), ja schon eine mehrstündige Dienstversäumnis sein, z. B. bei Fabriken, die eine Unterbrechung in der Leitung ohne erheblichen Schaden nicht vertragen, oder während besonders lebhafter Geschäftszeit, z. B. am goldenen Sonntag vor Weihnachten.

Ein bloßes Zuspätkommen dagegen ist an sich keine erhebliche Versäumnis. (Bolze 15 Nr. 277).

Eine für sich allein unerhebliche Dienst-Versäumnis kann in Verbindung mit anderen Umständen, gleichsam als letzter Tropfen, die Entlassung rechtfertigen, ebenso, wenn sie sich öfter wiederholt, und zwar in letzterem Falle besonders dann, wenn der Prinzipal vorher für den Fall der Wiederholung die Entlassung angedroht hatte. Ohne Erheblichkeit der Umstände kann die Drohung allein die trotz ihrer erfolgte Dienstversäumnis nicht zum Entlassungsgrund stempeln, z. B. nicht, falls der Gehülfe nur ein einziges Mal fünf Minuten zu spät gekommen ist, und ihm für den Fall einer nochmaligen Verspätung mit der Entlassung

---

[1]) E. 25 S. 113/4; R. 14 S. 16 ff.

[2]) So auch Dernburg, Pr. Privatr. II § 193 A. 10, anders dagegen Behrend § 46 Anm. 14.

gedroht wird. Dagegen ist die Entlassung gerechtfertigt, wenn dieselbe für einen solchen Fall beiderseits vereinbart worden ist (s. oben S. 107 sub III).

ad 2: **Beharrliche Weigerung, den Dienstverpflichtungen nachzukommen.**

a) Das Erfordernis der Weigerung, welche eine Aufforderung seitens des Prinzipals voraussetzt, bedeutet nicht etwa, daß Dienstunterlassungen ohne solche voraufgegangene Aufforderung in der Regel kein Entlassungsgrund sein sollen. Es bedeutet auch nicht andererseits, daß regelmäßig die unerhebliche Dienstunterlassung durch die Weigerung erheblich wird. Nur so viel kann man natürlich sagen, daß eine Weigerung die Rechtslage des Gehülfen verschlechtert. Im übrigen wird es auf die Umstände ankommen.

Die Beharrlichkeit der Weigerung jedoch, ein Erfordernis, welches nach dem bisherigen Recht (Art. 64 Nr. 3 HGB.) diesbezüglich nicht verlangt wurde, soll für den Regelfall Entlassungsgrund sein. Beharrlich ist eine Weigerung dann, wenn der Gehülfe fortgesetzt zu erkennen giebt, daß er die verlangten Dienste nicht leisten will. Eine mehrmalige vergebliche Aufforderung seitens des Prinzipals ist nicht erforderlich; auch eine einmalige genügt.

Ob ein nachträgliches Fallenlassen der Weigerung oder gar die nachträgliche Vornahme der verweigerten Dienste den durch die Weigerung hervorgerufenen Entlassungsgrund beseitigt, läßt sich nur nach Lage der besonderen Umstände beurteilen. Es sind viele Fälle denkbar, in denen der Gehülfe durch die Beharrlichkeit seiner Weigerung so schwer gegen Achtung und Gehorsam, die er dem Prinzipal schuldet, gefehlt hat, daß es dem letzteren, z. B. seinem übrigen Personal gegenüber, selbst dann nicht zuzumuten sein wird, den Gehülfen weiter zu behalten, wenn dieser seine Weigerung thätig bereut.

b) Selbstverständlich ist nur die Weigerung solcher Dienstleistungen erheblich, zu denen der Gehülfe verpflichtet ist. Ja, die Zumutung anderer Dienstleistungen kann unter Umständen dem Gehülfen einen wichtigen Rücktrittsgrund gegen den Prinzipal geben.

Ob die Dienstverpflichtungen erheblich sind, erscheint gleichgültig, da in erster Linie nicht die Unrechtmäßigkeit der Weigerung, sondern deren Beharrlichkeit die Entlassung rechtfertigt. Grund zu letzterer liegt z. B. vor, wenn der Gehülfe sich beharrlich weigert, einen Brief zu schreiben.[1]) Natürlich sind auch hier, wie überall, besondere Umstände, z. B. gerechtfertigte gereizte Stimmung des Gehülfen,[2]) wohlwollend zu berücksichtigen.

III. Wenn der Handlungsgehülfe durch

1. **anhaltende Krankheit,**
2. eine **längere Freiheitsstrafe** oder **Abwesenheit** oder
3. eine die Zeit von acht Wochen übersteigende **militärische Dienstleistung**

an der Verrichtung seiner Dienste verhindert wird (§ 72 Nr. 3 HGB.).

Ist die Verhinderung durch unverschuldetes Unglück verursacht, so hat nach § 72 Abs. 2 HGB. der Handlungsgehülfe Anspruch auf weiteren Gehalt und Unterhalt, jedoch nicht über die Zeit hinaus, bis zu der er beides bei Fortbestehen des Vertrages hätte fordern können, und keineswegs über die Dauer von sechs Wochen hinaus (s. oben S. 59).

ad 1. „**Anhaltende Krankheit**" ist nicht notwendig eine chronische, auch nicht eine solche, die nicht regelmäßig verläuft, deren naturgemäße Heilung sich vielmehr verzögert (Busch 18 S. 395), endlich auch nicht eine länger als sechs Wochen dauernde Krankheit, was Behrend § 45 Anm. 40 und Staub Einl. zu Art. 60 und § 9 zu Art. 64 HGB. annehmen. Denn die für diese Annahme angezogene Vorschrift, daß der Gehülfe bei unverschuldetem Unglück die Vergütung bis auf die Dauer von sechs Wochen beanspruchen darf (Art. 60 jetzt § 63 HGB.), bedeutet nur eine gesetzliche Versicherung des Gehülfen zu Lasten des Prinzipals, hat aber mit der Frage der Fortdauer des Dienstverhältnisses nichts zu thun. Für den jetzigen Rechtsstand nach dem neuen HGB. kommt noch die Erwägung hinzu, daß der Gesetzgeber, wenn er sich jene Auffassung hätte aneignen wollen, dies in sehr einfacher Weise dadurch hätte bewirken können, daß er anstatt aus Art. 64 Nr. 4 des alten HGB. die Worte „anhaltende Krankheit" zu übernehmen, dafür die Worte „längere als sechswöchentliche Krankheit" einsetzte. Wenn der Gesetzgeber eine derartige einfache Vornahme unterließ, trotzdem sich gerade an den Begriff „anhaltende Krankheit" eine Streitfrage angeknüpft hatte (vgl. Behrend a. a. O.), so muß man annehmen, daß er den gedachten Begriff in seinem gemeingewöhnlichen Sinne verstanden wissen will.

---

[1]) Vgl. jedoch Stadtger. Berlin 1863 in G. Z. 8 S. 167.

[2]) Vgl. Stadtger. und Appell. G. Frankfurt a. M. bei Busch 15 S. 77 und 18 S. 40.

Anhaltende Kränklichkeit; d. h. ein anhaltend leidender Zustand, der öfters mit Unterbrechungen, aber stets nur kürzere Zeit an der Dienstverrichtung hindert, ist nicht mehr wie bisher nach Art. 64 Nr. 4 Entlassungsgrund. Einer der Ausnahme-Umstände, die bei einem derartigen Zustand die Entlassung mit rechtfertigen können, wird eine noch sehr lange, z. B. zehn Jahre laufende Vertragsdauer sein; doch wird dann nach den Grundsätzen der Billigkeit jedenfalls das weitere Erfordernis hinzukommen müssen, daß der Prinzipal von seiner Absicht dem Gehülfen Kenntnis giebt und ihn darauf noch eine angemessene Frist, mindestens die gesetzliche Kündigungsfrist, das Dienstverhältnis fortsetzen läßt.

Eine nicht anhaltende Krankheit wird insbesondere dann Entlassungsgrund sein, wenn sie ansteckend, ekelerregend[1]) oder verschuldet ist. Ueber den Begriff und die Fälle der verschuldeten Krankheit s. oben S. 37, 61. Unsere der herrschenden Meinung entgegenstehende Ansicht (s. oben S. 61), daß eine Krankheit blos allein deswegen, weil sie eine geschlechtliche ist, nicht als verschuldet und deshalb nicht als Entlassungsgrund angesehen werden kann, findet sich auch, und zwar sogar betreffs der Handlungsgehülfin, in der Entscheidung des Kammergerichts vom 20. 1. 94. bei Perl und Wreschner 94 S. 26.

ad 2. Auch eine **kurze Freiheitsstrafe** wird Entlassungsgrund sein, wenn sie wegen einer unehrenhaften oder geschäftlich nicht unbeachtlichen Handlung, z. B. wegen gewerbsmäßigen Hazardspiels, erfolgt ist (vgl. oben S. 91 sub a).

ad 3. Die Hervorhebung der mehr als achtwöchentlichen militärischen Uebung ist eine Neuerung und entscheidet eine bisherige Streitfrage.[2])

IV. Wenn der Handlungsgehülfe sich **Thätlichkeiten oder erhebliche Ehrverletzungen** gegen den Prinzipal oder dessen Vertreter zu Schulden kommen läßt. (§ 72 Nr. 4 HGB.).

1. Die Erheblichkeit der Ehrverletzung setzt nicht voraus, daß letztere mit Bezug auf den Geschäftsbetrieb erfolgt ist. Auch Ehrverletzungen im Privatleben genügen (s. oben S. 50 sub III). Zum Begriff der Erheblichkeit gehört ferner nicht, daß die Ehrverletzung strafbar ist. Derselbe würde z. B. ohne Strafbarkeit gegeben sein, wenn der Gehülfe im Geschäftslokal vor dem übrigen Personal etwa äußerte: „Der Chef versteht von dem Geschäft so

---

[1]) G. Z. 14 S. 538, A. G. I Berlin v. 23. 2. 97. i. S. 42 C. 1774. 96.
[2]) Vgl. Staub § 9 zu Art. 64 HGB.

gut wie gar nichts." Denn auch blos abfällige Aeußerungen können genügen. (Vgl. Bolze 17 Nr. 415). Eine erhebliche, wenn auch nicht strafbare Ehrverletzung kann ferner in Drohungen des Gehülfen gegen den Prinzipal liegen. Oft freilich wird die Drohung zugleich strafbare Ehrverletzung, also Beleidigung sein, so z. B. die Drohung, den Prinzipal wegen Unterschlagung anzuzeigen (Bolze 15 Nr. 323).

Erheblich ist eine Ehrverletzung nicht, wenn sie in einem blos unpassenden Benehmen besteht[1]). Doch kann öftere Wiederholung eines solchen, besonders trotz voraufgegangener Verwarnung, sehr wohl eine erhebliche Ehrverletzung darstellen[2]).

Die Erheblichkeit der Ehrverletzung wird in der Regel dadurch ausgeschlossen, daß die Ehrverletzung nur in berechtigter Erregung über Provokationen des Prinzipals und in Abwehr derselben begangen ist, z. B. letzterer hat den Gehülfen „Schwindler, Betrüger und frecher Patron" genannt, der Gehülfe darauf dem Prinzipal „Gemeinheit und Erpressung" vorgeworfen. In solchem Falle ist zu untersuchen, ob nach Lage der Umstände das Benehmen des Gehülfen durch dasjenige des Prinzipals entschuldigt wird. (Bolze 13 Nr. 393.)

2. Thätlichkeiten, auch wenn sie noch so leichter Art sind, auch wenn sie sich nicht als Mißhandlungen charakterisieren (anders Art. 64 Nr. 5 des alten HGB.), rechtfertigen in jedem Falle die Entlassung, ausgenommen wenn sie in Notwehr gegen thätliche Angriffe des Prinzipals erfolgt sind. Ueberschreitungen der Notwehr schaden diesbezüglich nur, wenn sie sehr schwerer Art sind.

3. Die Verletzung des Vertreters, d. h. derjenigen Person, welche dem Gehülfen gegenüber den Prinzipal zu vertreten berechtigt ist, war im alten HGB. als besonderer Entlassungsgrund nicht ausdrücklich hervorgehoben. Sie war aber schon nach bisherigem Recht ein sog. wichtiger Grund, wie es jetzt auch Thätlichkeiten und erhebliche Ehrverletzungen gegen die übrigen Mitglieder des Geschäftspersonals und die Familien-Angehörigen des Prinzipals sind.

B. **Sonstige Entlassungsgründe** sind nach der Praxis u. a.:

I. Grobe Fahrlässigkeit oder Nachlässigkeit im Dienst, z. B. nicht immer ordnungsmäßige Einsendung eingezogener Geschäfts-Außenstände seitens des Reisenden, mehrfache Unterlassung der Anzeige ihrer Erhebung (R. 4 S. 399, 402), oder grobe

---

1) O. L. G. Hamburg in G. Z. 42 S. 518.
2) L. G. Berlin I S. 25 97, C. K. 5, i. S. Rosenthal/Elias.

Fahrlässigkeit in Aufbewahrung einkassierter Geschäftsgelder (H. A. G. Nürnb. 68 in G. Z. 14 S. 540), leichtsinnige Behandlung von Waren (Ansch. u. Völd. S. 364 zu Art. 64 HGB.) grob fehlerhafte Buchführung (Bolze 1 Nr. 997).

Beruhen derartige Fehler auf Unfähigkeit oder schlechter Charakteranlage, so ist der Gesichtspunkt wesentlichen Irrtums maßgebend und hieraus die Vertrags-Aufhebung gerechtfertigt (s. oben S. 91/92).

II. Ungehorsam und Eigenmächtigkeit gegenüber dem Prinzipal, z. B. willkürliche Aenderung der vorgeschriebenen Reisetour; wiederholter Verkauf zu niedrigeren als den festgesetzten Preisen entgegen ausdrücklicher Anweisung (O. L. Jena v. 30. 11. 89 in G. Z. 40 S. 453); eigenmächtiges, widerrechtliches Zurückbehalten von Geschäftsgeldern behufs Verrechnung auf das Salair (O. Tr. 1858 in Strieth. Arch. 28 S. 104 ff. u. G. Z. 8 S. 164) und von Geschäftsbüchern (R. 19 S. 115/6) (vgl. oben S. 108 sub A. I, 1).

III. Der Konkurs des Gehülfen giebt dem Prinzipal ohne weiteres kein Rücktrittsrecht, kann aber unter Umständen als sog. wichtiger Grund für letzteres gelten, insbesondere wenn der Gehülfe mit finanziellen Operationen betraut ist, als Kassierer oder in sonstiger Vertrauensstellung fungiert (R. 18 S. 28/29).

IV. Ungerechtfertigte und später zurückgenommene unbefristete Kündigung seitens des Gehülfen, besonders wenn derselbe auf Grund der Kündigung aus dem Geschäfte, wenn auch nur während einer unerheblichen Zeit, fortgeblieben ist.

V. Unsittliches oder mit der Stellung des Gehülfen unvereinbares Verhalten desselben außerhalb des Geschäftes. So vor allem ein unsittlicher Lebenswandel des Gehülfen (R. 18 S. 28/29), welcher Entlassungsgrund als solcher in Art. 64 Nr. 6 des alten HGB. ausdrücklich hervorgehoben war, z. B. gewerbsmäßiges Hazardspiel (vgl. G. Z. 8 S. 172), Trunksucht (Reichsger. v. 5. 3. 81 bei Puchelt Anm. 3 zu Art. 62 HGB.). Unter Umständen schon unpassendes Benehmen gegen die Ehefrau eines Mitarbeiters (R. 19 S. 115/6). Dagegen nicht auch das bloße Prahlen am Wirtshaustisch mit Glück bei Frauenzimmern (O. L. G. Hamburg 87 in G. Z. 34 S. 573/74), oder der abendliche Besuch öffentlicher Lokale durch eine Handlungsgehülfin in Herrenbegleitung (Kammergericht Berlin v. 20. 1. 94 bei Perl und Wreschner 94 S. 26), sogar nicht ein nach außen kein Aergernis erregender außerehelicher Beischlaf (O. L. G. Hamburg a. a. O., anders A. G. I Berlin v. 23. 2. 97 i. S. 42 C. 1774.96), und zwar selbst nicht bei einer Handlungsgehülfin (Kammergericht

a. a. O.). Dagegen kann ein Konkubinats-Verhältnis des Gehülfen, namentlich wenn derselbe mit seiner Konkubine im Geschäftshause wohnt, Entlassungsgrund sein (vgl. E. 38 S. 115 ff.), weil es nach außen hin Anstoß erregt.

Kein Entlassungsgrund ist eine agitatorische Thätigkeit in der Politik (vgl. L. G. I Berlin v. 6. 1. 91 bei Perl u. Wreschner 91 S. 28), geschweige denn der häufige Besuch sozialdemokratischer oder anarchistischer Versammlungen.

§ 29. **Die unbefristete Kündigung insbesondere. Schluß. Die einzelnen wichtigen Gründe gegen den Prinzipal.**

A. Nach § 71 HGB. ist es als ein wichtiger Grund, der den Handlungsgehülfen zur Kündigung ohne Einhaltung einer Kündigungsfrist berechtigt, sofern nicht besondere Umstände eine andere Beurteilung rechtfertigen, namentlich anzusehen:

I. wenn der Handlungsgehülfe zur Fortsetzung seiner Dienste unfähig wird.

Ein derartiger Umstand ist in die Fälle der Unmöglichkeit der Erfüllung einzureihen (s. oben S. 91).

II. wenn der Prinzipal den Gehalt oder den **gebührenden Unterhalt nicht gewährt.**

Auch das nicht vollständige Gewähren ist Nicht-Gewähren. Doch sind verhältnismäßig geringe Abzüge, z. B. 10 Mark von 200 Mark, unbeachtlich.

Besondere Umstände zu Gunsten des Prinzipals sind z. B. das Ausbleiben einer Geldsendung oder das Verlegen oder Verlieren des Kassenschlüssels (Kom. S. 35) oder reine Vergeßlichkeit des Prinzipals.

Dagegen kann auch schon die bloße ungerechtfertigte Androhung der künftigen Gehaltsverweigerung unter Umständen den Gehülfen zur sofortigen Vertragsaufhebung berechtigen (vgl. Puchelt Anm. 3 zu Art. 62 HGB.).

III. **wenn der Prinzipal den ihm nach § 62 HGB. obliegenden Verpflichtungen nachzukommen verweigert** (s. oben S. 80/81).

Eine beharrliche Verweigerung ist nicht erforderlich, andererseits die Weigerung von Kleinigkeiten nicht ausreichend. Die Verweigerung setzt eine Aufforderung seitens des Gehülfen voraus (s. oben S. 111).

IV. wenn sich der Prinzipal Thätlichkeiten, **erhebliche Ehrverletzungen** oder **unsittliche Zumutungen** gegen den Handlungsgehülfen zu Schulden kommen läßt oder es **verweigert, den Handlungsgehülfen** gegen solche Handlungen e i n e s a n d e r e n A n g e s t e l l t e n o d e r e i n e s F a m i l i e n-a n g e h ö r i g e n d e s P r i n z i p a l s **zu schützen.**

Betreffs des Begriffes der Thätlichkeiten und der erheblichen Ehrverletzungen gilt das oben S. 113/114 Bemerkte.

Nach dem bisherigen Recht (Art. 63 HGB.) waren „thätliche Mißhandlungen" oder „schwere Ehrverletzungen" erforderlich. Naturgemäß wird, da der Prinzipal ehrerbietige, der Gehülfe lediglich anständige Behandlung zu fordern hat, nicht alles, was erhebliche Ehrverletzung des Prinzipals ist, auch als solche des Gehülfen gelten können, z. B. nicht eine Aeußerung wie „Halten Sie die Schnauze",[1]) außer sie wird zu einem älteren Gehülfen in höherer Stellung, z. B. zu einem ersten Prokuristen, gethan. — Zu den Ehrverletzungen seitens der übrigen Angestellten und der Familienangehörigen, gegen welche der Gehülfe zu schützen ist, sind auch unsittliche, unter Umständen auch nur unschickliche Zumutungen dieser Personen zu rechnen.

Zufolge der ausdrücklichen Vorschrift des Gesetzes, wonach Thätlichkeiten schlechthin unerlaubt sind, giebt jede thätliche Anmaßung eines Züchtigungsrechtes seitens des Prinzipals dem Gehülfen einen Grund zur sofortigen Vertragsaufhebung.

B. **Sonstige wichtige Gründe** sind u. a. ungerechtfertigte, wenn auch später wieder zurückgezogene Entlassung des Gehülfen, falls letzterem dadurch eine Situation aufgenötigt wird, die seiner Lebensstellung nicht entspricht. (Bolze 11 Nr. 340); die mit Recht vom Handlungsgehülfen als schwere Kränkung empfundene ungerechtfertigte Entziehung der Prokura (O. L. G. Braunschweig 88 in G. Z. 37 S. 535); die Zumutung, moralisch verwerfliche Handlungen oder gesetzlich unerlaubte zu begehen, wie die Herstellung unbefugter Nachbildungen (Busch 24 S. 305) oder die Fälschung der Bücher; Chikanierung des Gehülfen, insbesondere chikanöse Beschränkung oder Entziehung seiner Beschäftigung (s. oben S. 50).

Abschnitt 6.

§ 30. Pflichten des Gehülfen nach Beendigung des Dienstverhältnisses.

A. Solche Pflichten bestehen hauptsächlich[2]) im Falle der in der Praxis außerordentlich häufigen sog. **Konkurrenzklausel.** Unter derselben versteht man eine V e r e i n b a r u n g z w i s c h e n d e m P r i n z i p a l

---

[1]) Staub § 3 zu Art. 63 HGB.

[2]) Betreffs der Pflicht des Handlungsgehülfen, nach Beendigung des Dienstverhältnisses dem Prinzipal dessen Bücher und Papiere auszuhändigen, s. oben S. 42 sub V.

und dem Handlungsgehülfen, durch welche dieser für die Zeit nach der Beendigung des Dienstverhältnisses zu Gunsten des Prinzipals in seiner gewerblichen Thätigkeit beschränkt wird (§ 74 Abs. 1 HGB.), z. B. derart, daß der in einer Weinhandlung in Berlin angestellte Geschäftsführer innerhalb dreier Jahre nach seinem Austritte in keiner anderen Weinhandlung in Berlin sich beschäftigen lassen darf.

Da für die vor dem 1. Januar 1898 vereinbarten Konkurrenzklauseln das bisherige Recht auch unter der Herrschaft des neuen HGB. weiter gilt (s. oben S. 6—8), so soll im folgenden neben dem neuen Recht das alte ausführlich berücksichtigt werden. Das letztere ist im alten HGB. nicht kodifiziert, hat sich vielmehr auf Grund allgemeiner Rechtsanschauungen im Wege der Rechtsprechung gebildet.

B. Diese Rechtsanschauungen, welche auch dem neuen HGB. zu Grunde liegen, gehen von dem Gedanken aus, daß eine zu große Beschränkung der gewerblichen Thätigkeit unsittlich ist (vgl. E. 31 S. 99). Ja eine solche kann sich sogar als Wucher charakterisieren, wenn der Prinzipal gewerbs- oder gewohnheitsmäßig derartige Klauseln stipuliert.

I. Es entsteht daher die Frage: Innerhalb welcher Grenzen ist eine derartige Beschränkung noch rechtsverbindlich?

§ 74 Abs. 1 HGB. antwortet darauf, entsprechend dem bisherigen Recht:

„Insoweit, als die Beschränkung nach Zeit, Ort und Gegenstand nicht die Grenzen überschreitet, durch welche eine unbillige Erschwerung des Fortkommens des Handlungsgehülfen ausgeschlossen wird.“

1. Nach dem von der Reichstagskommission (Kom. S. 38, 43) hinzugefügten Abs. 2 des § 74 HGB. soll eine Beschränkung auf einen **Zeitraum** von mehr als drei Jahren von der Beendigung des Dienstverhältnisses an in allen Fällen als eine derartige unbillige Erschwerung gelten. Diese Bestimmung widerspricht dem alten Recht. Dasselbe kennt rechtsgültige Konkurrenzklauseln auf längere Zeit, z. B. auf 5 Jahre (Bolze 13 Nr. 398), auf zehn Jahre (E. 1 S. 22; Bolze 5 Nr. 602), ja sogar auf Lebenszeit des Beschränkten (Bolze 8 Nr. 461; 18 Nr. 409). Gesetzt also, daß ein Handlungsgehülfe am 1. April 1897 auf ein Konkurrenzverbot für die Zeit von 5 Jahren eingegangen ist, so würde dies vollständig gültig sein. Endet z. B. sein Dienstverhältnis am 1. Oktober 1897, so würde er bis zum 1. Oktober 1902 gebunden sein, endet es am 1. Oktober 1901, so würde er bis zum

1. Oktober 1906 das Verbot beachten müssen. Ein nach dem 1. Januar 1898 vereinbartes fünfjähriges Verbot würde nur auf die Zeit von 3 Jahren gültig sein, also z. B. in dem letztgedachten Falle schon am 2. Oktober 1904 unwirksam werden. Allerdings wird auch nach dem bisherigen Recht vorausgesetzt, daß einem Konkurrenzverbot auf sehr lange Zeit oder gar auf Lebenszeit nach Ort und Gegenstand so enge Grenzen gezogen sind, daß außerhalb derselben für den Gehülfen noch ein hinreichendes Erwerbsfeld übrig bleibt, wie z. B. in dem Falle bei Bolze 18 Nr. 409, wo es sich um das Verbot handelt, in einem bestimmten Teile von Berlin niemals ein Pilsener Bier-Geschäft zu eröffnen.[1]) Andererseits sind deshalb zeitlich und örtlich unbeschränkte Konkurrenzverbote für rechtsungültig erklärt worden, wie (vgl. auch R. 18 S. 107/8) die Vereinbarung zwischen einem Uhrmacher und dessen Lehrling, daß dieser sich nie (und nirgends) als Uhrmacher etablieren dürfe (R. 21 S. 262), oder die Verpflichtung des Reisenden einer selbst nach allen Ländern der Welt verkaufenden Schirmfabrik, niemals den Verkauf von Schirmen für eine andere Firma zu übernehmen, noch auch sich für eigene Rechnung mit der Produktion von Schirmen behufs des Engrosverkaufs zu befassen (E. 31 S. 99).

2. Oertlich unbeschränkte Konkurrenzverbote sind nach der Rechtsprechung des Reichsgerichts rechtsgültig, soweit sie nach Zeit und Gegenstand hinreichend begrenzt sind. So z. B. das den kaufmännischen Leiter einer Nudelfabrik örtlich unbeschränkt bindende Verbot der Nudelfabrikation, weil die Fortsetzung der kaufmännischen Thätigkeit in jedem anderen Geschäfte freigegeben ist. (Bolze 6 Nr. 524), so z. B. die Verpflichtung des Handlungsgehülfen, binnen dreier Jahre nach Austritt als Reisender, Buchhalter, Korrespondent, Kommis, Magazinier oder sonstiger Bediensteter in kein Konkurrenzgeschäft einzutreten, noch ein solches zu betreiben, noch Kommissions- oder Agenturgeschäfte für eine solche Unternehmung zu übernehmen (Bolze 16 Nr. 387, s. auch 12 Nr. 414). Entscheidungen letzterer Art können freilich nicht gebilligt werden. Sich für Jahre einer anderen Branche zuwenden zu müssen, kann dem Gehülfen nicht zugemutet werden. Außerdem wird es für ihn außerordentlich schwer sein, in einer solchen zu annähernd gleich günstigen Bedingungen Stellung zu finden. Andererseits wird das Interesse des Prinzipals bei einer gleichzeitigen örtlichen Beschränkung, z. B. „für Deutschland", genügend gewahrt.

---

[1]) Vgl. auch Bolze 13 Nr. 400; dagegen z. B. Bolze 4 Nr. 571.

Die Natur der Konkurrenzklausel als einer außergewöhnlichen Beschränkung der Verkehrsfreiheit zwingt zu strengster Auslegung ihrer Grenzen. Mit Recht ist z. B. entschieden worden, daß an die Kunden des alten Geschäfts von dem neuen Konkurrenzgeschäft geliefert werden darf, sofern dasselbe nur außerhalb des vereinbarten Bannkreises liegt (Bolze 8 Nr. 459 und Nr. 463). Ueber den Umfang des letzteren entscheidet im Zweifel die Verkehrs-Anschauung des Kaufmannsstandes. So wurde in einem bei Staub § 6 zu Art. 59 HGB. zitierten Fall, in welchem das Konkurrenzverbot für das Potsdamer Viertel Berlins ausgesprochen war, eine Etablierung in einer zum Potsdamer Viertel, aber zur politischen Gemeinde Schöneberg gehörenden, eng anstoßenden Straße vom L. G. I Berlin als Verletzung des Verbots erachtet.

3. a. Seinem **Gegenstande** nach ist jedes Konkurrenzverbot unbillig und rechtsungültig, welches sich nicht auf die Branche des Prinzipals beschränkt, weil außerhalb derselben das berechtigte Interesse des letzteren aufhört. Deshalb gilt dieser Satz auch für das heutige Recht, obwohl ihn das neue HGB. nicht ausdrücklich ausspricht, und obwohl in der Reichstagskommission (Kom. S. 38, 39, 43) ein entsprechender Antrag abgelehnt worden ist.

Die diesseitige Auffassung kommt in der bisherigen Rechtsprechung des Reichsgerichts ständig zum Ausdruck. So hält z. B. das letztere (Bolze 18 Nr. 408) bei dem Verbote, ein Käseversandgeschäft zu etablieren, die Errichtung eines Margarinekäse-Versandgeschäftes für erlaubt, falls Margarinekäse ein völlig anderes Produkt ist als ausschließlich aus Milch hergestellter Käse. Nach einem Gutachten der Berliner Aeltesten sind übrigens in dieser Hinsicht Naturbutter und Margarine gleiche Produkte.[1] So erklärt das Reichsgericht ferner eine Verpflichtung des Gehülfen, ohne Zustimmung seiner Prinzipalin, der Ostafrikanischen Gesellschaft, keine Stellung in anderen Diensten in Ostafrika zu nehmen, nur für rechtsverbindlich bei einer Auffassung dahin, daß der Gehülfe in keine andere ähnliche Gesellschaft mit ähnlichem Zweck eintreten dürfe (Bolze 13 Nr. 398).

Wie die Konkurrenzklausel nur bei Vorhandensein eines berechtigten Interesses des Prinzipals gültig ist, so verliert sie ihre Gültigkeit mit dem Fortfall dieses Interesses, z. B. wenn zur Zeit ihrer Verletzung der Prinzipal das durch die Klausel geschützte Geschäft nicht mehr betreibt (Bolze 13 Nr. 396).

---

[1]) v. 10. 8. 93 i. S. Barheine/Vermeuten 70 C. 698.93 A. G. Berlin I.

festzustellen, bis zu welcher sie billig ist, und insoweit ist sie dann rechtsgültig (Denkschr. S. 65; Kom. 40, 41). Z. B. es ist Konkurrenzthätigkeit in Deutschland ausgeschlossen worden; dies ist im betreffenden Falle unbillig, anders dagegen würde ein Ausschluß nur für Berlin und die Provinz Brandenburg zu beurteilen sein. In solchem Falle hat die Klausel für den engeren Bezirk Gültigkeit. Selbstverständlich kann auch die Klausel ihrem ganzen Inhalte nach unbillig und dann ganz rechtsungültig sein (Kom. l. c.).

Das alte Recht weicht hiervon erheblich ab. Zwar macht nach demselben eine unbillige Konkurrenzklausel nicht den ganzen Dienstvertrag rechtsungültig, weil sie eben nur eine Nebenvereinbarung ist. Wohl aber ist diese Nebenvereinbarung vollständig rechtsungültig, d. h. nicht zum Teil verbindlich, nämlich soweit sie Billiges enthält[1], und zum anderen Teil, soweit sie Unbilliges enthält, unverbindlich. Denn jede Vereinbarung ist eine einheitliche, die nicht in einzelne Bestandteile zerlegt werden kann, und es ist für das Gericht nicht zulässig, eine unbeschränkt gewollte Vereinbarung so zu beschränken, wie sie gültig hätte geschlossen werden dürfen (E. 31 S. 100). Das oben erwähnte Konkurrenzverbot für Deutschland würde also, falls es vor dem 1. Januar 1898 stipuliert wird, schlechthin rechtsungültig sein, mithin dem Gehülfen gestatten, überall, auch in Berlin, dem Geschäftsdomizil seines Prinzipals, eine Konkurrenz zu eröffnen. Das alte Recht hat die juristische Folgerichtigkeit, das neue die wirtschaftliche Gerechtigkeit für sich.

III. **Nichtig** ist, wie § 74 Abs. 3 HGB. in Uebereinstimmung mit dem bisherigen Recht vorschreibt, die Vereinbarung einer Konkurrenzklausel, **wenn** der **Handlungsgehülfe** zur Zeit der Vereinbarung **minderjährig** ist. Grund hierfür ist, daß ein Minderjähriger in der Regel nicht in der Lage ist, die Tragweite einer solchen Abmachung in vollem Umfange zu würdigen (Denkschr. S. 64). — Die Folge der Nichtigkeit tritt auch dann ein, wenn der Vater oder Vormund dem Minderjährigen die erforderliche Genehmigung zum Abschlusse des betreffenden Dienstvertrages erteilt hat; denn letztere erstreckt sich nur auf Dienstverhältnisse, welche den gewöhnlichen und regelmäßigen Vertragsinhalt haben (O. L. G. Frankfurt a. M. 91 in G. Z. 42 S. 515). Wir setzen hinzu: Auch das Recht zur Genehmigung erstreckt sich nur auf einen derartigen Vertragsinhalt, daher wird durch die väterliche

---

[1]) Die auf solchem Grundsatze beruhende Entscheidung bei Bolze 7 Nr. 531 ist daher unzutreffend.

oder vormundschaftliche Genehmigung der ungültigen Konkurrenzklausel selber die Nichtigkeit der letzteren nicht aufgehoben.

Ob die thatsächliche Fortsetzung des Dienstverhältnisses nach erreichter Volljährigkeit die Nichtigkeit der Konkurrenzklausel heilt, richtet sich nicht nach dem Recht des Domizils des Gehülfen, sondern nach dem des Erfüllungsortes, also, falls der Gehülfe in Berlin wohnt, aber für ein Hamburger Haus reist, nach Hamburger, nicht nach preußischem Recht (Bolze 15 Nr. 6). Nach letzterem würde thatsächliche Fortsetzung oder selbst Anerkenntnis nicht genügen; es müßte vielmehr eine neue Vereinbarung getroffen werden.

C. Es ist eine Forderung der Billigkeit, daß die Konkurrenzklausel nur dann zur Anwendung kommt, wenn der Prinzipal „seinerseits bereit ist, dem Gehülfen in seinem Geschäft, soweit es angeht, die Möglichkeit des weiteren Fortkommens zu gewähren." (Denkschr. S. 64.) Diese Auffassung hat zu der Bestimmung des Abs. 1 des § 75 HGB. geführt, wonach der **Prinzipal** in folgenden Fällen **Ansprüche aus der** Verletzung der **Konkurrenzklausel nicht erheben darf:**

1. wenn er durch **vertragswidriges Verhalten** dem Handlungsgehülfen Grund giebt, das Dienstverhältnis gemäß §§ 70, 71 HGB. (s. oben § 29) ohne Einhaltung einer Kündigungsfrist zu kündigen, oder, wie man dem Geiste des Gesetzes nach weiterhin annehmen muß, wenn der Gehülfe in solchem Falle zwar auf die unbefristete Kündigung verzichtet, sich aber der befristeten Kündigung zur Lösung des Verhältnisses bedient.

Als vertragswidriges Verhalten in diesem Sinne wird auch die Veräußerung des Geschäfts angesehen werden müssen, falls sie dem Gehülfen ein Recht zur Vertragsaufhebung giebt (s. oben S. 93). Denn ein Verhalten, welches sogar zur Aufhebung des ganzen Vertrages berechtigt, ist gewiß vertragswidrig. In Fällen, in denen der Dienstvertrag wegen schuldhaften Verhaltens des Prinzipals, z. B. wegen falscher Vorspiegelungen desselben beim Vertrags-Abschluß, mit Erfolg als rechtsungültig angefochten wird, fällt die Konkurrenzklausel als Teil des ungültigen Vertrages von selber.

2. **Wenn der Prinzipal das Dienstverhältnis kündigt,** es sei denn

a. daß für die Kündigung ein erheblicher Anlaß vorliegt, den er nicht verschuldet oder nicht mitverschuldet hat, z. B. wohlbegründete Unzufriedenheit mit den Leistungen des Gehülfen (Kom. S. 44), oder

b. daß während der Dauer der Beschränkung dem Handlungsgehülfen das zuletzt von ihm bezogene Gehalt fortbezahlt wird, gleichgültig ob er während dieser Dauer anderweiten Verdienst findet oder nicht (Kom. S. 44). Unter dem zuletzt bezogenen Gehalt sind auch die Tantièmen und Provisionen zu verstehen,[1]) und zwar nach dem Durchschnittssatze des letzten Dienstjahres.

Vereinbarungen, welche den vorstehend sub 1 und 2 dargelegten Gesetzesvorschriften zuwiderlaufen, sind nichtig. Das alte Recht stimmt mit letzteren überein.[2])

D. Die **Folgen der Verletzung der Konkurrenzklausel** sind:

I. **nach dem neuen Recht:**

1. Der Prinzipal kann auf Unterlassung weiterer zukünftiger Verletzung klagen, infolge dessen beanspruchen, daß der Gehülfe seine Stelle im Konkurrenzgeschäft bezw. seine Thätigkeit für dasselbe sofort aufgiebt (vgl. Bolze 3 Nr. 656 u. 17 Nr. 422) und das von ihm betriebene Konkurrenzgeschäft sofort schließt (vgl. R. 19 S. 136—138, R. 16 S. 163/164).

2. Der Prinzipal kann den durch die Verletzung entstandenen Schaden und entgangenen Gewinn ersetzt verlangen.

3. Der Prinzipal kann eine für den Fall der Verletzung versprochene Strafe verlangen. Nach § 75 Abs. 2 HGB. bleiben die Vorschriften des Bürgerlichen Gesetzbuches über die Herabsetzung einer unverhältnismäßig hohen Vertragsstrafe unberührt. Das bedeutet nicht, wie Staub[3]) annimmt, daß diese Vorschriften erst vom Inkrafttreten des BGB., also vom 1. Januar 1900 an, auf Fälle vorliegender Art anzuwenden sind. Vielmehr ist die Formel „bleiben unberührt" nur eine andere Ausdrucksweise für den Begriff „kommen zur Geltung", eine Ausdrucksweise, die sich dadurch erklärt, daß ursprünglich auch der sechste Abschnitt des neuen HGB. erst mit dem BGB. zusammen in Kraft treten sollte. Vor allem aber entspricht die diesseitige Auslegung der Absicht des Gesetzgebers, welcher die gesamten sozialpolitischen Neuerungen des genannten sechsten Abschnitts schon vom 1. Januar 1898 ab den Handlungsgehülfen zuteil werden lassen wollte. Es wird daher schon mit diesem Tage in der beregten Frage anstelle des Art. 284 Abs. 1 HGB., nach

---

[1]) Staub Suppl. A. 4 zu § 75 HGB.

[2]) Vgl. E. 20 S. 107/8; Bolze 5 Nr. 598—600; 20 Nr. 457; 16 Nr. 389; 14 Nr. 344; 6 Nr. 525; 1 Nr. 199; G. Z. 42 S. 5/7; anders jedoch Bolze 13 Nr. 399, und Staub § 7 zu Art. 59 HGB.

[3]) Suppl. Anm. 5 zu § 75 HGB. und in der D. J. Z. 1897 S. 336. Im Resultat wie Staub, jedoch mit anderer Begründung Kahn in der D. J. Z. 1897 S. 400/401.

welchem die Konventionalstrafe keiner Beschränkung in Ansehung des Betrages unterliegt, der in Betracht kommende § 343 Abs. 1 BGB. zur Geltung gelangen.[1])

Der letztere lautet:

„Ist eine verwirkte Strafe unverhältnismäßig hoch, so kann sie auf Antrag des Schuldners auf den angemessenen Betrag herabgesetzt werden. Bei der Beurteilung der Angemessenheit ist jedes berechtigte Interesse des Gläubigers, nicht blos das Vermögensinteresse, in Betracht zu ziehen. Nach der Entrichtung der Strafe ist die Herabsetzung ausgeschlossen."

Die Konventionalstrafe wird übrigens nur einmal verwirkt, nicht bei jedem Kontraventionsfall von neuem (Bolze 5 Nr. 603).

4. Die Rechte zu 1 und 2 können neben einander geltend gemacht werden. Dagegen kann der Prinzipal im Falle der Vereinbarung einer Konventionalstrafe nur letztere fordern, der Anspruch auf Erfüllung oder auf Ersatz eines weiteren Schadens ist dann ausgeschlossen (§ 75 Abs. 2 HGB.).

5. Vereinbarungen, welche den zu 3 und 4 erörterten zu Gunsten des Gehülfen getroffenen Bestimmungen zuwiderlaufen, sind nichtig (§ 75 Abs. 3 HGB.), können also auch durch Anerkenntnis des Gehülfen nach Aufhebung des Dienstverhältnisses nicht geheilt werden.

6. Eine kurze Verjährungsfrist, wie sie als dreimonatliche bezw. fünfjährige für die Ansprüche aus einer verbotenen Thätigkeit des Gehülfen während des Dienstverhältnisses in § 61 Abs. 2 HGB. normiert worden (s. oben S. 48), ist für die vorstehenden Ansprüche nicht bestimmt. Die Verjährung richtet sich also nach bürgerlichem Recht. Nach preußischem tritt sie erst nach 30 Jahren ein.

II. Das **alte Recht** stimmt in den Fragen zu I, 1 (s. die dortigen Citate), 2 und 4[2]) mit dem neuen Recht überein. Ausgeschlossen ist nach altem Recht die Möglichkeit einer Herabsetzung der Konventionalstrafe (Art. 284 Abs. 1 HGB.) und die Nichtigkeit abweichender Vereinbarungen zu Ungunsten des Gehülfen[3]). Nach Art. 284 Abs. 2 des alten HGB. ist der Schuldner „im Zweifel" nicht berechtigt, sich durch Erlegung der Konventionalstrafe von der Erfüllung zu befreien. Eine Fassung der Straf-

[1]) Gleicher Ansicht Specht in der D. J. Z. 97 S. 261.

[2]) Bolze 16 Nr. 385; 19 Nr. 494; E. 33 S. 141; anders freilich Bolze 17 Nr. 422.

[3]) s. oben ad I, 5; E. 33 S. 141; R. G. v. 27. 11. 96 in D. J. Z. 97 S. 168.

androhung „und zwar bei Vermeidung einer Konventionalstrafe von 10 000 M." bedeutet, daß die Zahlung der Strafe den Anspruch auf Erfüllung beseitigt (E. 33 S. 142). Nach der mit Recht weiter gehenden Entscheidung des Reichsgerichts bei Bolze 19 Nr. 494 liegt eine diesbezügliche Absicht der Kontrahenten allgemein im Wesen derartiger die Gewerbefreiheit beschränkender Verträge, ist also zu vermuten, und zwar namentlich, wenn die Strafe ihrer Höhe nach dazu bestimmt erscheint, dem Berechtigten das volle Interesse an der Vertrags-Erfüllung zu ersetzen.

E. Sind die Ansprüche aus der Vereinbarung einer Konkurrenzklausel sowie einer diesbezüglichen Vergütung abtretbar?

I. In allen Fällen abtretbar sind die aus einer bereits erfolgten Verletzung entstandenen Vermögensansprüche, also ein bereits erwachsener Schadensersatzanspruch und das Recht auf eine verwirkte Vertragsstrafe.

II. Im übrigen, soweit sie sich also auf die Zukunft erstrecken, sind derartige Ansprüche zwar keine rein persönlichen des Prinzipals, wohl aber des Prinzipals eines bestimmten Geschäfts. Sie kleben am Geschäft, dessen Wert sie beeinflussen, und dessen Daseinsfähigkeit oft von ihnen abhängt. Sie sind gleichsam dingliche Rechte des Geschäfts und können deswegen, ähnlich der Firma, mit dem Geschäft, aber nur mit diesem zugleich cediert werden.[1])

Erfolgt eine derartige Cession während der Dauer des Dienstverhältnisses, so wird der Gehülfe allerdings oft das Recht haben, den Vertrag sofort aufzuheben (s. oben S. 93). Liegt ein solcher Fall vor, so ist ein vertragswidriges Verhalten des Prinzipals gegeben (s. oben S. 124 sub C 1), und es fällt damit die Klausel nebst ihren Folgen überhaupt von selber fort. Verbleibt der Gehülfe im Geschäft, so tritt der neue Prinzipal in das Recht der Konkurrenzklausel ein (Anders O. L. G. Jena 1892 in G. Z. 42 S. 512).

Der alte Prinzipal geht jedenfalls durch Veräußerung des Geschäfts der Rechte aus der Konkurrenzklausel für die Zukunft verlustig, auch wenn er sonst am Geschäft interessiert bleibt, z. B. als Aktionär des in eine Aktiengesellschaft umgewandelten Geschäftes (Bolze 13 Nr. 396).

---

[1]) Anders Ansch. und Völd. S. 343 zu Art. 59 HGB., welche die Abtretbarkeit überhaupt verneinen und O. L. G. Jena 1892 in G. Z. 42 S. 512.

Drittes Buch.

Das Recht der Handlungslehrlinge.

§ 31. Altes und neues Recht. Begriff des Handlungslehrlings. Oeffentlich rechtliche Erfordernisse für Prinzipal und Lehrling. Anstellungsvertrag.

A. Das gewerbliche Lehrlingswesen ist in der Reichsgewerbe-Ordnung ausführlich geregelt. Jedoch haben die bezüglichen Bestimmungen dieses Gesetzes sich auf die Lehrlinge des Handelsgewerbes nie erstreckt. Quelle des Rechts der letzteren war bisher das alte HGB., allerdings eine recht spärliche Quelle. Das alte HGB. begnügt sich nämlich mit der Verordnung, daß die Dauer der Lehrzeit nach dem Lehrvertrage, eventuell nach den örtlichen Verordnungen oder dem Ortsgebrauch zu beurteilen ist (Art. 61 Abs. 2), und daß die Natur der Dienste und die Ansprüche des Lehrlings auf Gehalt und Unterhalt in Ermangelung einer Uebereinkunft durch Ortsgebrauch oder gerichtliches Ermessen bestimmt werden (Art. 57 HGB.). Diese Andeutungen sind um so wertloser, als sie nur Selbstverständliches sagen. Seine Rechtsnormen verdankt das kaufmännische Lehrlingswesen allein der Gerichtspraxis. Ihre Grundsätze finden sich zum großen Teil in den §§ 76—82 des neuen HGB. wieder, welche das kaufmännische Lehrlingswesen ausführlich und vielfach neuartig ordnen. Insbesondere verstärken sie das Recht des Lehrlings durch die Androhung der Bestrafung von Pflichtwidrigkeiten des Prinzipals — eine Neuerung, die freilich viele Kaufleute in Zukunft abhalten wird, überhaupt noch Lehrlinge anzunehmen. Diese Strafvorschriften treten, weil polizeilicher Natur, mit dem 1. Januar 1898 auch für die alsdann bereits bestehenden Lehrlingsverhältnisse in Kraft (s. oben S. 8 sub II).

B. Auch das neue HGB. giebt keine Definition des Begriffes „Handlungslehrling." Ein solcher ist **derjenige, welcher in einem Handelsgewerbe zur Erlernung desselben angestellt ist.**

1. Die Erfordernisse der Anstellung und der Anstellung in einem Handelsgewerbe sind die gleichen wie bei den Handlungsgehülfen (s. oben §§ 5 und 6).

Dagegen fehlt das Erfordernis des Entgelts. Ein solches ist zulässig, aber nicht notwendig.

2. Das charakteristische Begriffsmerkmal liegt darin, daß der Zweck der Anstellung ein zweiseitiger ist: für den Prinzipal die

Leistung von Diensten, für den Lehrling die Erlernung des Handelsgewerbes.

C. I. Betreffs der Frage: „Wer kann und darf Handlungslehrling sein?" gilt das Gleiche wie das oben S. 24/25 hinsichtlich der Gehülfen Dargelegte. Insbesondere ist ein bestimmtes Alter nicht vorgeschrieben.

II. Handlungslehrlinge halten darf jeder, welcher sich im Besitze der bürgerlichen Ehrenrechte befindet (§ 81 Abs. 1 HGB.), also auch derjenige, der sie eine Zeit lang nicht besessen hatte. Das bisherige Recht kannte nach dieser Richtung überhaupt keinerlei Einschränkung. Die neue Vorschrift tritt am 1. Januar 1898 auch für die alsdann bereits bestehenden Lehrverhältnisse in Kraft. Wer, ohne im Besitz der bürgerlichen Ehrenrechte zu sein, Handlungslehrlinge hält, wird nach § 82 Abs. 2 HGB. mit Geldstrafe bis zu 150 Mark, evtl. im Falle der Nichtbeitreibbarkeit mit Haft bis zu sechs Wochen bestraft (§§ 28 Abs. 1, 29 St.G.B.). Außerdem kann in solchem Falle die Entlassung des Lehrlings von der Polizeibehörde erzwungen werden (§ 81 Abs. 2 HGB.).

Handlungslehrlinge haben kann jeder Kaufmann, auch derjenige, welcher sich nicht im Besitze der bürgerlichen Ehrenrechte befindet. Die Lehrlinge eines solchen sind zwar gesetzwidrig Lehrlinge; so lange sie es aber sind, sind sie Handlungslehrlinge, mit allen Rechten und Pflichten der letzteren.

D. Betreffs des Lehrvertrages gelten die gleichen Rechtssätze wie die oben in § 10 erörterten. Danach ist der formlose, mündliche Lehrvertrag gültig. Doch kann nach der ausdrücklichen Vorschrift des § 79 HGB. der Lehrherr gegen den Lehrling Ansprüche wegen unbefugten Austritts aus der Lehre nur geltend machen, wenn der Lehrvertrag schriftlich geschlossen ist. Diese Vorschrift ist eine Abänderung des bisherigen Rechts.

Der schriftliche Lehrvertrag genießt keine Stempelfreiheit kraft Reichsgesetzes wie der gewerbliche nach § 128 Abs. 4 Gew. O. — In Preußen ist er stempelfrei.[1])

Hinsichtlich der Personen des Anstellungsvertrages treffen die Erörterungen oben in § 11 gleichfalls zu. Nur hat der Vater oder Vormund das Recht, sein Kind oder Mündel selbst gegen dessen Willen in eine Handlungslehre zu geben, weil eine derartige Maßnahme Ausfluß der Erziehungsgewalt ist. Ferner tritt der volljährige Gewaltunterworfene durch Antritt der Lehre

[1]) Pos. 71 Nr. 2, Befreiungen b des Tarifs zum Stempelsteuerges. v. 31. 7. 95.

nicht aus der väterlichen Gewalt aus, weil das Lehrlingsverhältnis dem Lehrling keine selbständige wirtschaftliche Existenz verschafft.

Meist wird der Anstellungsvertrag nicht von dem Lehrling, sondern von seinem Vater, Vormund, einem Verwandten (vgl. R. 14 S. 206) oder sonst irgend einer anderen Person für ihn geschlossen. Dieser andere ist allein berechtigt und verpflichtet, wenn er den Lehrvertrag in eigenem Namen geschlossen hat. Dagegen haftet der Lehrling, wenn der andere ausdrücklich als Stellvertreter des Lehrlings kontrahiert hat. Zu vermuten ist eine solche Stellvertretung beim Vormund des Lehrlings,[1]) dagegen nicht bei anderen Personen (R. 14 S. 208). Insbesondere ist anzunehmen, daß der Vater des Lehrlings in eigenem Namen kontrahiert, wenn nicht das Gegenteil ausdrücklich erklärt wird.[2]) Jedoch wird das Gegenteil auch bei diesen Personen zu vermuten sein, falls der Lehrling volljährig ist, also selber das Bestimmungsrecht über seine Person hat, mithin die diesbezüglichen Bestimmungen anderer, wenn der Lehrling ihnen durch Antritt des Dienstverhältnisses Folge giebt, als von ihm selber gewollt und demgemäß als in seiner Vertretung erklärt angesehen werden müssen.

Ist der Lehrling dagegen während des von seinem Vater geschlossenen Lehrverhältnisses volljährig geworden, so genehmigt er dasselbe nicht durch Fortsetzung. Denn der Vertragsschluß seitens seines gesetzlichen Vertreters hat ihn rechtsgültig gebunden: die Fortsetzung des Verhältnisses ist mithin erzwingbare Erfüllung einer Verpflichtung, nicht freiwillige Genehmigung einer Nicht-Verpflichtung. Tritt demnach der volljährig gewordene Lehrling unbefugt aus, so haftet er nicht neben seinem Vater, sondern dieser allein. Anders liegt die Sache, wenn das Lehrverhältnis nicht von dem gesetzlichen Vertreter des Lehrlings, z. B. wenn es von seinem Bruder geschlossen war.

§ 32. **Rechte und Pflichten des Lehrlings.**

A. Die kaufmännische Lehre ist nicht, wie nach römischem Recht[3]) ein Institut mit der einseitigen Tendenz, die Ausbildnng des Lehrlings fertig zu stellen, sondern hat nach heutiger Verkehrsanschauung einen zweiseitigen Zweck: für den Lehrling, das Handels-

---

[1]) Anm. d. E. zu R. 2 S. 135/6. Anders A. G. Nürnberg bei Busch 21 S. 329.

[2]) R. 14 S. 18/19; 13 S. 106; 17 S. 396; vgl. L. G. Leipzig 1890 in G. Z. 43 S. 342.

[3]) Vgl. Behrend § 47 Anm. 16. Vielfach wird der Lehrvertrag auch nach sächsischem Recht so aufgefaßt (R. 14 S. 207/8).

gewerbe des Prinzipals zu erlernen, und für letzteren, seinem Handelsgewerbe die Dienste des Lehrlings nutzbar zu machen. Aus dieser zweiseitigen Natur des Lehrvertrages (R. 9 S. 279) sind die Rechte und Pflichten zwischen Prinzipal und Lehrling zu bestimmen und abzugrenzen. Zu beachten ist hierbei allerdings, daß die Zwecke des Lehrlings vorwiegen, insofern als seine Dienste nur zum Behufe des Lernens versprochen werden. Bei diesbezüglich kollidierenden Interessen geht daher dasjenige des Lehrlings vor. (R. 14 S. 208.)

B. **Rechte des Lehrlings.**

I. Das hauptsächlichste ist das auf **Ausbildung.**

1. **Gegenstand der Ausbildung.**

Nach § 76 Abs. 2 ist der Lehrherr verpflichtet, dafür zu sorgen, daß der Lehrling in den bei dem Betriebe des Geschäfts vorkommenden kaufmännischen Arbeiten unterwiesen wird. Also nicht nur in den kaufmännischen Arbeiten einer bestimmten Art, z. B. denen des Buchhalters oder Kassierers oder Verkäufers, sondern in allen insgesamt. Denn der Lehrling soll alle Kenntnisse erwerben, welche zum kaufmännischen Betriebe des Geschäftes seines Prinzipals erforderlich sind.

Aus diesem Grundsatz folgt ferner, daß die gedachte Bestimmung des § 76 Abs. 2 nicht erschöpfend ist, daß der Handlungslehrling vielmehr berechtigt ist, auch in nichtkaufmännischen, insbesondere technischen Arbeiten unterrichtet zu werden, insofern und insoweit solche zum kaufmännischen Betriebe des Geschäfts notwendig sind. Das Richtige trifft, wenn man jede Beschränkung auf das rein Kaufmännische fortläßt, der letzte Satz des § 76 Abs. 2 HGB., wonach die Unterweisung in der durch den Zweck der Ausbildung gebotenen Ausdehnung zu geschehen hat. So wird z. B. der Lehrling eines Glaswarengeschäftes in die Glasfabrikation nur soweit eingeweiht werden müssen, daß er selber einem Glaswaren-Verkaufsgeschäft vorstehen kann, insbesondere mit dem Einkauf Bescheid weiß, Mängel im Glase erkennt und weiß, was die Technik der Glaswarenfabrikation zu leisten vermag. Dagegen wird der Handlungslehrling einer Glaswarenfabrik darüber hinaus derart in die Einzelheiten der Fabrikation einzuweihen sein, daß er nicht nur das „was", sondern auch das „wie" der Glasfabrikationstechnik insoweit versteht, um eine derartige Fabrik mit Unterstützung von Technikern führen zu können. Die mangelnde Unterweisung in den vorkommenden „kaufmännischen" Arbeiten wird bestraft (§§ 82 Abs. 1, 76 Abs. 2 HGB.). Hierbei ist, da es sich um Strafe handelt, streng am Ausdruck des Gesetzes festzuhalten, sodaß eine mangelhafte oder rechtswidrige Unterweisung in nicht-kaufmännischen Arbeiten straffrei ist.

2. **Art der Ausbildung.**

Der Lehrherr hat die Ausbildung des Lehrlings entweder selbst oder durch einen geeigneten, ausdrücklich dazu bestimmten Vertreter zu leiten (§ 76 Abs. 2 HGB.). Derselbe muß im Besitze der bürgerlichen Ehrenrechte sein, widrigenfalls die Entlassung des Lehrlings von der Polizeibehörde erzwungen werden kann, und Lehrherr sowie Vertreter bestraft werden (§§ 81, 82 Abs. 2 HGB.).

Der Lehrherr haftet für alle Schädigungen, insbesondere für Verletzungen, welche sich der Lehrling infolge seiner Unkunde bei der Arbeit zuzieht, wenn der Lehrling einem Geschäftsgehülfen zur Beschäftigung beigegeben war, ohne daß dieser einen ausdrücklichen Auftrag erhalten hatte, ihm die erforderlichen Anweisungen zu erteilen (E. 34 S. 1). Im Falle ausdrücklichen Auftrages haftet der Lehrherr nur, falls ihn ein Verschulden in der Auswahl des Vertreters trifft.

Die Unterweisung hat in der durch den Zweck der Ausbildung gebotenen Reihenfolge und Ausdehnung zu geschehen (§ 76 Abs. 2 HGB.), also nicht in der durch die Interessen des Geschäfts gebotenen. Der Lehrherr darf dem Lehrling die zu seiner Ausbildung erforderliche Zeit und Gelegenheit durch Verwendung zu anderen Dienstleistungen nicht entziehen (§ 76 Abs. 3 HGB.), also z. B. nicht durch Verwendung zu Botendiensten.

Bei Verfehlung gegen die vorstehend unter Nr. 2 erörterten Verpflichtungen wird der Lehrherr bezw. sein Vertreter mit 150 Mark Geldstrafe evtl. Haft bis zu 6 Wochen bestraft (§ 82 Abs. 1 HGB.).

Bis auf die Strafnorm entspricht das zu 2 Erörterte dem bisherigen Recht.

II. Das Recht auf **anständige Behandlung** und auf **Fürsorge für die Gesundheit** und **Sittlichkeit des Lehrlings.** Diesbezüglich finden die Bestimmungen für Handlungsgehülfen Anwendung (s. oben § 21; §§ 76 Abs. 1, 62, 77 Abs. 3, 70—72 HGB.). Allerdings mit der Verschärfung, daß die Verletzung des § 62 Abs. 1 und 2 HGB. (s. oben S. 80/81) den Lehrherrn bezw. dessen Vertreter strafbar macht (§ 82 Abs. 1 HGB.). Vor allem aber mit einer andern Nuance. Denn der Prinzipal ist dem Lehrling gegenüber zugleich Lehrer, woraus folgt, daß er sich einerseits gegen ihn mehr herausnehmen darf als gegen einen Gehülfen, daß er andererseits aber auch weitgehender für ihn als für einen solchen zu sorgen hat.

In Gemäßheit dessen bestimmt z. B. § 76 Abs. 3 HGB., daß der Lehrherr dem Lehrling die zum Besuche des Gottesdienstes am Sonntagen und Festtagen erforderliche Zeit und Gelegenheit[1]) zu gewähren hat. Die Verletzung dieser Vorschrift macht strafbar (§ 82 Abs. 1 HGB.). Sie ist öffentlich rechtlicher Natur. Der Lehrling kann daher auf das durch sie gewährte Recht nicht verzichten; sonst würde auch bei dem Uebergewicht der Stellung des Prinzipals der Mißbrauch der erzwungenen freiwilligen Verzichte in Blüte kommen. Eine Pflicht, den Lehrling zum Besuche des Gottesdienstes anzuhalten, besteht für den Prinzipal nicht.

Ferner hat der Lehrherr den Lehrling zur Arbeitsamkeit und zu guten Sitten anzuhalten (§ 76 Abs. 3 HGB.), ebenfalls bei Vermeidung von Strafe (§ 82 Abs. 1 HGB.). Was diesbezüglich für den Prinzipal dem Gehülfen gegenüber Recht ist, ist dem Lehrling gegenüber zugleich und vorzugsweise Pflicht. Verabsäumung der letzteren kann den Gegenkontrahenten zur sofortigen Aufhebung des Lehrvertrages berechtigen. Insbesondere den Vater oder Vormund des Lehrlings. Unter Umständen aber auch letzteren selber, falls er Kontrahent ist. Es ist z. B. denkbar, daß ein Lehrling innerhalb und außerhalb des Geschäfts verbummelt, eines Tages zur Besinnung kommt und nun mit Recht vom Lehrvertrage unter der Begründung zurücktritt, daß er bei einem Lehrherrn, dessen Achtlosigkeit oder Schwäche ihn vor Rückfällen nicht zu schützen vermögen, nicht ferner bleiben wolle.

Endlich verpflichtet § 76 Abs. 4 HGB. in Uebereinstimmung mit dem bisherigen Recht (§§ 154 Abs. 1, 120 Abs. 1 Gew. O.) den Lehrherrn, dem unter 18 Jahre alten Lehrling die zum Besuche einer **Fortbildungsschule** erforderliche Zeit in Gemäßheit des § 120 Gew. O. zu gewähren. Für männliche Lehrlinge unter 18 Jahren kann Schulzwang zum Besuche einer Fortbildungsschule durch Landesgesetz oder statutarische Kommunal-Bestimmung begründet werden (§ 120 Abs. 3 Gew. O.). Verletzung solches statutarischen Schulzwanges sowie der gedachten Verpflichtung des Lehrherrn wird mit Geldstrafe bis zu 20 Mark und im Unvermögensfall mit Haft bis zu 3 Tagen für jeden Fall der Verletzung bestraft (§ 150 Nr. 4 Gew. O.).

Eine Maximal-Arbeitszeit für Lehrlinge besteht nicht.

---

[1]) Was man unter der Pflicht, diesbezüglich Gelegenheit zu gewähren, verstehen soll, ist allerdings nicht recht erfindlich. Soll etwa der Lehrherr, wenn am Orte des Geschäfts die Abhaltung eines Gottesdienstes nicht stattfindet, eine solche veranlassen oder dem Lehrling Fahrgelegenheit zum Nachbarort gewähren? Das ist doch nicht anzunehmen.

Ein Antrag, dieselbe bei Lehrlingen unter 18 Jahren auf acht Stunden täglich festzusetzen, ist in der Reichstagskommission (Kom. S. 45) abgelehnt worden.

Die unter Nr. II. erörterten Bestimmungen des neuen HGB. entsprechen bis auf dessen Strafnormen dem bisherigen Recht.

III. **Das Recht auf** das vereinbarte **Entgelt.** Diesbezüglich kommen die Grundsätze betreffs der Vergütung für Handlungsgehülfen (s. oben §§ 15—19) entsprechend zur Anwendung.

IV. Das Recht auf Erteilung eines schriftlichen **Lehrzeugnisses.**

Dasselbe ist nach § 80 HGB. bei der Beendigung des Lehrverhältnisses über die Dauer der Lehrzeit und die während dieser erworbenen Kenntnisse und Fähigkeiten sowie über das Betragen des Lehrlings auszustellen. Die Ausdehnung des Zeugnisses auf Kenntnisse, Fähigkeiten und Betragen hat von Gesetzes wegen, also — anders wie bei den Handlungsgehülfen — ohne Verlangen und selbst wider den Willen des Lehrlings oder dessen Vertreters zu erfolgen.

Im übrigen finden die oben in § 22 betreffs des Zeugnisses der Handlungsgehülfen gegebenen Erörterungen entsprechende Anwendung. Das Gleiche gilt hinsichtlich der dortigen Erörterungen ad II, welche das Recht auf Auskunft betreffen.

Das bisherige Recht hat die gleichen Grundsätze[1]).

Auf Antrag des Lehrlings hat die Ortspolizeibehörde das Zeugnis kosten- und stempelfrei zu beglaubigen.

V. **Folgen der Verletzung** der Rechte des Lehrlings sind:

1, Der Lehrling bezw. sein Vertreter kann bei gewichtiger Verletzung den Lehrvertrag ohne Frist kündigen (s. unten S. 139 sub. III),

2. Oder statt dessen auf Erfüllung klagen.

3. Der Lehrling bezw. sein Vertreter kann zugleich Schadensersatz, einschließlich des entgangenen Gewinnes, fordern, z. B. wenn die empfangene Ausbildung so mangelhaft ist, daß der Lehrling nach beendeter Lehrzeit keine Stelle erhält oder aus einer erhaltenen wegen Unkenntnis bald entlassen wird. Ist der Lehrling vorzeitig zu Unrecht entlassen, also sein Recht auf Ausbildung zeitlich verletzt, so kann er u. a. Schadensersatz dafür fordern, daß er in einer neuen Stelle wieder von vorn anfangen muß oder daß

---

[1]) s. Aeltest. v. 26. Mai 91 und O. L. G. Dresden v. 17. Juni 91 bei Perl und Wreschner 91 S. 101; letzteres auch im Sächs. Arch. Bd. 1 S. 523; Aeltest. v. 15. 6. 96 i. S. Dorn/Crahé 11 C. 522 96 A. G. Berlin I, O. L. G. Hamburg 1890 in G. Z. 42 S. 514.

ihm dort nur ein Teil seiner bisherigen Lehrzeit angerechnet wird; ferner Ersatz der ihm vertraglich zugesicherten Aequivalente für den Rest der Lehrzeit abzüglich dessen, was er inzwischen anderweit verdient, nicht jedoch abzüglich derjenigen Leistungen, die er dem Lehrherrn im Falle seines Verbleibens gemacht haben würde (R. 7 S. 277—280).

4. Der Lehrling bezw. sein Vertreter hat bei ungerechtfertigter Vertragsaufhebung durch den Prinzipal Anspruch auf anteilige Rückgewähr des Lehrgeldes, ja sogar auf volle Rückgewähr, soweit das Lehrgeld nicht Vergütung für den vom Lehrherrn gewährten Unterhalt, sondern Lehrhonorar ist, und falls dem Lehrling die bisherige Lehrzeit anderwärts nicht angerechnet wird.

5. Es tritt Bestrafung des Lehrherrn bezw. seines Vertreters in den oben erörterten Fällen ein, und zwar Bestrafung mit Geldstrafe bis zu 150 Mark, eventl. Haftstrafe bis zu 6 Wochen.

6. Die Polizeibehörde kann die Entlassung des Lehrlings erzwingen, wenn der Lehrherr oder seine Vertreter nicht im Besitz der bürgerlichen Ehrenrechte sind (§ 81 Abs. 2 HGB.).

C. **Die Rechte des Lehrherrn** sind:

I. Das Recht auf die **Dienstleistungen** des Lehrlings.

1. Dieselben können jedoch nur in der Art und dem Umfange gefordert werden, als der Zweck der Ausbildung es gestattet. Der Lehrling z. B., welcher in den letzten Monaten seiner Lehrzeit steht, ohne in der kaufmännischen Buchführung unterwiesen worden zu sein, wird eine fernere Thätigkeit am Verkaufslager ablehnen und verlangen dürfen, daß er nunmehr in der Buchhalterei beschäftigt werde. Nach Ortsgebräuchen und der Verkehrsauffassung ist der Lehrling namentlich kleinerer Geschäfte verpflichtet, mannigfache geringfügige nicht-kaufmännische Dienste, welche mit dem Zwecke der Ausbildung nichts zu thun haben, zu leisten, z. B. Boten- und Packer-Dienste. Derartige Ortsgebräuche sind jedoch nur insoweit rechtsgültig, als sie dem Zweck der Ausbildung nicht entgegenstehen.

2. Wichtig und interessant ist die Frage, **ob der Lehrherr,** falls der Lehrling ungerechtfertigt vor der Zeit die Lehre verläßt, auf Fortsetzung des Vertrages bestehen, also **Wiederzuführung des Lehrlings verlangen** oder nur Entschädigung fordern **kann.**

a. Zweifellos besteht lediglich ein Anspruch auf Entschädigung in denjenigen Rechtsgebieten, in welchem der Rücktritt vom Lehrvertrage jederzeit ohne weiteres gestattet ist, wie im Gebiete des preußischen A. L. R. (§ 408 I, 5) und nach verbreiteter Ansicht auch im Gebiete des sächsischen Rechts (R. 14 S. 207/8; vgl. R. 13 S. 107).

b. In gleicher Weise muß aber für alle Rechtsgebiete allgemein der Anspruch auf Fortsetzung der Dienste versagt werden, und zwar aus der heut allgemein gültigen Rechtsanschauung heraus, daß bei dem Lehrvertrage das Interesse des Lehrherrn hinsichtlich des Rechts auf unmittelbare Vertragserfüllung gegenüber dem Interesse des Lehrlings an dieser zurücktritt (R. 14 S. 208).[1]) Dem Lehrling soll nicht wider seinen Willen ein bestimmtes Lehrinstitut aufgenötigt werden dürfen. Dadurch würde der Zweck des Lernens vereitelt werden.

Diese Rechtsanschauung muß als allgemeines deutsches Handelsgewohnheitsrecht angesehen werden, beseitigt daher etwa entgegenstehende landesgesetzliche Bestimmungen (vgl. R. 5 S. 143 und 14 S. 208).

In denjenigen Fällen, in welchem nicht der Lehrling selber den Lehrvertrag abgeschlossen hat, sondern ein anderer im eigenen Namen, z. B. sein Vater, seine Mutter oder sein Bruder, ist schon aus diesem Grunde ein Zwang seitens des Lehrherrn gegen den Lehrling ausgeschlossen, weil der letztere nicht Kontrahent des Lehrherrn, diesem gegenüber also vertraglich nicht verpflichtet ist (R. 14 S. 208/9). Dies gilt jedoch nur für den minderjährigen Lehrling. Der volljährige verpflichtet sich durch den thatsächlichen Antritt der Lehre in Gemäßheit des Lehrvertrages (s. oben S. 130).

Auch eine Klage des Lehrherrn gegen den Vater oder sonstigen Vertragskontrahenten, den Lehrling zurückzuführen, ist nicht gegeben. Denn die sonstigen Vertragskontrahenten haben dem Lehrling gegenüber nicht das Recht, denselben wider Willen zurückzuführen. Und der Vater, der seinem minderjährigen Kinde gegenüber dieses Recht hat, kann zur Ausübung desselben nicht gezwungen werden, weil es ein höchst persönliches, weder übertragbares noch sonst antastbares Erziehungsrecht ist (R. 9 S. 280/1).

Gegen eine vom Vater oder Vormund angeordnete Zurückkehr in die Lehre kann der Lehrling an die Behörde appellieren, in Preußen an das Vormundschaftsgericht.[2])

c. Die Entschädigung hat derjenige zu leisten, in dessen Namen der Lehrvertrag rechtsgültig geschlossen ist,

---

[1]) Vgl. S. 131 oben. Deshalb ist die mit der beiderseitigen Vertragsnatur des Lehrvertrages begründete gegenteilige Ansicht von Gareis-Fuchsberger S. 172 Anm. 119 unrichtig. Gegen die Annahme eines Zwanges zur Erfüllung sind u. a. Staub § 8 zu Art. 61, Behrend § 47 A. 27.

[2]) Vgl. für Mecklenb. Recht R. 2 S. 134.

also der Lehrling, wenn sein Vater, seine Mutter, sein Bruder oder ein anderer ausdrücklich als Stellvertreter des Lehrlings kontrahiert hat.

Die Entschädigung besteht vornehmlich im Ersatze der durch die Entziehung der Arbeitskraft des Lehrlings entstehenden Vermögensverluste (R. 1 S. 33 u. 14 S. 16 ff.). Unter Umständen gehören zu letzteren die Kosten für einen zum Ersatz des Lehrlings engagierten Kommis (R. 1 S. 33), namentlich wenn der Lehrling schon längere Zeit im Geschäft war und dort Gehülfen-Dienste verrichtete. Die durch geschäftliche Versehen des Ersatz-Kommis entstehenden Schäden sind natürlich nicht zu ersetzen und ebenso selbstverständlich ist, daß die Vergütung, welche der Lehrling für die in Betracht kommende Zeit zu beanspruchen gehabt hätte, in Abzug zu bringen ist (R. 1 S. 36).

Nach § 79 HGB. hat der Entschädigungsanspruch zur Voraussetzung, daß der Lehrvertrag schriftlich geschlossen ist.

Das im voraus erhaltene Lehrgeld muß der Lehrherr anteilig zurückerstatten; er kann dasselbe jedoch mit seinem Schaden kompensieren (R. 14 S. 208).

II. Das **Recht auf die gesamte kaufmännische Arbeitskraft** des Lehrlings in Gemäßheit der §§ 60, 61 HGB. (s. § 76 Abs. 1 HGB.; s. oben § 13).

III. Das **Recht auf Zahlung des** etwa bedungenen **Lehrgeldes.** Wenn der Lehrling vor der Zeit ungerechtfertigt die Lehre verläßt, so kann der Prinzipal das ganze bedungene Lehrgeld fordern, nicht nur etwa einen der ausgehaltenen Lehrzeit entsprechenden Teil; denn das Lehrgeld ist in der Regel eine Vergütung gerade für die erste Zeit des Lehrverhältnisses, in welcher die Unterweisung des Lehrlings mehr Mühe und Zeit kostet, als seine Dienste Nutzen bringen[1]). Dagegen muß dann ein angemessener Teil des Lehrgeldes zurückgegeben werden, falls dasselbe zugleich als Aequivalent für die Unterhaltung des Lehrlings vereinbart worden ist.

IV. Das **Recht auf Gehorsam, Diensttreue und ehrerbietiges Benehmen** (s. oben § 14). Dieses Recht ist nicht nur von dem Gesichtspunkte der Beziehung zwischen Untergebenen und Vorgesetzten zu beurteilen wie beim Handlungsgehülfen, sondern vor allem aus dem einer gleichsam väterlichen Stellung des Lehrers gegenüber dem Schüler. Aus diesem Gesichtspunkte heraus bestimmt der § 247 StGB., daß der Lehrling,

---

[1]) H. A. G. Nürnberg 65 und 71 in G. Z. 11 S. 173 und 21 S. 568/9.

welcher seinem Lehrherrn Sachen von unbedeutendem Werte stiehlt oder unterschlägt, nur auf Antrag des Lehrherrn zu verfolgen ist. Trotz der väterlichen Stellung des letzteren steht ihm jedoch ein auch nur mäßiges Züchtigungsrecht nicht zu[1]. § 127 Gew. O., aus welchem ein derartiges Recht gegen den Gewerbe-Lehrling folgt, findet keine entsprechende Anwendung. Aus §§ 77 Abs. 3, 71 Nr. 4 HGB. ergiebt sich sogar, daß in der Regel jede Thätlichkeit des Lehrherrn gegen den Lehrling letzteren zur sofortigen Aufhebung des Lehrverhältnisses berechtigt.

V. Für allen Schaden, den der Lehrling gelegentlich des Dienstes verursacht, haftet er persönlich. Es ist jedoch von ihm nicht die Vorsicht eines Gehülfen zu beanspruchen, auch wenn er thatsächlich schon die Dienste eines solchen verrichtet, sondern nur die Vorsicht eines Lehrlings von seinem Alter und Dienstalter.

Hat eine andere Person, z. B. sein Vater, im eigenen Namen den Lehrvertrag geschlossen, so haftet dieselbe neben dem Lehrling solidarisch, jedoch nur für solche Handlungen des Lehrlings, die noch innerhalb des üblichen Rahmens des Lehrlingsverhältnisses erfolgen, also z. B. nicht für Veruntreuungen, welche der Lehrling als Leiter einer Filiale macht, weil die Uebertragung eines solchen Postens dem Lehrlingsverhältnis, welchem die fortdauernde Möglichkeit einer genauen Beaufsichtigung, Direktion und Ueberwachung wesentlich ist, zuwiderläuft (A. G. Celle 72 in G. Z. 21 S 567/8).

Betreffs der Entschädigung bei unbefugtem Austritt aus der Lehre s. oben S. 136/137.

§ 33. Dauer und Beendigung des Lehrverhältnisses.

A. **Die Dauer der Lehrzeit** bestimmt sich nach dem Lehrvertrage, in Ermangelung vertragsmäßiger Festsetzung nach den örtlichen Verordnungen oder dem Ortsgebrauche (§ 77 Abs. 1 HGB.). Im Konfektionsgeschäft en gros z. B. und im Exportgeschäft dauert die Lehrzeit usancemäßig drei Jahre[2]. Ein Lehrvertrag, der eine unverhältnismäßig lange Lehrzeit festsetzt, z. B. sechs Jahre, ist gegen die guten Sitten und daher nichtig.

B. **Die Gründe für die Beendigung des Lehrverhältnisses** sind dieselben wie für die Beendigung des Gehülfen-Verhältnisses (s. oben §§ 24—29), jedoch mit folgenden Modifikationen:

---

[1]) Anders Cosack S. 67/68, wenn die Ortssitte ein Züchtigungsrecht gewährt, und Behrend § 47 A. 22 betreffs der jugendlichen Handlungsgehülfen.

[2]) Aeltest. v. 28. 3. 93 i. S. Gilowy/Bürenstein 9. C. 2097. 92 A. G. I. Berlin.

I. Das Lehrverhältnis kann, sofern nicht eine längere Probezeit vereinbart ist, während des ersten Monats nach dem Beginn der Lehrzeit ohne Einhaltung einer Kündigungsfrist gekündigt werden (§ 77 Abs. 2 HGB.).

Der erste Monat ist also gesetzliche Probezeit. Diese dem bisherigen Recht unbekannte Vorschrift ist öffentlichen Rechts, kann also durch Vertrag nicht abgeändert werden, weder dahin, daß eine Probezeit ausdrücklich ausgeschlossen, noch dahin, daß eine kürzere als eine einmonatliche vereinbart wird. Eine Vereinbarung, nach der die Probezeit mehr als drei Monate betragen soll, ist nichtig (§ 77 Abs. 2 HGB.).

II. Nach § 77 Abs. 4 HGB. kann im Falle des Todes des Lehrherrn das Lehrverhältnis innerhalb eines Monats ohne Einhaltung einer Kündigungsfrist gekündigt werden, und zwar sowohl seitens der Erben als seitens des Lehrlings. Nach dem bisherigen Recht war Lehrlingen in diesem Falle eine unbefristete Kündigung nur unter denselben Voraussetzungen gestattet, unter denen sie Handlungsgehülfen gestattet ist (s. oben S. 93). Bei mehreren Lehrherren, z. B. Mitinhabern einer offenen Handelsgesellschaft, wird der Tod eines Lehrherrn das Kündigungsrecht nicht geben (vgl. R. 1 S. 35; s. oben S. 94).

Dagegen muß bei der besonders persönlichen Natur des Lehrverhältnisses die sofortige Aufhebung desselben dem Lehrling bezw. dessen Vertreter für die Regel nachgelassen werden im Falle des Ueberganges des Geschäfts auf einen ganz neuen Inhaber (vgl. Denkschr. S. 66), sowie im Falle der Eröffnung des Konkurses über das Vermögen des Prinzipals,[1]) zumal bei einem in Konkurs befindlichen Geschäft die Erreichung des Zieles vollständiger und gewissenhafter Ausbildung stets zweifelhaft sein wird.

III. Nach Ablauf der Probezeit sind die für Handlungsgehülfen geltenden Grundsätze (s. oben §§ 25—29) betreffs befristeter und unbefristeter Kündigung anwendbar (§ 77 Abs. 3 HGB.). Entsprechend den besonderen Umständen, welche in der Natur des Lehrverhältnisses liegen, wird jedoch bei gleichem Thatbestand oft eine andere und meist mildere Beurteilung beiderseitig gerechtfertigt sein.[2]) Manches, was bei dem Gehülfen als grobe Mißachtung der Geschäfts-Disziplin mit Entlassung zu bestrafen ist, wird dem Lehrling als bloße Ungezogenheit mit einem

---

[1]) Anders A. G. Frankfurt a. M. 69 in G. Z. 14 S. 543/544.

[2]) Vgl. O. L. G. Hamburg 1892 in G. Z. 42 S. 516.

Verweise hingehen dürfen. Und andererseits wird der Lehrling vielfach gegen Handlungen und Aeußerungen des Prinzipals, z. B. leichte Schimpfworte, nur einen Protest haben, während sie den Gehülfen zum sofortigen Austritt aus dem Geschäft berechtigen würden. Als ein wichtiger Grund zur Kündigung durch den Lehrling soll es nach § 77 Abs. 3 HGB. insbesondere anzusehen sein, wenn der Lehrherr seine Verpflichtungen gegen den Lehrling in einer dessen Gesundheit, Sittlichkeit oder Ausbildung gefährdenden Weise vernachlässigt.

Wird — so bestimmt § 78 Abs. 1 HGB. — von dem gesetzlichen Vertreter des Lehrlings oder, sofern dieser volljährig ist, von ihm selbst dem Lehrherrn die schriftliche Erklärung abgegeben, daß der Lehrling zu einem anderen Gewerbe oder zu einem anderen Berufe übergehen werde, so endigt das Lehrverhältnis nach dem Ablauf eines Monats. Der Lehrherr kann den Lehrling aber schon früher entlassen. Diese Sätze sind zwingendes Recht, also durch Vertrag nicht abänderbar noch verzichtbar. Eine blos mündliche Erklärung gedachter Art ist wirkungslos, kann aber unter Umständen für den Prinzipal ein wichtiger Grund zur sofortigen Entlassung sein (Staub Suppl. Anm. 1 zu § 78 cit.). — Tritt der Lehrling der abgegebenen Erklärung zuwider vor dem Ablaufe von neun Monaten nach der Beendigung des Lehrverhältnisses in ein anderes Geschäft als Handlungslehrling oder als Handlungsgehülfe ein, so ist er dem Lehrherrn zum Ersatze des diesem durch die Beendigung des Lehrverhältnisses entstandenen Schadens verpflichtet. Mit ihm haftet als Gesamtschuldner der neue Lehrherr oder Prinzipal, sofern er von dem Sachverhalt Kenntnis hatte (§ 78 Abs. 2 HGB.). Hat nicht der Lehrling, sondern ein anderer, z. B. sein Vater, in eigenem Namen den Lehrvertrag abgeschlossen, so haftet nicht der Lehrling, sondern anstatt dessen der Vertragskontrahent. Diese Vorschriften sind nicht zwingender Natur. Sie können durch Vertrag beseitigt, erleichtert und erschwert werden; letzteres z. B., indem eine Konventionalstrafe vereinbart wird, die den entstandenen Schaden übersteigt. (Anders Staub Suppl. Anm. 6 zu § 78 HGB.)

Dem bisherigen Recht sind diese Vorschriften fremd, nach ihm kann der ihnen zugrunde liegende Fall höchstens als sog. wichtiger Grund zur Vertragsaufhebung in Betracht kommen.

Betreffs der Entschädigung des Lehrlings und des Prinzipals im Falle vorzeitiger und unberechtigter Aufhebung des Lehrverhältnisses s. oben S. 134, 137.

Viertes Buch.

§ 34. Der Prozeß zwischen Prinzipal und Handlungsgehülfen bezw. Handlungslehrling.

Es sollen diesbezüglich nur die für die Praxis wichtigsten Punkte zusammengestellt werden.

A. **Zuständig** sind die ordentlichen Gerichte, nicht etwa, wie im Kreise der Handlungsgehülfen vielfach angenommen wird, die Gewerbegerichte. Sondergerichte nach Art der letzteren werden für die Rechtsstreitigkeiten der Handlungsgehülfen und Handlungslehrlinge allerdings erstrebt. Die Frage ihrer gesetzlichen Einführung ist aber noch nicht entschieden.

Nur eine Ausnahme kennt bereits die zeitige Gesetzgebung. Gemäß § 53a Abs. 1 des Reichskrankenversicherungsgesetzes nämlich werden Streitigkeiten zwischen dem Prinzipal und seinen kaufmännischen Angestellten über die Berechnung und Anrechnung der von diesen zu leistenden Beiträge von den Gewerbegerichten entschieden.

Für Rechtsstreitigkeiten bis zu 300 Mark ist das Amtsgericht, darüber hinaus das Landgericht, und zwar die Kammer für Handelssachen, zuständig.

B. **Prozeßfähig**, d. h. fähig, einen Prozeß zu führen, ist eine Person insoweit, als sie sich selbständig durch Verträge verpflichten kann. Es kann also der minderjährige Angestellte, der den Dienstvertrag mit Genehmigung seines Vaters oder Vormundes abgeschlossen hat, selbständig, d. h. ohne Zuziehung seines Vaters oder Vormundes, klagen und verklagt werden. Insoweit er jedoch trotz derartiger Erlaubnis der Genehmigung des Vormundschaftsgerichts bedarf, muß in seinem Namen sein gesetzlicher Vertreter klagen und verklagt werden, z. B. wenn der minderjährige in Preußen beschäftigte Gehülfe eine mit seinem Prinzipal vereinbarte Vergleichssumme von mehr als 300 Mark einklagt oder auf solche verklagt wird (s. oben S. 29).

Großjährige Angestellte, welche Ehefrauen sind oder unter väterlicher Gewalt stehen, werden durch diese Eigenschaften in ihrer Prozeßfähigkeit nicht beschränkt (§ 51 Abs. 2 C. P. O.).

Eine andere Frage, welche mit derjenigen der Prozeßfähigkeit nicht zusammenhängt, ist die, ob in den Fällen des ehemännlichen oder väterlichen Verwaltungs- oder Nießbrauchsrechts an dem Vermögen der Ehefrau oder des Hauskindes, wegen dieses Rechts neben der Ehefrau bezw. dem Hauskinde noch der Ehemann bezw. der Vater zu klagen hat und zu verklagen ist. Diese Frage ist nicht unbestritten; für das preußische Recht bejahen wir dieselbe (vgl. E. 28 S. 332 und 38 S. 300).

C. Im Gebiet des preußischen Rechts muß der zu Unrecht vorzeitig entlassene Angestellte eine Klage auf Entschädigung, nicht auf Leistung der vertraglichen Erfüllung erheben (s. oben S. 56). Klagt jedoch, wie oft geschieht, der Angestellte auf Fortzahlung des Gehalts anstatt auf Entschädigung in Höhe desselben, so ist dies zwar nicht korrekt, jedoch nicht falsch, da mit Rücksicht darauf, daß die Entschädigung mit dem Gehalt zusammenfällt und die Dienstentlassung als Klagegrund aufgeführt ist, die Klage sich als Schadensersatzklage charakterisiert (R. 17 S. 220 ff.).

D. Der Angestellte ist zu Unrecht vorzeitig entlassen. Kann er eine **Klage, betreffend die in Zukunft fällig werdenden Gehaltsraten,** anstrengen und welche?

I. Zulässig ist eine Feststellungsklage auf Anerkennung, daß er zu Unrecht entlassen worden, und daß der Dienstvertrag noch weiter bestehe oder — so nach preußischem Recht — der Prinzipal zum Schadensersatz verpflichtet sei.[1]) Zweifelhaft könnte diese Zulässigkeit allein in dem Falle werden, wenn der Dienstvertrag nur noch auf kurze Zeit, z. B. 1—2 Monate, zu laufen hat, weil hier die Annahme nahe liegt, daß das gesetzlich erforderliche Interesse an „alsbaldiger" Feststellung nicht vorhanden sei, der Gehülfe vielmehr die kurze Zeit abwarten und dann sofort die Leistungsklage anstrengen könne. Jedoch auch in diesem Falle ist ein Interesse an der „alsbaldigen" Feststellung vorhanden, ob der Dienstvertrag weiter besteht oder nicht, da eine Reihe gesetzlicher Verpflichtungen nur während der Dauer des Dienstvertrages bestehen, z. B. die der Geheimhaltung der Geschäftsgeheimnisse (s. S. 52 unter δ). In den Rechtsgebieten aber, in denen der Dienstvertrag ohne weiteres jederzeit aufgelöst werden kann, wie z. B. im preußischen, hat der Gehülfe das allgemeine Interesse, baldigst festgestellt zu sehen, woran er ist, ob er sich zum Aufsuchen einer neuen Stellung Zeit lassen kann oder ob er besser thut, zuzugreifen.

II. Die erhobene Feststellungsklage kann, sobald und soweit der festzustellende Anspruch inzwischen fällig geworden, in die Leistungsklage umgewandelt werden.[2])

III. Der Angestellte hat auch die Leistungsklage betreffs der in Zukunft fällig werdenden Raten. Es kann also der Prinzipal z. B. im Mai verklagt und verurteilt werden, dem Gehülfen am 30. Juni, 31. Juli und 31. August je 100 Mark zu zahlen.

---

[1]) E. 37 S. 305; K.G. v. 5. 6. 95 in D. J. Z. 96 S. 202.
[2]) § 240 Nr. 2 C.P.O.; E. 23 S. 349 und 420.

Mit Recht führen v. Wilmowski-Levy (4. Aufl. Anm. 6 Abs. 2 zu § 231 C. P. O.) aus, daß das praktische Bedürfnis auf die Unentbehrlichkeit solcher Klagen hinweist und das Gesetz (vgl. § 672 C. P. O.) dieselben zuläßt. Der Angestellte hat das dringendste und berechtigte Interesse, bereits zur Verfallzeit — namentlich, wenn dieselbe in die Gerichtsferien fällt — einen vollstreckbaren Titel zu haben.

IV. **Wann ist nun die Feststellungsklage und wann ist ist die Leistungsklage anzustrengen?**

Erstere ist zu erheben: „wenn nach den besonderen Verhältnissen des Falls das Rechtsschutzbedürfnis gerade die *Feststellung* durch Urteil erfordert.“ [1])

1. Dies wird im Gebiet des *preußischen Rechts* allermeist der Fall sein; denn nach letzterem ist die fragliche Klage des Angestellten eine Schadensersatzklage. Ob und in welcher Höhe aber ein Schaden entstanden sein wird, läßt sich in der Regel erst dann beurteilen, wenn der jedesmalige Fälligkeitstermin herangekommen sein wird, denn erst dann ist gewiß, ob der Angestellte inzwischen nichts oder weniger verdient, also überhaupt einen Schaden und evtl. welchen erlitten hat. Bis dahin besteht noch kein Anspruch, sondern nur die bloße Möglichkeit eines solchen. Diese Schlußfolgerung wird auch dadurch nicht berührt, daß in Anbetracht des Beweises des Schadens letzterer vermutet wird (s. unten G. V u. VI). Denn eine solche Vermutung kann nicht früher Platz greifen, als das zu Vermutende überhaupt eingetreten sein kann.

2. *Nach* gemeinem Recht und *den sonstigen Rechten*, nach denen ungerechtfertigter Rücktritt den Dienstvertrag nicht aufhebt, liegt die Sache anders. Denn hier ist nicht auf Schadensersatz, sondern auf Vertragserfüllung zu klagen. Zwar kann der Angestellte inzwischen anderweit Stellung nehmen, sich dadurch seinerseits zur Vertragserfüllung außerstande setzen und damit seinen Anspruch verlieren (s. oben S. 56). Aber die *bloße Möglichkeit* des Verlusts eines Rechts ist ebenso beachtlos wie die des Erwerbs eines Rechts. Der Angestellte wird also nach den gedachten Rechten nicht auf Feststellung, sondern auf Leistung der späteren Raten zu ihren Fälligkeitstagen klagen müssen. Nimmt er nach rechtskräftig ergangenem Urteil anderweit Stellung, so bleibt dem Prinzipal die Klage aus § 686 C. P. O. auf entsprechende Aufhebung des die Leistungspflicht aussprechenden

---

[1]) Gaupp A. 2 b β zu § 231 C. P. O.; E. 4 S. 438.

Urteils bezw. Zurückzahlung des auf Grund des Urteils Geleisteten übrig.

V. Hat der Angestellte bei seinem Prozeß mit einem Richter zu rechnen, welcher — wie z. B. der größte Teil der Richter in Berlin — der Ansicht ist, daß betreffs der in Zukunft fällig werdenden Raten die Leistungsklage nicht gegeben ist, und ist dem Angestellten mit der Feststellungsklage nicht gedient, so empfiehlt sich folgendes: Der Angestellte klagt auf Zahlung der zunächst fällig werdenden Rate, mit dem Antrage, daß der Termin nach dem Fälligkeitstage anberaumt werde. Erkennt der Prinzipal allerdings im Termin den Anspruch an — was eine seltene Ausnahme sein wird — so würden den Kläger gemäß § 89 C. P. O. die Prozeßkosten treffen, außer wenn der Prinzipal durch sein Verhalten zur Klage Veranlassung gegeben hat. Letzteres wird billiger Weise schon dann anzunehmen sein, wenn der Prinzipal sich auf eine Provokation des Angestellten, sich über die Fortzahlung des Gehalts zu äußern, schweigend verhalten hat.

E. Gründet sich die Klage auf gerechtfertigte Vertragslösung aus einem bestimmten sog. wichtigen Grunde, so ist die spätere Geltendmachung anderer wichtiger Gründe zur Begründung der Vertragslösung keine Klageänderung (s. oben S. 105/106 sub. 3).

F. Die Fragen, was „kaufmännnische Dienste“ sind und was ein „wichtiger Grund“ zur vorzeitigen Aufhebung des Dienstverhältnisses ist, sind Rechtsfragen, nicht Thatfragen, und können daher zur Begründung der Revision dienen (s. oben S. 19 und S. 105).

G. Interessant und praktisch wichtig sind folgende **Beweisfragen.**

I. Giebt der Prinzipal zu, daß er den Gehülfen engagiert habe, behauptet er aber, daß dies nur unter einer Bedingung geschehen sei, z. B. falls er eine polizeiliche Konzession erhalte, so muß der Gehülfe beweisen, daß er bedingungslos engagiert worden sei.[1])

Eine das angetretene Dienstverhältnis auflösende Bedingung hat natürlich der Prinzipal zu beweisen.

II. Der Handlungsgehülfe, dem bestritten wird, daß er kaufmännischer Angestellter sei, muß diese Eigenschaft beweisen. Es spricht keine Vermutung dafür, daß Dienste, weil sie in einem Handelsgewerbe geleistet werden, auch deswegen kaufmännische sind (s. oben S. 19 sub. II).

---

[1]) R. 4 S. 128, 129, Entsch. des O. Tr. 72 S. 217 ff.

III. Daß ein Vertrag von den für das vereinbarte Rechtsverhältnis gesetzlich getroffenen Normal-Bestimmungen abweiche, wird nicht vermutet. Wer es behauptet, muß es beweisen. Danach wird zu vermuten sein, daß das Dienstverhältnis auf unbestimmte Zeit ohne Abrede einer Kündigungsfrist eingegangen ist. Die Beweislast hat daher, wer behauptet, daß das Engagement auf Probe oder mit einer von der gesetzlichen Kündigungsfrist (6 Wochen zum Quartal) abweichenden geschlossen worden sei.[1])

Die Beweislast bleibt die gleiche, wenn der andere Teil die Vereinbarung einer abweichenden Frist zugiebt, aber die gerade behauptete Frist bestreitet;[2]) z. B. der drei Monate nach Kündigung entlassene Angestellte behauptet sechsmonatliche Kündigungsfrist und klagt sein Gehalt für die restlichen drei Monate ein, der Prinzipal behauptet dreimonatliche Kündigungsfrist. Der Angestellte hat zu beweisen. Umgekehrt trifft die Beweislast den Prinzipal, wenn dieser vierzehntägige, der klagende Angestellte einmonatliche Kündigungsfrist behauptet. Es ist nicht zu vermuten; daß größere Abweichungen vom Gesetz, als zugestanden werden, vereinbart worden sind. Deshalb trifft die Beweislast stets denjenigen, der die größere Abweichung behauptet.

IV. Bleibt der Angestellte aus dem Dienste fort, so muß er den Grund hierfür beweisen (das Nähere s. oben S. 109/110).

V. Daß der vorzeitig entlassene Angestellte während des Restes der Vertragsdauer anderweiten Verdienst gehabt, insbesondere eine anderweite Stellung gefunden hat, ist nicht zu vermuten. Daher hat der Gehülfe, welcher für die Restzeit den Betrag der Vergütung, sei es als solche, sei es als Entschädigung einklagt, nicht zu beweisen, daß er in dieser Zeit nichts oder nicht so und so viel verdient habe, sondern der Prinzipal hat die Beweislast für das Gegenteil (vgl. S. 56/57).

Die gleichen Grundsätze greifen Platz, wenn der Prinzipal den Angestellten das Dienstverhältnis gar nicht antreten läßt, was auch dann der Fall ist, wenn er das Geschäft, für welches der Gehülfe engagiert worden, nicht eröffnet (Bolze 13 Nr. 387).

VI. Daß der Schaden des zu Unrecht vorzeitig entlassenen Angestellten in seinem entgangenen Gehalte besteht, wird vermutet. Der Prinzipal muß daher auch substantiieren und beweisen, welchen anderweiten Verdienst der Angestellte gehabt

---

[1]) Ebenso K. G. Berlin 95 D. J. Z. 96 S. 19.

[2]) Vgl. Staub in der D. J. Z. 97 S. 194/95 unter II.

hat. (R. 17 S. 221; 18 S. 370.) Eine allgemeine diesbezügliche Eideszuschiebung dahin, daß der Angestellte mindestens den Klagebetrag inzwischen anderweit verdient habe, ohne Angabe von Einzelheiten, wird mit Unrecht vielfach für unzulässig gehalten.[1]) Der Prinzipal wird oft den Gegenbeweis unmöglich anders antreten können. Dies schließt nicht aus, daß einer derartigen Eideszuschiebung, wenn sie offensichtlich chikanös ist, im einzelnen Falle vom Richter nicht nachgegeben zu werden braucht.

Keineswegs führt der Prinzipal den ihm obliegenden Beweis schon durch die Bezugnahme darauf, daß der Angestellte inzwischen ein eigenes Geschäft eröffnet habe; er muß vielmehr noch außerdem beweisen, daß der Verdienst aus diesem Geschäft den durch die Entlassung entstandenen Schaden ganz oder teilweise deckt.[2])

§ 260 C. P. O., welcher eine freie, eventuell eidliche Schätzung des Schadens zuläßt, kommt für Entlassungen, die nach gemeinem Recht zu beurteilen sind, nicht in Betracht, weil letzteres einen Erfüllungsanspruch, keinen Schadensersatzanspruch gewährt. (Bolze 12 No. 736).

---

[1]) Vergl. z. B. Bolze 4 No. 1320 sub 5; 8 No. 912; vgl. auch 18 No. 714; die Begründung des Reichsgerichts, daß es sich um bloße Vermutungen bezw. um Verdacht handelc, nicht um bestimmte Behauptungen, ist unrichtig. Es handelt sich um eine bestimmte Behauptung. Wie der Behauptende zu derselben kommt, ob auf Grund bloßer Vermutungen oder bestimmter Anhaltspunkte, ist lediglich Frage der Motivierung. Wie das Reichsgericht Staub § 7 zu Art. 62 Hgb.

[2]) Scheinbar anders Bolze 12 No. 402.

Zweiter Teil.

Handlungsgehülfen und Handlungslehrlinge und die Reichsversicherungsgesetze.

§ 35. Uebersicht.

Die Reichsversicherung greift in das Leben der Handlungsgehülfen und Handlungslehrlinge ein, soweit es sich um Krankheit, Alter oder Invalidität handelt, dagegen nicht, soweit Dienst-Unfälle in Frage stehen. Denn das Reichs-Unfallversicherungsgesetz vom 6. Juli 1884 gilt nur für solche Betriebe, welche mit der kaufmännischen Beschäftigung im Handelsgewerbe nichts zu thun haben. Höchstens könnte der Fabrikbetrieb in Betracht kommen. Aber auch hier würden die für die Unfallversicherung gesetzlich geforderten Voraussetzungen der Anstellung „in" der Fabrik und des Unfalls „bei dem Fabrikbetriebe" bei Handlungsgehülfen und Handlungslehrlingen fehlen oder doch nur in seltenen Ausnahme-Fällen gegeben sein. Aus diesen Gründen werden wir von einer Berücksichtigung der Unfallversicherung Abstand nehmen und uns auf diejenige der Krankenversicherung einerseits und der Alters- und Invaliditätsversicherung andererseits beschränken.

§ 36. Die Krankenversicherung der Handlungsgehülfen und Handlungslehrlinge.

Dieselbe regelt sich nach dem **Reichs-Krankenversicherungsgesetz vom 15. Juni 1883** in der Fassung der Novelle vom 10. April 1892.

A. **Versicherungspflichtig** sind

I. nach dem Gesetz alle Handlungsgehülfen und Handlungslehrlinge, aber nur unter den nachfolgenden Voraussetzungen, nämlich:

1. Wenn ihr Arbeitsverdienst an Gehalt $6^2/_3$ Mark für den Arbeitstag oder, falls das Gehalt nach größeren Zeitabschnitten bemessen ist, 2000 Mark für das Jahr gerechnet, nicht übersteigt.

Als Gehalt in diesem Sinne gelten auch Tantiemen und Naturalbezüge. Für die letzteren wird der Durchschnittswert in Ansatz gebracht.

2. Sofern durch Vertrag die ihnen nach Art. 60, jetzt § 63, HGB. zustehenden Rechte aufgehoben oder beschränkt sind, d. h. die Rechte auf Gehalt und Unterhalt im Falle unverschuldeten Unglücks auf die Dauer von sechs Wochen. Gleichgültig ist dagegen eine Beschränkung der gesetzlichen sechswöchentlichen Kündigungsfrist, falls nur jene Rechte gewahrt bleiben. Ein Antrag, die gedachte Bestimmung durch das neue HGB. aufzuheben und dadurch die Versicherungspflicht für Handlungsgehülfen mit einem Gehalt unter 2000 Mark für die Regel obligatorisch zu machen, ist in der Reichstagskommission (Kom. S. 30—32) abgelehnt worden.

Es kann demnach der Prinzipal die Versicherungspflicht seiner Angestellten beseitigen, wenn er mit ihnen eine z. B. nur einmonatliche Kündigung, aber zugleich vereinbart, daß bei unverschuldetem Unglück der Angestellte Anspruch auf Gehalt und Unterhalt bis auf die Dauer von sechs Wochen, also eventuell über die Dauer des Dienstverhältnisses hinaus, haben soll.

Eine Aufhebung oder Beschränkung dieses Anspruches auf Gehalt und Unterhalt für sechs Wochen kann im Sinne des Krankenversicherungsgesetzes nur durch Vertrag erfolgen; bloßer Ortsgebrauch reicht nicht aus.[1])

3. Sofern ihre Beschäftigung nicht im voraus durch Vertrag auf einen Zeitraum von weniger als einer Woche beschränkt ist.[2]) Dies wird sich im wesentlichen auf die Fälle begrenzen, in denen zunächst ein Probe-Engagement auf weniger als eine Woche geschlossen worden ist, da bei sonstigen derartigen kurzen Engagements ein Anstellungsvertrag nur ausnahmsweise anzunehmen ist (s. oben S. 17 sub e).

4. Sofern sie nicht in Apotheken beschäftigt sind.

II. Durch **statutarische Bestimmung** einer Gemeinde für ihren Bezirk oder eines weiteren Kommunalverbandes für seinen Bezirk kann die Versicherungspflicht auf solche Handlungsgehülfen und Handlungslehrlinge erstreckt werden, bei denen die oben zu I, 2 bis 4 aufgeführten Voraussetzungen nicht vorhanden sind. Un-

---

[1]) Aeltest. v. 10. Juli 93 an die Berliner Ortskrankenkasse für Handl. Geh. u. Lehrl.

[2]) Diesbezügliche Beschränkung durch die Natur des Gegenstandes, welche § 1 Abs. 1 Ges. ebenfalls als Befreiungsgrund aufführt, ist gegen die Natur des Anstellungs-Verhältnisses, daher für Handlungsgehülfen und Handlungslehrlinge unbeachtlich (s. oben S. 17 sub e).

erläßlich ist also auch hier, daß das Gehalt nicht mehr als $6^2/_3$ Mark pro Tag bezw. 2000 Mark pro Jahr beträgt.

III. Diejenigen Gehülfen und Lehrlinge, welche nach Nr. II durch statutarische Bestimmung versicherungspflichtig gemacht werden können, sind berechtigt, mangels solcher Bestimmung der Ortskrankenkasse und eventuell der Gemeinde-Krankenversicherung beizutreten.

B. Wer versicherungspflichtig ist, ist ohne weiteres auch versichert. **Die Versicherung tritt kraft Gesetzes ein,** also auch **ohne Anmeldung.** Letztere, welche dem Prinzipal obliegt, erfolgt nur der Ordnung halber. Die Unterlassung der Anmeldung zieht für den versicherungspflichtigen Angestellten keine Nachteile nach sich, insbesondere weder Strafe noch Verlust der Versicherungsvorteile.

C. Für die versicherungspflichtigen Gehülfen und Lehrlinge, welche nicht einer Betriebs- (Fabrik-) Krankenkasse oder einer Ortskrankenkasse angehören, tritt die Gemeindekrankenversicherung ein. Die Angestellten sind jedoch von letzterer sowie von der Zugehörigkeit zu einer Kasse befreit, wenn sie einer freien Hülfskasse ohne Beitrittszwang angehören, welche wenigstens die Mindestleistungen einer Zwangsorganisation des Beschäftigungsortes gewährt.

D. **Im Falle der Erkrankung werden gewährt:**

I. Als Kranken-Unterstützung:

1. Freie ärztliche Behandlung, Arznei, sowie Brillen, Bruchbänder und ähnliche Heilmittel,

2. im Falle der Erwerbsunfähigkeit vom dritten Tage der Erkrankung ab für jeden Arbeitstag ein Krankengeld in Höhe der Hälfte desjenigen Gehalts nach welchem die Beiträge bemessen werden.

Anstelle der zu 1 und 2 aufgeführten Leistungen kann unter Umständen freie Kur und Verpflegung in einem Krankenhause gewährt werden, in welchem Falle die von dem Angestellten bisher unterhaltenen Angehörigen desselben die Hälfte des ad 2 gedachten Krankengeldes erhalten.

Die Versicherungsorgane sind ermächtigt, zu beschließen, daß Versicherten, welche sich eine Krankheit vorsätzlich oder durch schuldhafte Beteiligung bei Schlägereien oder Raufhändeln, durch Trunkfälligkeit oder geschlechtliche Ausschweifungen zugezogen haben, für diese Krankheit das Krankengeld gar nicht oder nur teilweise zu gewähren ist.

Die Krankenunterstützung endet spätestens mit dem Ablauf der dreizehnten Woche nach Beginn der Krankheit, im Falle der Erwerbsunfähigkeit spätestens mit dem Ablauf der dreizehnten Woche nach Beginn des Krankengeldbezuges. Das Krankengeld ist nach Ablauf jeder Woche zu zahlen.

II. Die Ortskrankenkassen und Betriebs- (Fabrik-) Krankenkassen haben außerdem noch zu gewähren:

a. ein Sterbegeld im mindestens zwanzigfachen Betrage desjenigen Gehalts, nach welchem die Beiträge bemessen werden;

b. an die weiblichen Angestellten, welche im letzten Jahre bereits sechs Monate versichert waren, eine Wöchnerinnen-Unterstützung in Höhe des Krankengeldes für vier Wochen nach der Niederkunft.

Für die an versicherungspflichtige Angestellte zu gewährenden Mindestleistungen besteht keine Karenzzeit. Eine zur Zeit des Eintritts der Versicherungspflicht bereits bestehende Krankheit beseitigt weder die Pflichten noch die Rechte der Versicherung.

E. **Die Beiträge** für die Hülfskassen sind vom Krankenversicherungsgesetz nicht normiert. Entscheidend sind diesbezüglich die Landesgesetze.

Die Beiträge zur Gemeinde-Krankenversicherung dürfen $1\frac{1}{2}$% bis 2% des ortsüblichen Tagelohnes gewöhnlicher Tagearbeiter nicht übersteigen, die für Orts- und Betriebs-Krankenkassen nicht 3 bis $4\frac{1}{2}$ Prozent des Durchschnittslohnes derjenigen Personen, für welche die betreffende Kasse errichtet worden ist.

Die Beiträge der versicherungspflichtigen Angestellten haben diese zu $\frac{2}{3}$, der Prinzipal zu $\frac{1}{3}$ zu tragen. Eintrittsgelder, die übrigens nur in beschränktem Umfange zulässig sind, belasten den Versicherten allein.

Der Prinzipal ist verpflichtet, die vollen Beiträge und auch die Eintrittsgelder einzuzahlen. Es bleibt ihm dann überlassen, sich von dem Versicherten das für denselben Verauslagte zurückzufordern. Jedoch ist er hierzu nur in der Art berechtigt, daß er seine Auslagen bei der nächsten oder nächstnächsten Gehaltszahlnng sich einbehält (§ 53 Abs. 1 Ges.)

F. **Doppelte Entschädigung.** Nach § 57 Abs. 1 Ges. bleiben die auf Gesetz, z. B. gegen Gemeinden, Armenverbände oder auf Grund des Haftpflichtgesetzes, ferner auf Vertrag oder letztwilliger Anordnung beruhenden Ansprüche der Versicherten gegen Dritte unberührt.

Derartige Entschädigungen, soweit sie auf einem Gesetz beruhen, verbleiben jedoch dem Angestellten nicht neben den nach dem Krankenversicherungsgesetz zu beziehenden. Hat er auf

Grund besonderen Gesetzes Entschädigung erhalten, so kann er von den Organen der Krankenversicherung nur den entsprechenden Mehrbetrag fordern und umgekehrt.

Die auf Vertrag, z. B. gegen einen kaufmännischen Handlungs-Gehülfen-Verein, oder letztwilliger Verfügung beruhenden Entschädigungen werden nach § 57 Abs. 1 cit. voll neben den gesetzlichen Versicherungsvorteilen bezogen.

Der Anspruch gegen den Prinzipal aus § 63 HGB. auf Gehalt und Unterhalt für sechs Wochen bei unverschuldetem Unglück ist kein Anspruch auf Entschädigung, sondern auf Vertrags-Erfüllung (s. oben S. 59). Die Versicherungs-Bezüge sind daher neben der Erfüllung dieses Anspruches voll zu gewähren, ebenso wie sie andererseits nicht auf jenen Anspruch angerechnet werden dürfen (§ 63 cit. Abs. 2).

G. **Die Unterstützungsansprüche verjähren** in zwei Jahren vom Tage ihrer Entstehung an. Sie sind nicht cessibel, nicht verpfändbar und bis auf seltene Ausnahmen (s. § 749 Abs. 4 CPO.) nicht pfändbar, ebensowenig kompensabel, außer mit Eintrittsgeldern, Beiträgen und gewissen Geldstrafen (§ 56 Ges.)

H. Für Streitigkeiten zwischen Prinzipal und Angestellten hinsichtlich der Berechnung und Anrechnung der Versicherungsbeiträge sind die Gewerbegerichte zuständig (§ 53a Ges.).

§ 37. Invaliditäts- und Altersversicherung der Handlungsgehülfen und Handlungslehrlinge.

Diesbezügliche Rechtsquelle ist **das Gesetz betreffend die Invaliditäts- und Altersversicherung vom 22. Juni 1889.**

A. **Versicherungspflichtig** sind Handlungsgehülfen und Handlungslehrlinge (ausschließlich der in Apotheken beschäftigten), deren regelmäßiger Jahresarbeitsverdienst an Gehalt zweitausend Mark nicht übersteigt. Als Gehalt gelten auch Tantiemen und Naturalbezüge. Ein Angestellter jedoch, der nur freien Unterhalt empfängt, ist nicht versicherungspflichtig.

Angestellte, welche aufhören, versicherungspflichtig zu sein, z. B. infolge Stellenlosigkeit oder Erhöhung des Jahresgehalts auf mehr als 2000 Mark, können die Versicherung freiwillig fortsetzen.

B. Wer versicherungspflichtig ist, ist versichert. **Die Versicherung tritt kraft Gesetzes ein.** Eine Anmeldung ist zunächst überhaupt nicht erforderlich.

C. Die Versicherung erfolgt lediglich durch bestimmte staatliche Versicherungsanstalten. Sie kann durch eine anderweite Versicherung nicht ersetzt werden. Die Beiträge werden wöchentlich in Marken entrichtet, die in Quittungskarten einzukleben sind.

Die Beiträge sind von dem Prinzipal zu zahlen, der berechtigt ist, bei der Gehaltszahlung die Hälfte der Beiträge in Abzug zu bringen. Die Abzüge dürfen sich höchstens auf die für die beiden letzten Gehaltszahlungsperioden entrichteten Beträge erstrecken.

Die freiwillig versicherten Angestellten müssen die Beiträge selber entrichten.

Die Höhe der Beiträge und der Renten bestimmt sich nach 4 Lohnklassen, je nachdem das Jahresverdienst des Angestellten bis 350, 550, 850 Mark einschließlich oder mehr beträgt.

D. Der versicherte Angestellte hat Anspruch:

I. Auf **Invalidenrente**, falls er dauernd, wenn auch nicht gänzlich, erwerbsunfähig ist, oder, wenn er ein Jahr ununterbrochen erwerbsunfähig gewesen, für die weitere Dauer der Erwerbsunfähigkeit. Der Anspruch wird dadurch ausgeschlossen, daß die Erwerbsunfähigkeit vorsätzlich oder bei Begehung eines durch strafgerichtliches Urteil festgestellten Verbrechens zugezogen worden ist. Der Anspruch setzt voraus, daß der Angestellte für fünf Jahre mit zusammen 235 Beitrags-Wochen Beiträge geleistet hat. Die Zahlung der Rente erfolgt monatlich pränumerando durch die Postanstalt des Wohnortes des Versicherten.

Tritt in den Verhältnissen des Empfängers einer Invalidenrente eine Veränderung ein, welche ihn nicht mehr als dauernd erwerbsunfähig erscheinen läßt, so kann demselben die Rente entzogen werden.

II. Auf **Altersrente**. Der Anspruch setzt voraus, daß der Angestellte das 70. Lebensjahr vollendet und für 30 Jahre zu je 47 Beitragswochen Beiträge geleistet hat.

E. Den **Anspruch** auf Rente hat der Versicherte bei der unteren Verwaltungsbehörde seines Wohnorts **anzumelden**, und zwar unter Beifügung der Quittungskarte und der sonstigen Beweisstücke, z. B. eines ärztlichen Attestes. Ueber die Anmeldung entscheidet der Vorstand der zuständigen Versicherungsanstalt, welcher dem Versicherten einen sog. Berechtigungsausweis über die ihm zustehenden Bezüge nnter Angabe der mit der Zahlung beauftragten Postanstalt zuzufertigen hat. Gegen die Entscheidung des Vorstandes ist binnen vier Wochen nach Zustellung derselben die Berufung an das Schiedsgericht gegeben, gegen dessen Entscheidung binnen gleicher vier Wochen die Revision beim Reichsversicherungsamt.

F. Der Anspruch auf Rente ist nicht zessibel, nicht verpfändbar und bis auf seltene Ausnahmen (s. § 749 Abs. 4 C. P. O.) nicht pfändbar, wohl aber kompensabel.

G. Doppel-Unterstützung. Hat der Versicherte von einer Gemeinde oder einem Armenverbande oder für letztere von einem Betriebsunternehmer oder einer Kasse wegen Hülfsbedürftigkeit gesetzliche Unterstützung erhalten, so geht auf den Geber der Unterstützung in Höhe derselben der Anspruch auf Invaliditäts- und Altersrente über.

Dagegen verbleibt letztere dem Versicherten neben anderen Unterstützungen aus gleichem Grunde.

H. Streitigkeiten zwischen Prinzipal und Angestellten sowie zwischen letzteren und den Versicherungsorganen werden von der unteren Verwaltungsbehörde des Beschäftigungsortes entschieden (§§ 122 ff. Ges.).

Sachregister.

(Die Zahlen verweisen auf die Seiten.)

Druck von Albert Koenig in Guben.

Kolibri 360 GmbH
Ferdinand-Jühlke-Straße 7
99095 Erfurt, Deutschland
produktsicherheit@kolibri360.de